UNIVERSITÉS FRANCOPHONES

U R E F

ACTUALITÉS BIBLIOGRAPHIQUES FRANCOPHONES

BIBLIOGRAPHIE
DES
ÉTUDES LITTÉRAIRES
HAÏTIENNES
1804-1984

Léon-François HOFFMANN

EDICEF
58, rue Jean-Bleuzen
92178 VANVES Cedex

DU MÊME AUTEUR :

Romantique Espagne, Paris, P.U.F., 1961.

La Peste à Barcelone, Paris, P.U.F., 1964.

L'Essentiel de la grammaire française, New York, Charles Scribner's Sons, 1964.

Répertoire géographique de « La Comédie humaine »,
Vol. I, *L'Étranger*, Paris, J. Corti, 1965.
Vol II, *La Province*, Paris, J. Corti, 1968.

La Pratique du français parlé, New York, Charles Scribner's Sons, 1973.

Le Nègre romantique : personnage littéraire et obsession collective, Paris, Payot, 1973.

Le Roman haïtien : idéologie et structure, Sherbrooke, P.Q., Naaman, 1982.

Essays on Haitian Literature, Washington, D.C., Three Continents Press, 1984.

Haïti : couleurs, croyances, créole, Montréal, P.Q., CIDIHCA, 1989.

Haïti : lettres et l'être, Toronto, Ont., Éd. du GREF, 1992.

ISBN 2-850-69592-0
© EDICEF, 1992

SOMMAIRE

PRÉFACE

Le réseau "Littératures francophones" de l'AUPELF-UREF se propose de constituer progressivement une bibliographie systématique des littératures francophones au sens de "littératures de langue française hors de France". L'économie générale du projet suppose d'identifier et de rassembler les travaux bibliographiques déjà réalisés dans ce domaine, d'opérer, le cas échéant, les vérifications nécessaires, de susciter les collectes et les recherches complémentaires qui s'imposeront.

Il est clair que les moyens procurés par l'informatique et les différents supports propres aux technologies modernes permettront seuls de gérer et de diffuser dans les meilleures conditions la masse d'informations bibliographiques recueillies. Le réseau offrira donc à terme la possibilité d'interroger les bases de données mises sur serveur ou diffusées sous forme de disquettes.

Mais parallèlement à cet effort de rassemblement informatique (dont la visée est d'atteindre au plus près possible de l'exhaustivité), il est certain que la diffusion sur papier de documents bibliographiques spécialisés reste irremplaçable pour les chercheurs. Le réseau a donc décidé de publier une série de fascicules d'*Actualités bibliographiques francophones* qui feront le point sur un domaine de recherche : bibliographie systématique d'un pays ou d'une région, d'un auteur, d'une forme ou d'un genre, etc. C'est dans cette série que prendra place un volume consacré annuellement à l'activité bibliographique des littératures africaines et insulaires (Afrique noire, Maghreb, Antilles, Océan Indien).

Les utilisateurs de bibliographies littéraires francophones sont invités à présenter remarques et suggestions sur ce programme au coordonnateur du réseau : Jean-Louis Joubert, Bureau européen de l'AUPELF-UREF, 4, place de la Sorbonne, 75005 Paris.

J.-L. J.

AVANT-PROPOS

Pour le frère Ernest,
bibliothécaire de Saint-Louis de Gonzague,
et pour Anne et Lionel Pressoir

Le propre d'une bibliographie est d'être incomplète, et celle-ci ne fait pas exception. Aussi aurais-je peut-être dû en faire précéder le titre par une expression restrictive, du genre : *Vers une bibliographie...* ou *Pour une bibliographie...,* ou encore *Esquisse d'une bibliographie...* Mais les critiques et les usagers ne se laissent pas désarmer par ces maladroites *captationes benevolentiae,* et c'est tant mieux. Je me bornerai donc à avouer qu'il s'agit ici d'un travail artisanal, poursuivi pendant près de dix ans en marge d'autres recherches sur la culture et la littérature haïtiennes. Ces recherches m'ont amené à dépouiller la presse haïtienne depuis ses origines, ou plus exactement ce qui en est conservé dans les collections de Saint-Louis de Gonzague, à Port-au-Prince, de la Bibliothèque nationale de Paris et dans plusieurs bibliothèques universitaires des États-Unis. Dépouillement rapide, certes, et trop souvent superficiel. Mais je me suis astreint, chaque fois que je rencontrais un article, un essai, un compte rendu intéressant les lettres haïtiennes, à lui établir une fiche. C'est la collection de ces fiches qui charpente l'ouvrage, auxquelles sont venues s'ajouter les entrées glanées dans d'autres bibliographies, tant haïtiennes qu'étrangères, dans des revues spécialisées (dépouillées, elles, systématiquement), dans certaines des études qui ont ici leur place, dans les archives d'éditeurs qui ont bien voulu me communiquer leurs dossiers de presse et enfin dans les réponses d'auteurs et de critiques à qui j'avais envoyé un questionnaire.

Il ne m'a pas toujours été possible de vérifier ou de compléter les références trouvées chez mes prédécesseurs, mais j'ai cru bon de les inclure quand même, puisque la grande majorité d'entre elles sont probablement exactes. Je n'ai pas cru non plus pouvoir ajouter quelques mots de description ou de résumé pour chaque entrée : mon travail, qui s'arrête à 1984, pour de simples raisons de commodité, aurait autrement risqué de ne paraître qu'encore bien plus de huit ans plus tard.

Je voudrais remercier le Fonds de Recherches de l'Université de Princeton et son Programme d'Études de l'Amérique Latine, ainsi que la fondation Ford, qui ont subventionné les missions en Haïti sans lesquelles la présente bibliographie n'aurait pu être menée à bien.

Une bibliographie n'est qu'un outil, dont l'utilité ne se révèle qu'à l'usage. Ma seule ambition est de rendre possibles, ou en tout cas de faciliter, les travaux d'autres chercheurs sur cette littérature haïtienne qui m'a tant appris et qui m'a donné tant de plaisir.

Léon-François HOFFMANN
Princeton University

A. BIBLIOGRAPHIES

0001
AUBOURG, Gérard, "Haïti – Bibliographie des travaux publiés en France 1915-1975", *Cahiers d'anthropologie,* Paris, 2, 1976, 94 p.
Sur la littérature, 56-61.

0002
BERTRAND, J. Wilfrid et DEVESIN, Danièla, "Bibliothèques haïtiennes d'aujourd'hui", *Conjonction,* Port-au-Prince, 127-128, décembre 1975, 9-53.

0003
BISSAINTHE, Max, *Dictionnaire de bibliographie haïtienne* [du 1ᵉʳ janvier 1804 au 31 décembre 1949], The Scarecrow Press, Washington, D.C., 1951, 1.056 p.
Voir MANIGAT, Max.

0004
BISSAINTHE, Max, *Dictionnaire de bibliographie haïtienne - Premier supplément 1950-1970,* The Scarecrow Press, Metuchen, New Jersey, 1973, 270 p.
Les bibliographies annuelles pour 1950-1964 ont d'abord paru in *Conjonction,* Port-au-Prince, entre 1957 et 1965. Voir MANIGAT, Max.

0005
BISSAINTHE, Max, "Index général des textes et articles publiés dans *Conjonction*", *Conjonction,* Port-au-Prince, 65-66, 1957, 36-71.
Voir LOUIS, Dionel.

0006
BLANCHET, Paul, *Bibliographie haïtienne 1957-1967,* Panorama, Port-au-Prince, 1982, 324 p.

DEVESIN, Danièla, voir BERTRAND, J. Wilfrid.

0007
DUVIVIER, Ulrick, *Bibliographie générale et méthodique d'Haïti,* Imp. de l'État, Port-au-Prince, 2 vols, 1941, 315 et 411 p.
Sur la littérature, vol. II, 209-239.

0008
HERDECK, Donald, ed., *Caribbean Writers : A Bio-Bibliographical Critical Encyclopedia,* Three Continents Press, Washington, D.C., 1979, 944 p.
Section francophone, par LUBIN, Maurice A., 261-547.

0009
HOFFMANN, Léon-François, "État présent des études littéraires haïtiennes", *The French Review,* Champaign, Illinois, 49, 5, April, 1976, 750-758.
Mises à jour in *Conjonction,* Port-au-Prince, 134, juin-juillet 1977, 3-54, in *idem,* 152, janvier 1982, 43-57, et in *Essays on Haitian Literature,* Washington, D.C., Three Continents Press, 1984, 123-168.

0010
LAGUERRE, Michel S., *The Complete Haitiana. A Bibliographical Guide to the Scholarly Literature 1900-1980,* Kraus International Publications, Milwood, New Jersey, London, et Nendeln, Liechtenstein, 2 vols, 1982, 1.564 p.

0011
LAWLESS, Robert, *Bibliography on Haiti – English and Creole Items,* University of Florida Center for Latin American Studies, Gainesville, Florida, Occasional Paper no. 6, 1985, 146 p.
Sur la littérature, 67-71.

0012
LOUIS, Dionel et MONTAS, Michèle, "Index des textes et articles parus dans *Conjonction* 1957-1977", *Conjonction,* Port-au-Prince, 138, mai 1978, 97-145.
Voir BISSAINTHE, Max.

0013
LOWENTHAL, Ira P. et WOODSON, Drexel G., *Catalogue de la collection Mangonès,* Yale University Antilles Research Program, New Haven, Connecticut, Occasional Paper no. 2, 1974, 378 p.

LUBIN, Maurice A., voir HERDECK, Donald.

0014
LUCIEN JEAN, i.c., Frère, *Catalogue de la bibliothèque haïtienne des Frères de l'Instruction Chrétienne,* polycopié, Port-au-Prince, 1958, 534 p.

0015
MANIGAT, Max, *Haitiana 1971-1975,* Collectif paroles, La Salle, P.Q., 1979, 84 p.
Comporte un supplément à BISSAINTHE, Max,

MONTAS, Michèle, voir LOUIS, Dionel.

0016
PANORAMA, "Bibliographie de la première décennie 1957-1967", *Panorama,* Port-au-Prince, no. spécial, Noël 1970.

0017
PRIMUS, Wilma, "Bibliography of Haitian Literature, 1900-1972", *Black Images,* Toronto, Ontario, 2, 1, Spring, 1973, 44-59.

WOODSON, Drexel G., voir LOWENTHAL, Ira P.

B. ANTHOLOGIES ET HISTOIRES

0018
BARIDON, Silvio F. et PHILOCTÈTE, Raymond, *Poésie vivante d'Haïti,* Les Lettres Nouvelles - Maurice Nadeau, Paris, 1978, 300 p.

0019
BELLEGARDE, Dantès, *Écrivains haïtiens, 1ʳᵉ série,* Société d'édition et de librairie, Port-au-Prince, 1947.
Aussi Deschamps, Port-au-Prince, 1950.

BELLEGARDE, Dantès, voir MÉNOS, Solon.

0020
BERROU, Frère Raphaël et POMPILUS, Pradel, *Histoire de la littérature haïtienne illustrée par les textes,* 3 vols, Caraïbes, Port-au-Prince, et L'École, Paris, vol. 1 et vol 2, 1975; vol. 3, 1978, 735, 754 et 792 p.

0021
BERROU, Frère Raphaël, *Les Pionniers de la littérature haïtienne,* Imp. de l'O.N.E.C., Port-au-Prince, 1961, 73 p.

0022
BROWN, Georges-Léopold, *Recueil de morceaux choisis de poètes haïtiens,* Imp. Th.-M. Brown, Port-au-Prince, 1890, 24 p.

0023
CHARLES, Christophe, *Dix nouveaux poètes et écrivains haïtiens,* UNHTI, Port-au-Prince, 1974, 118 p.

0024
CHARLES, Christophe, *La Poésie féminine d'Haïti (histoire et anthologie),* Choucoune, Port-au-Prince, 1980, 220 p.

0025
CHARLES, Christophe, *Rêves d'or : 50 poèmes naïfs de 27 poètes-écoliers,* Revue des écoliers, Port-au-Prince, 1977, 52 p.

0026
DANIEL, Neptune, *Dissertations de littérature haïtienne,* Panorama, Port-au-Prince, 1964, 240 p.
2ᵉ éd., Port-au-Prince, Imp. du Nazaréen, 1968.

DUVAL, Amilcar, voir MÉNOS, Solon.

0027
FARDIN, Dieudonné et PIERRE, Eddy B., *Anthologie des poètes et écrivains du nord-ouest d'Haïti,* Ateliers Capois la Mort, Port-de-Paix, 1962.

0028
FARDIN, Dieudonné et JADOTTE, Hérard, *Cours d'histoire de la littérature haïtienne,* 4 vols, Régénération du nord-ouest d'Haïti, Port-au-Prince (?), 1969, 88, 90, 154 et 72 p.

0029

FOUCHÉ, Franck, *Guide pour l'étude de la littérature haïtienne,* Panorama, Port-au-Prince, 1964, 160 p.

0030

GOURAIGE, Ghislain, *Histoire de la littérature haïtienne, de l'Indépendance à nos jours,* Imp. Théodore, Port-au-Prince, 1960, 508 p.

Certains exemplaires portent Imp. des Antilles. 2e éd., L'Action Sociale, Port-au-Prince, 1982. Aussi Kraus Reprint, Nendeln, Liechtenstein, 1973.

0031

GOURAIGE, Ghislain, *Les Meilleurs Poètes et romanciers haïtiens (pages choisies),* La Phalange, Port-au-Prince, 1963, 414 p.

JADOTTE, Hérard, voir FARDIN, Dieudonné.

0032

JANNINI, Pascuale A., *Breve antologia della poesia haitiana,* Il Sofà letterario del Mese Sanitario, Milano, Italie, 1962.

0033

KESTELOOT, Lilyan, *Les Écrivains noirs de langue française : naissance d'une littérature,* Éditions de l'Institut de Sociologie, Université Libre de Bruxelles, Bruxelles, 1963, 344 p.

Plusieurs éditions chez le même éditeur.

0034

LA SELVE, Edgar, *Histoire de la littérature haïtienne (suivie d'une anthologie),* Imp. Cerf et Fils, Versailles, France, 1875, 239 p.

0035

LHÉRISSON, Lélia J., *Manuel de littérature haïtienne et textes expliqués,* Imp. du Collège Vertières, Port-au-Prince, 1945, 408 p.

0036

LUBIN, Maurice A., "De la poésie haïtienne", *Présence Africaine,* Paris, 39, 4, 1961, 182-201.

Anthologie commentée.

0037

LUBIN, Maurice A., *Jacmel et la poésie haïtienne,* Imp. des Antilles, Port-au-Prince, 1967, 52 p.

0038

LUBIN, Maurice A., *Poésies haïtiennes,* Casa do estudante do Brasil, Rio de Janeiro, 1956, 150 p.

LUBIN, Maurice A., voir SAINT-LOUIS, Carlos.

0039

MARC, Jules André, *Regard sur la littérature haïtienne,* 2 vols, Les Sambas caraïbéens, polycopié, Port-au-Prince, 1973, 68 et 76 p.

0040

MÉNOS, Solon, BELLEGARDE, Dantès, DUVAL, Amilcar et SYLVAIN, Georges, *Œuvres des écrivains haïtiens : Morceaux choisis, poésie,* Imp. de Mme F. Smith, Port-au-Prince, 1904, vi-162 p.

0041

MÉNOS, Solon, BELLEGARDE, Dantès, DUVAL, Amilcar et SYLVAIN, Georges, *Œuvres des écrivains haïtiens : Morceaux choisis, prose,* Imp. de Mme F. Smith, Port-au-Prince, 1904, 351 p.

0042
MORPEAU, Louis, *Anthologie d'un siècle de poésie haïtienne 1817-1925,* Bossard, Paris, 1925, 380 p.
Avec une introduction "Sur la muse haïtienne d'expression française et sur la muse haïtienne d'expression créole", 1-29. Aussi Kraus Reprints, Nendeln, Liechtenstein, 1970.

0043
MORPEAU, Louis, *Anthologie haïtienne des poètes contemporains (1904-1920),* Imp. A. Héraux, Port-au-Prince, 1920, xi-237 p.

0044
NANTET, Jacques, *Panorama de la littérature noire d'expression française,* Fayard, Paris, 1972, 282 p.
Sur Haïti, 205-217.

PHILOCTÈTE, Raymond, voir BARIDON, Silvio.

PIERRE, Eddy B., voir FARDIN, Dieudonné.

0045
POMPILUS, Pradel et les Frères de l'Instruction Chrétienne, *Manuel illustré d'histoire de la littérature haïtienne,* Deschamps, Port-au-Prince, 1961, 614 p.

0046
POMPILUS, Pradel, *Pages de la littérature haïtienne,* Imp. de l'État, Port-au-Prince, 1951, 138 p.

POMPILUS, Pradel, voir BERROU, Frère Raphaël.

0047
LA REVUE INDIGÈNE, *Anthologie de la poésie haïtienne indigène,* Imp. Modèle, Port-au-Prince, 1928, 84 p.
Avec une Introduction de Paul Morand intitulée "Ce que je pense de la *Revue indigène*", 1-2.

0048
REY-CHARLIER, Ghislaine, *Anthologie du roman haïtien 1859-1946,* Naaman, Sherbrooke, P.Q., 1978, 199 p.

0049
ROMÉUS, Wilhem, *Calbindage,* Imp. Rodriguez, Port-au-Prince, 1978, 50 p.
Citations de romanciers réalistes haïtiens.

0050
SAINT-LOUIS, Carlos et LUBIN, Maurice A., *Panorama de la poésie haïtienne,* Deschamps, Port-au-Prince, 1950, 645 p.

SYLVAIN, Georges, voir MÉNOS, Solon.

0051
UNDERWOOD, Edna W., *The Poets of Haiti,* The Mosher Press, Portland, Maine, 1934, 160 p.

0052
VAVAL, Duraciné, *Histoire de la littérature haïtienne ou l'âme noire,* Édouard Héraux, Port-au-Prince, 1933, 506 p.
Aussi Kraus Reprints, Nendeln, Liechtenstein, 1971.

0053
VIATTE, Auguste, *Anthologie littéraire de l'Amérique francophone,* Naaman, Sherbrooke, P.Q., 1971, 520 p.
Sur Haïti, 315-471.

0054
VIATTE, Auguste, *Histoire littéraire de l'Amérique française,* Presses
Universitaires Laval, Québec, P.Q. et Presses Universitaires de France,
Paris, 1954, 548 p.
Sur Haïti, 329-479.

0055
VILAIRE, Maurice, *Poètes protestants haïtiens,* Presses évangéliques, Port-au-
Prince, 1964, 76 p.

0056
VILAIRE, Maurice, *Prosateurs protestants haïtiens,* Imp. des Antilles, Port-au-
Prince, 1964, 126 p.

0057
WILSON, Edmund, *Red, Black, Blond and Olive ; Studies in Four Civilizations :
Zuñi, Haiti, Soviet Russia, Israel,* Oxford University Press, New York,
1956, 500 p.
Sur Haïti, 69-146.

C. GÉNÉRALITÉS

0058
ADAM, Michel, "Réflexions sur la situation de la littérature haïtienne", *Haïti Nouvelle Indépendance,* Brooklyn, New York, 1, mars 1983, 19-20.

0059
ALAUX, Gustave d', "La Littérature jaune", *Revue des Deux-Mondes,* Paris, 15 et 16, 1er septembre et 15 décembre 1852, 938-967 et 1.048-1.085.

0060
ALAUX, Gustave d', "Les Mœurs et la littérature nègres", *Revue des Deux-Mondes,* Paris, 14, 15 mai 1852, 762-795.

0061
ALBRET, Jean d', "Œuvres des écrivains haïtiens", *Le Nouvelliste,* Port-au-Prince, 20 et 21 septembre 1904.

0062
ALEXANDRE, Weber, "Éducation rurale, base de notre littérature nationale", *Le Nouvelliste,* Port-au-Prince, 23 octobre 1948.

0063
ALEXIS, Jacques-Stéphen, "Contribution à la table ronde sur le folklore et le nationalisme", *Optique,* Port-au-Prince, 23, janvier 1956, 25-34.

0064
ALEXIS, Jacques-Stéphen, "Du réalisme merveilleux des Haïtiens", *Présence africaine,* Paris, 8-10, juin-novembre 1956, 245-271.
Aussi sous le titre "Prolégomènes à un manifeste du réalisme merveilleux des Haïtiens", in *Dérives,* Montréal, P.Q., 12, 1978, 27-55.

0065
ALEXIS, Jacques-Stéphen, DEPESTRE, René et al., "Les Littératures noires et la France", *Optique,* Port-au-Prince, 34, décembre 1956, 31-42.

0066
ALEXIS, Stéphen, "La Crise de notre culture", *La Phalange,* Port-au-Prince, 7 et 8 septembre 1951.

0067
ALEXIS, Stéphen, "Modern Haitian Thought", *Books Abroad,* Norman, Oklahoma, 30, Spring, 1956, 261-265.

0068
ALEXIS, Stéphen, "Un quart de siècle de pensée haïtienne", *Le Nouvelliste,* Port-au-Prince, 29-30 août 1956.

0069
AMBROISE, Alix, "Notre littérature doit-elle être ignorée ?", *Le Matin,* Port-au-Prince, 19 octobre 1945.

0070
AMER, Michel (pseud. de TROUILLOT, Michel-Rolph) et PAUL, Cauvin L., "Haïti : pratiques littéraires en fonction", *Lakansièl,* Brooklyn, New York, 6, août 1976, 28-36.

0071
ANON., "À propos des ouvrages d'auteurs haïtiens", *Le Nouvelliste,* Port-au-Prince, 12 juin 1931.

0072
ANON., "Créolismes dans la littérature haïtienne", *L'Union,* Port-au-Prince, 17 février 1838.

0073
ANON., "Le Drame du livre haïtien", *Haïti-Journal,* Port-au-Prince, 24 février 1956.

0074
ANON., "Essai sur la littérature nationale", *Le Bien public,* Port-au-Prince, 15 janvier et 7 février 1865.

0075
ANON., "Gens de lettres !…", *Le Matin,* Port-au-Prince, 4 novembre 1907.

0076
ANON., "Injuste, certes… volontaire, peut-être", *Le Nouvelliste,* Port-au-Prince, 22 décembre 1955.
Contre le mépris envers la littérature haïtienne entre 1916 et 1930.

0077
ANON., "Littérature", *L'Union,* Port-au-Prince, 16 novembre 1837.

0078
ANON., "Notre Courrier littéraire", *Haïti-Journal,* Port-au-Prince, 18 janvier 1940.

0079
ANON., "Le Sort des livres haïtiens", *Le Soir,* Port-au-Prince, 24 février 1945.

0080
ANON., "Variétés", *L'Union,* Port-au-Prince, 17 février 1839.
Sur le français et le créole dans la formation de la littérature haïtienne.

0081
ANTOINE, Jacques C., "Literature from Toussaint-Louverture to Jacques Roumain", in COOK, Mercer, *Introduction to Haiti,* Pan American Union, Washington, D.C., 1951, 93-120.

0082
ANTOINE, Régis, "Gonflements et rétractions d'un objet littéraire : Haïti chérie", in Centre d'études francophones de l'Université de Paris XIII, *Itinéraires et contacts de culture,* L'Harmattan, Paris, 1983, 55-65.

0083
ANTOINE, Régis, "Littérature nationale d'Haïti", *Romanistische Zeitschrift für Literaturgeschichte - Cahiers d'histoire des littératures romanes,* Heidelberg, Allemagne, 6, 1982, 197-215.

0084
ARGYLL, Pierre, "Propos de lettrés", *La Nouvelle Revue,* Cap-Haïtien, 2, 4, décembre 1908, 38-40.
Sur la possibilité d'une littérature authentiquement haïtienne.

0085
ARYS, "L'Orgueil littéraire", *L'Essor quotidien,* Port-au-Prince, 15 décembre 1927.

0086
AUBOURG, Michel, "La Littérature d'évasion (1804-1915)", *Les Griots,* Port-au-Prince, 12 mars - 7 mai 1948.

0087
AUGUSTE, Granville Bonaparte, "La Femme dans la littérature haïtienne", *Bulletin officiel du département de l'instruction publique,* Port-au-Prince, 9, 1 et 2, janvier 1909, 646-648.
Sur le manque de femmes auteurs.

0088
AUGUSTE, Yves L., "L'Amour dans la littérature haïtienne", *Le Nouvelliste,* Port-au-Prince, 24-25 décembre 1963.
Aussi in *Présence africaine,* Paris, 60, 4ᵉ trimestre 1966, 159-171.

0089
AUGUSTE, Yves L., "Littérature noire des États-Unis et d'Haïti : la couleur, appât ou barrière", *Présence africaine,* Paris, 112, 4e trimestre 1979, 113-120.
Aussi in *Le Nouveau Monde,* Port-au-Prince, 1ᵉʳ juillet 1982.

0090
AUGUSTE, Yves L., "Littératures noires d'Haïti et des États-Unis : la rencontre des frères dispersés", *Le Nouvelliste,* Port-au-Prince, 6-7 août et 5 et 6 septembre 1983.

0091
AUGUSTE,Yves L., "Le Thème de la race dans la littérature haïtienne", *Le Nouvelliste,* Port-au-Prince, 24-25 décembre 1964.

0092
AUGUSTE, Yves L., "La Voix de l'Afrique", *Le Nouvelliste,* Port-au-Prince, 19 octobre 1976.
Sur la présence de l'Afrique dans la littérature haïtienne.

0093
BAPTISTE, Louis P., "Art et peuple", *La Forge,* Port-au-Prince, 16 mars 1946.

0094
BELLEGARDE, Dantès, "Autour de *La Ronde*", *La Phalange,* Port-au-Prince, 22 mars 1949.

0095
BERNARD, Regnor C., "Le Poème de l'Afrique et du paysan", *Le Nouvelliste,* Port-au-Prince, 19 juin 1941.

0096
BERROU, Frère Raphaël, "La Littérature haïtienne, cette inconnue", *Le Nouvelliste,* Port-au-Prince, 3-4 décembre 1977.

0097
BERVIN, Antoine, "Haïti à l'exposition du livre américain", *La Phalange,* Port-au-Prince, 30 août 1947.

0098
BLANCHET, Jules, *Le Destin de la jeune littérature,* Imp. de l'État, Port-au-Prince, 1939, 27 p.
Préface de MORISSEAU-LEROY, Félix.

0099
BLANCHET, Jules et PIQUION, René, *Essais sur la culture,* V. Valcin, Port-au-Prince, 1938, iv-79 p.

0100
BONAVENTURE, Frère, *La Littérature haïtienne se découvre,* M.A. Thesis, The University of Ottawa, Ottawa, 1952.

0101
BONHOMME, Arthur, "La Belle Mission sociale de l'écrivain", *Le Nouvelliste,*
Port-au-Prince, 6 novembre 1939.

0102
BONHOMME, Arthur, "La Nouvelle Génération littéraire", in DENIS,
Lorimer, et al., *Les Tendances d'une génération,* 137-183.

BONHOMME, Arthur, voir DENIS, Lorimer.

0103
BONNEAU, Alexandre, "Les Noirs, les jaunes, et la littérature française en
Haïti", *Revue contemporaine,* Paris, 1ᵉʳ décembre 1856, 107-155.

0104
BOSTICK, Herman F., "Towards Literary Freedom : A Study of Contemporary
Haitian Literature", *Phylon,* Atlanta, Georgia, 17, 3, 1956, 250-256.

0105
BOUCHEREAU, Charles, "Causerie", *La Ronde,* Port-au-Prince, 1, 9,
5 janvier 1899.
Sur les difficultés de l'écrivain haïtien.

0106
BREMER, Thomas, "Haiti als paradigma. Karibische Sklavenemanzipation und
europäische Literatur", *Lateinamerika-Studien,* München, Allemagne, 11,
1982, 319-340.

0107
BRIERRE, Jean F., "Littérature haïtienne", *Le Nouvelliste,* Port-au-Prince,
26-27 mars 1953.

0108
BRIERRE, Jean F., "Triptyque", *Haïti-Journal,* Port-au-Prince, 19 février 1941.
Sur les écrivains haïtiens contemporains.

0109
BROUARD, Carl, "À travers la jeune littérature", *L'Action nationale,* Port-au-
Prince, 2 juin 1934.

0110
BROUARD, Carl, "L'Art au service du peuple", *Les Griots,* Port-au-Prince, 2, 2,
octobre-décembre 1938, 154-155.

0111
BRUN, Gérard, "Lengua y literatura : dos aspectos de la cultura del pueblo
haitiano", *Thesaurus,* Boletin del instituto Calvo y Cuervo, Bogotá, 21, 1,
enero-abril 1966, 194-198.

0112
BRUTUS, Edner, "En marge de la littérature", *Le Papyrus,* Port-au-Prince,
13 décembre 1934.
Aussi in *La Relève,* Port-au-Prince, 3, 7, janvier 1935, 12-16.

0113
BURR-REYNAUD, Frédéric, "La Littérature haïtienne en France", *L'Essor
quotidien,* Port-au-Prince, 30 octobre 1922.

0114
BURR-REYNAUD, Frédéric, "Petits Propos", *Le Pacificateur,* Port-au-Prince,
3 juillet 1908.
Sur les carences de la critique littéraire en Haïti.

0115
CALIXTE, Nyll F., "Les Difficultés pour l'écrivain haïtien de se faire éditer et
diffuser", *Culture française,* Paris, 24, 3-4, automne-hiver 1975, 62-68.

0116
CAMILLE, Roussan, "Pour une littérature plus vraie", *Le National magazine,*
Port-au-Prince, 15 et 22 mai 1955, 8-9 et 7-11.

0117
CARPENTIER, Alejo, "Miremos hacia Haití", *El Nacional,* Caracas,
11 septiembre 1951.
Aussi en traduction française in *Le Nouvelliste,* Port-au-Prince,
11 octobre 1951.

0118
CARRÉ, René, "La Littérature française, instrument de culture", *Le Nouvelliste,*
Port-au-Prince, 23 juillet 1949.

CASTHELY, Jean-Miotel, voir DOLCÉ, Jacquelin.

0119
CELSE, "Le Livre du jour", *Le Nouvelliste,* Port-au-Prince, 20 avril 1904.
Sur l'*Anthologie* de MÉNOS, Solon et al.

0120
CHANCY, Adeline et KOVAC-ABDRE, Anna, "Sobre la nueva literatura
haitiana", *Casa de las Américas,* La Habana, 20, 120, mayo-junio 1980,
162-164.
Sur la littérature en créole.

0121
CHARLES, Asselin, "Voodoo Myths in Haitian Literature", *Comparative
Literature Studies,* Champaign, Illinois, 17, 4, December, 1980, 391-398.

0122
CHARLES, Christophe, "La Production littéraire haïtienne en 1979", *Le
Nouvelliste,* Port-au-Prince, 25 janvier 1980.

0123
CHARLES, Christophe, "Qu'est-ce que le spiralisme ?", *Le Nouvelliste,* Port-au-
Prince, 4-5 août 1975.

0124
CHARLES, Paul-Émile, "Autour d'une littérature haïtienne", *Maintenant,* Port-
au-Prince, 31 décembre 1936.

0125
CHEVRY, Aurèle, "Essai sur la littérature haïtienne", *Haïti littéraire et sociale,*
Port-au-Prince, 4, 5, 10, 14, 20 mars, 5 juin et 5 août 1905.
Inédit posthume composé en 1873.

0126
CHRISTIE, Emerson B., "Haiti's Contribution to Literature", *Pan American
Magazine,* New Orleans, Louisiana, 44, 3, March 1931, 216-226.

0127
CINÉAS, Jean-Baptiste, "Thomas H. Lechaud", *Le Temps,* Port-au-Prince,
3-6 novembre 1937.
Sur la littérature haïtienne, à propos de l'œuvre du critique LECHAUD,
Thomas H.

0128
CINÉAS, Jean-Baptiste, "Y a-t-il une littérature haïtienne ?", *Le Temps,* Port-au-
Prince, 26 juin 1940.

0129
CLERMONT, Maurice, "Réponse d'un jeune à Monsieur Etzer Vilaire", *Le
Nouvelliste,* Port-au-Prince, 17 février 1936.
Sur le mouvement indigéniste.

0130
CLITANDRE, Pierre, "La Littérature de la liberté", *Le Petit Samedi soir,* Port-au-Prince, 254, 2-8 septembre 1978, 27-28.

0131
COICOU, Clément A., "La Production intellectuelle haïtienne", *Le Nouvelliste,* Port-au-Prince, 10 janvier 1947.

0132
COOK, Mercer, "Mountains and Manuscripts", *Américas,* Washington, D.C., 3, 9, September, 1951, 13-16, 36.

0133
COOK, Mercer, "Trends in Recent Haitian Literature", *Journal of Negro History,* Washington, D.C., 32, 2, April, 1947, 220-231.

COOK, voir ANTOINE, Jacques C.

0134
CORNEVIN, Robert, "La Négritude est née en Haïti. À propos d'une nouvelle littérature nègre", *Les Nouvelles littéraires,* Paris, 2448, 26 août 1974, 5.

0135
COULTHARD, G.R., "Parallelisms and Divergencies between Negritude and Indigenismo", *Caribbean Studies,* Rio Piedras, Puerto Rico, 8, 1, April, 1968, 31-56.

0136
COULTHARD, G.R., "Rejection of European Culture as a Theme in Caribbean Literature", *Caribbean Quarterly,* Mona, Jamaïque, 5, 4, June, 1959, 231-244.

0137
COURTOIS, Félix, "Notre littérature", *Le Matin,* Port-au-Prince, 16-17 janvier 1977.

0138
COURTOIS, Félix, "Réflexions sur la critique", *Le Matin,* Port-au-Prince, 14 mai 1953.

0139
COURTOIS, Félix, "Un thème littéraire", *Le Matin,* Port-au-Prince, 5-6 décembre 1976.
Sur le thème de la nuit dans la littérature haïtienne.

0140
DALENCOUR, François, "Au secours de la littérature haïtienne", *Le Nouvelliste,* Port-au-Prince, 6 et 7 juillet 1931.
Aussi in *Haïti-Journal,* Port-au-Prince, 15 juillet 1931.

0141
DALENCOUR, François, "Livres de prix et auteurs haïtiens", *Le Nouvelliste,* Port-au-Prince, 23 et 24 juin 1926.
Aussi in *Le Matin,* Port-au-Prince, 19 juin 1931.

0142
DARGUESES, Jean, "Contrastes haïtiens", *Les Nouvelles littéraires,* Paris, 11 octobre 1962.
Aussi in *Le Nouveau Monde,* Port-au-Prince, 28 octobre 1962.

0143
DASH, J. Michael, "Haitian Literature. A Search for an Identity", *Savacou,* Kingston, Jamaïque et London, 5, June, 1971, 81-94.

0144
DASH, J. Michael, *Literature and Ideology in Haiti 1915-1961,* McMillan,
London, 1981, 214 p.

0145
DASH, J. Michael, "Marvellous Realism. The Way out of Negritude",
Caribbean Studies, Rio Piedras, Puerto Rico, 13, 4, January, 1974, 57-70.
Aussi in *Black Images,* Toronto, Ontario, 3, 1, Spring, 1974, 80-95 et, sous
le titre "Negritude – The Atomization of the Past", in *African Studies
Association Bulletin,* Kingston, Jamaïque, 7, December, 1974, 54-67.

0146
DASH, J. Michael, "The Peasant Novel in Haiti", in Eldred Jones, ed., *African
Literature Today,* Heinemann, London, 1978, 77-90.

0147
DASH, J. Michael, "Quelques tendances dans l'histoire de la littérature
haïtienne", *Ahmadu Bello University,* Kano, Nigeria, Occasional Papers 1,
1, Summer, 1975, 11-21.

0148
DASH, J. Michael, "Through the Looking-glass: Haitian-American Relations in
the Literature of the Occupation", *Komparatistische Hefte,* Bayreuth,
Allemagne, 9/10, 1984, 41-56.

0149
DASH, J. Michael, "The Way Through Africa: A Study of Africanism in Haiti",
Bim, Christchurch, Barbade, 15, 58, June, 1975, 117-134
Aussi in *Atenea,* Rio Piedras, Puerto Rico, 9, 3-4, septiembre-diciembre
1978, 77-95.

0150
DATHRONE, O. R., *Dark Ancestor. The Literature of the Black Man in the
Caribbean,* Louisiana State University Press, Baton Rouge, Louisiana,
1981, x-288 p.
Sur Haïti, 228-235.

0151
DAUMEC, Lucien, "Miroir", *La Ruche,* Port-au-Prince, 1, 1, 7 décembre 1945,
3.

0152
DAVID, Odnell, "La Littérature d'expression créole est quelque chose de plus
sérieux", *Le Nouvelliste,* Port-au-Prince, 4 août 1956.

0153
DENIS, Lorimer, "Dans l'histoire de la littérature", *Le Nouvelliste,* Port-au-
Prince, 8 mars 1932.

0154
DENIS, Lorimer, DUVALIER, François et BONHOMME, Arthur, *Les
Tendances d'une génération,* Imp. du Collège Vertières, Port-au-Prince,
1934, 189 p.

0155
DENIS, Lorimer, "Une étape littéraire", *Haïti-Journal,* Port-au-Prince,
5 et 6 août 1930.

0156
DENIS, Lorimer, "Une étape littéraire", in idem, *Les Tendances d'une
génération,* 1-57.

DENIS, Lorimer, voir ELDÉ.

0157

DEPESTRE, René, "La Culture haïtienne : un long rêve musicien. La nature du « réel merveilleux » d'Haïti et ses origines", *Le Courrier de l'UNESCO,* Genève, Suisse, 32, 2, février 1979, 28-33.

DEPESTRE, René, voir ALEXIS, Jacques-Stéphen.

0158

DERAC, Max, "L'Apport de la nouvelle génération littéraire", *Le Nouvelliste,* Port-au-Prince, 19 novembre 1937.

0159

DERAC, Max, "Coup d'œil sur notre renouveau littéraire", *Psyché,* Port-au-Prince, 6 janvier 1939.

0160

DESPRADEL, Alberto, "El personaje haitiano en la época de Trujillo : un caso de racismo", *¡Ahora!,* Santo Domingo, R.D., 619, 22 septiembre 1975, 52-56.

0161

DISSY, Jean (pseud. de DORET, Frédéric), "À propos d'une enquête : pourquoi l'on ne lit pas en Haïti", *La Petite Revue,* Port-au-Prince, 15 décembre 1927, 277-280.

0162

DOLCÉ, Jacquelin, DORVAL, Gérald, CASTHELY, Jean Miotel, *Le Romantisme en Haïti : La vie intellectuelle 1804-1915,* Fardin, Port-au-Prince, 1983, 272 p.
Publié d'abord en feuilletons in *Le Nouvelliste,* Port-au-Prince, en février, mars, avril, mai et juin 1970.

0163

DOMINIK, Maks, (DOMINIQUE, Max), "Vodou ak litérati ayisin", *Sèl,* Brooklyn, New York, 6, 41, août 1978, 26-31.

0164

DOMINIK, Maks, (DOMINIQUE, Max), "Yon mòd rezistans devan okipasyon ameriken an, nan literati ayisien", *Sèl,* Brooklyn, New York, 61-62, septembre 1984, 17-23 et 56.

DOMINIQUE, Max, voir DOMINIK, Maks et RAMIRE, Alain.

0165

DOMOND, Pierre Édouard, "Bataille pour le livre haïtien", *Le Nouvelliste,* Port-au-Prince, 11-12 septembre 1971.

DORET, Frédéric, voir DISSY, Jean.

DORSINVILLE, Hénec, voir HÉDOR.

0166

DORSINVILLE, Max, "Les Écrivains haïtiens à Dakar", *Études littéraires,* Québec, P.Q., 13, 2, 1980, 346-356.
Aussi in idem, *Le Pays natal,* Les Nouvelles Éditions africaines, Dakar, 1983, 75-83 et, sous le titre "Écrivains haïtiens d'Afrique", in *Notre Librairie,* Paris, 73, janvier-mars 1984, 101-105.

0167

DORSINVILLE, Max, "Le Fait haïtien existe, à nous de l'exprimer", *La Relève,* Port-au-Prince, 5, 12, juin 1937, 28-32.

0168
DORSINVILLE, Max, "The Myth of the Negro in the Literature of the Americas", in Milan V. Dimic et Juan Ferrate, éds, *Actes du VII congrès de l'Association internationale de littérature comparée,* Bieber Verlag, Stuttgart, Allemagne, 1979, 351-354.

0169
DORVAL, Gérald, "L'Année littéraire 1976", *Le Petit Samedi soir,* Port-au-Prince, 176, 8-14 janvier 1977, 32.

0170
DORVAL, Gérald, "La Critique a peur", *Le Petit Samedi soir,* Port-au-Prince, 112-113, 13-19 septembre 1975, 9-11.

0171
DORVAL, Gérald, "Entre l'absurde et la raison", *Le Petit Samedi soir,* Port-au-Prince, 114, 20-26 septembre 1975, 5-6.
Sur l'engagement dans la littérature haïtienne.

DORVAL, Gérald, voir DOLCÉ, Jacquelin.

0172
DOUGÉ, Gérard, "Littératures traditionnelles et nouvelles esthétiques", *Le Nouvelliste,* Port-au-Prince, 4, 5 et 7 septembre 1972.

0173
DOUGÉ, Gérard, "Manifeste du mouvement pluréaliste haïtien", *Le Petit Samedi soir,* Port-au-Prince, 16, 27 janvier 1973, 7-20.

0174
DOUGÉ, Gérard, "Une nouvelle esthétique littéraire", *Le Nouvelliste,* Port-au-Prince, 21 juillet 1972.

0175
DUMAS, Pierre Raymond, "La Critique chez nous", *Le Nouvelliste,* Port-au-Prince, 4 avril 1984.

0176
DUMAS, Pierre Raymond, "Quelques mots sur l'enseignement de la littérature en Haïti", *Le Nouvelliste,* Port-au-Prince, 2 septembre 1983.

0177
DUMAS, Pierre Raymond, "Surpluréalisme : Réponse à Télasco JEAN-FRANTZ", *Le Petit Samedi soir,* Port-au-Prince, 466, 5-11 février 1983, 19.

DUPOUX, Antoine, voir SAINT-LOUIS, Carlos.

0178
DURAND, Michel, "Littérature d'aujourd'hui", *Le Nouvelliste,* Port-au-Prince, 12 mai 1949.

0179
D'USSOL, "Pouvons-nous avoir une littérature nationale ?", *Haïti littéraire et sociale,* Port-au-Prince, 2, 5 février 1905, 28-30.
Voir LECORPS, Marceau.

0180
DUVALIER, François, "À travers la littérature", *La Presse,* Port-au-Prince, 1er septembre 1931.

0181
DUVALIER, François, "Les Écrivains d'une génération à travers la littérature", in DENIS, Lorimer, et al., *Les Tendances d'une génération,* 60-115.

0182
DUVALIER, François, "En marge de la semaine littéraire : la poussée nouvelle", *Haïti-Journal,* Port-au-Prince, 31 janvier et 7 février 1931.

0183
DUVALIER, François, "Fantaisie – Les Écrivains d'une génération", *Le Nouvelliste,* Port-au-Prince, 16 février 1932.

0184
DUVALIER, François, "François Duvalier répond à M. Rudy", *La Presse,* Port-au-Prince, 5 et 10 septembre 1931.
À propos de *La Revue indigène.*

DUVALIER, François, voir DENIS, Lorimer.

0185
EFRON, Edith, "The « New Movement » in Haiti", *Caribbean Quarterly,* Mona, Jamaïque, 4, 5, January, 1955, 14-31.

0186
ELDÉ (pseudonyme de DENIS, Lorimer), "Chronique littéraire", *L'Action nationale,* Port-au-Prince, 7 mars 1932.
Plaidoyer pour une littérature haïtienne originale.

0187
ÉTHÉART, Liautaud, "Situations littéraires", in idem, *Miscellanées,* Imp. J.H. Courtois, Port-au-Prince, 1855, 101-134.

0188
ÉTIENNE, Éric F., "Qu'est-ce que la littérature haïtienne ?", *Le Matin,* Port-au-Prince, 13-14 octobre 1965.

0189
ÉTIENNE, Franck, "Spiralisme et vision", *Le Nouvelliste,* Port-au-Prince, 26 novembre 1968.

ÉTIENNE, Franck, voir FRANKÉTIENNE.

0190
ÉTIENNE, Gérard V., "La Femme noire dans le discours littéraire haïtien", *Présence francophone,* Sherbrooke, P.Q., 18, printemps 1979, 109-126.

0191
ÉTIENNE, Gérard V., *Le Nationalisme dans la littérature haïtienne,* Éditions du Lycée Pétion, Port-au-Prince, 1964.

0192
ÉTIENNE, Max-Abner, "Pluréalisme ou littérature triviale ?", *Le Petit Samedi soir,* Port-au-Prince, 19, avril 1973, 25-26.

0193
FABRE, Michel, "*La Revue indigène* et le mouvement Nouveau Noir", *Revue de littérature comparée,* Paris, 51, janvier-mars 1977, 30-39.

0194
FALSTAFF, "Hommes supérieurs", *Le Soir,* Port-au-Prince, 25 octobre 1899.
Sur le refus des lecteurs de lire les œuvres nationales.

0195
FANFANT, Edgard, "Hommes de lettres", *Le Soir,* Port-au-Prince, 18 avril 1908.

0196
FARDIN, Dieudonné, "Qu'est-ce que le pluréalisme ?", *Le Petit Samedi soir,* Port-au-Prince, 16, 27 janvier 1973, 6.

0197
FÉRY, Alibée, *Essais littéraires,* Imp. Énélus Robin, Port-au-Prince, 1876, 350 p. en quatre livraisons.

FIÈVRE, Justin O., voir JEAN, Eddy Arnold.

0198
FIGNOLÉ, Jean-Claude, "De la critique littéraire", *Le Nouvelliste,* Port-au-Prince, 25 mars 1971.

0199
FIGNOLÉ, Jean-Claude, "Pour une théorie spiraliste de la critique", *Le Petit Samedi soir,* Port-au-Prince, 13, 9 décembre 1972, 13, 15, 16 et 26.

0200
FIGNOLÉ, Jean-Claude, "Réponse à Mr. Anthony Phelps", *Le Nouvelliste,* Port-au-Prince, 10 octobre 1968.
Sur l'enseignement de la littérature haïtienne en Haïti.

0201
FIGNOLÉ, Jean-Claude, "Situation de l'écrivain haïtien", *Langaj,* Port-au-Prince, 1, 2, avril 1980, 9-12.
Voir GLÉMAUD, Marie-Josée.

0202
FIGNOLÉ, Jean-Claude, "Spiralisme et langage", *Le Nouvelliste,* Port-au-Prince, 22-24 novembre 1968.

0203
FLEISCHMANN, Rose-Marie, "Die haitianische Literatur ; ein Überblick", *Die Neueren Sprachen,* Frankfurt am Main, Allemagne, 3, März 1963, 117-129.

0204
FLEISCHMANN, Ulrich, "Le Créole en voie de devenir une langue littéraire", in Dieter Kremer und Hans-Josef Niederehe, éds, *Littératures et langues dialectales françaises,* Helmut Buske Verlag, Hamburg, Allemagne, 1980, 247-264.

0205
FLEISCHMANN, Ulrich, *Écrivain et société en Haïti,* Centre de recherches caraïbes de l'Université de Montréal, Montréal, P.Q., 1976, 37 p.

0206
FLEISCHMANN, Ulrich, *Ideologie und Wirklichkeit in der Literatur Haitis,* Colloquium Verlag, Berlin, 1969, 313 p.

0207
FLEISCHMANN, Ulrich, "Para una aproximación sociológica a la literatura haitiana", *Revista de crítica literaria latinoamericana,* Lima, 9, 17, 1er semestre 1983, 65-87.

0208
FLORE, Serge, "La Littérature qu'il nous faut", *Le Petit Haïtien,* Port-au-Prince, 22 août 1906.

0209
FOMBRUN, Wilfrid, "Le Drame des écrivains haïtiens", *Le Nouvelliste,* Port-au-Prince, 14 février 1979.

0210
FOUCHARD, Jean, "L'Amour dans la littérature haïtienne", *Le Temps (Revue),* Port-au-Prince, 2, 72, 73, 74 et 75, 4, 8, 11 et 15 novembre 1933, 7-9, 2-4, 12, 1-2.
Aussi in *La Relève,* Port-au-Prince, 3, 8 et 9, février et mars 1935, 11-20 et 1-6.

0211
FOUCHARD, Jean, "Culture et langue française en Haïti", *Le Nouveau Monde,* Port-au-Prince, 14 juillet 1963.

0212
FOUCHARD, Jean, *Langue et littérature des aborigènes d'Ayti,* L'École, Paris, 1972, 173 p.

0213
FOUCHARD, Jean, *Plaisirs de Saint-Domingue. Notes sur la vie sociale, littéraire et artistique,* Imp. de l'État, Port-au-Prince, 1955, 182 p.

0214
FOWLER, Carolyn, "La Prise de conscience dans la littérature haïtienne : la constitution d'une tradition", *Ngam,* Yaoundé, 1-2, 1977, 66-77.

0215
FRANKÉTIENNE, "Qu'est-ce que le spiralisme ?", *Le Petit Samedi soir,* Port-au-Prince, 13, 9 décembre 1972, 17 et 19-21.
Propos recueillis par PHILOCTÈTE, Raymond.

FRANKÉTIENNE, voir ÉTIENNE, Franck.

0216
G. C., "La Poussée nouvelle", *La Nouvelle Revue,* Port-au-Prince, 1, 10, 1er mars 1926, 189-191.
Sur la nécessité d'une littérature haïtienne engagée.

0217
GAILLARD, Roger, "Le Fatras de nos Orontes", *Le Nouveau Monde,* Port-au-Prince, 26 avril 1973.
Sur la critique littéraire en Haïti.

0218
GAILLARD, Roger, "Indigénisme haïtien, négritude et internationalisme", *Le Nouveau Monde,* Port-au-Prince, 6 mai 1979.

0219
GAILLARD, Roger, "Lettre à Marguerite Deschamps sur la critique littéraire haïtienne", *Le Nouveau Monde,* Port-au-Prince, 24 février 1975.

GAILLARD, Roger, voir PRICE-MARS, Jean.

0220
GAROUTE, Louis, *Instantanés,* Imp. Telhomme, Port-au-Prince, 1942, 38 p.
Portraits d'auteurs.

0221
GAVRONSKY, Serge, "Linguistic Aspects of Francophone Literature", *The French Review,* Champaign, Illinois, 51, 6, May, 1978, 843-852.

0222
GEWECKE, Frauke, "Le Chemin épineux de la décolonisation culturelle. Le cas haïtien", *Romanistische Zeitschrift für Literaturgeschichte - Cahiers d'histoire des littératures romanes,* Heidelberg, Allemagne, 6, 1, 1982, 171-215.

0223
GINDINE-TARDIEU-FELDMAN, Yvette, "Images of the American in Haitian Literature during the Occupation", *Caribbean Studies,* Rio Piedras, Puerto Rico, 14, 3, October, 1974, 37-52.

0224
GINDINE-TARDIEU-FELDMAN, Yvette, "The Magic of Black History : Images of Haiti", *Caribbean Review,* Miami, Florida, 6, 4, October-December, 1974, 25-30.

0225
GLÉMAUD, Marie-Josée, "Pourquoi écrire ? Lettre ouverte à Jean-Claude Fignolé", *Collectif paroles,* La Salle, P.Q., 7, juillet-août 1980, 27-29.
Réponse à son article "Sur la situation de l'écrivain haïtien".

0226
GÖRLICH, E. J., "Die französische Literatur Haitis", *Antares,* Mainz, Allemagne, 5, 7, November 1967, 41-43.

0227
GOURAIGE, Ghislain, *Continuité noire,* Nouvelles Éditions africaines, Dakar-Abidjan, 1977, 230 p.

0228
GOURAIGE, Ghislain, *La Diaspora d'Haïti et l'Afrique,* Naaman, Sherbrooke, P.Q., 1974, 200 p.

0229
GOURAIGE, Ghislain, "Haïti, source de la négritude", in *Littératures ultramarines de langue française,* Naaman, Sherbrooke, P.Q., 1974, 58-67.

0230
GOURAIGE, Ghislain, "Littérature haïtienne et littérature française", *Culture française,* Paris, 26, 1, printemps 1977, 5-16.

0231
GRIMARD, Luc, "Renouer la chaîne", *La Phalange,* Port-au-Prince, 5 mai 1943.

0232
GUITEAU, Carl-Henri, "À qui la faute ?", *Le Petit Samedi soir,* Port-au-Prince, 3, 97-98, 17-30 mai 1975, 11.
Sur l'exiguïté du public haïtien.

0233
HAÏTI LITTÉRAIRE, "Haïti littéraire se présente", *Rond-point,* Port-au-Prince, 12, décembre 1963, 19-29.

0234
HECTOR, Paul, "Notre critique littéraire", *Stella,* Cap-Haïtien, 2, 19, novembre 1927, 405-409.

0235
HÉDOR (pseud. de DORSINVILLE, Hénec), "Littérature haïtienne", *L'Essor quotidien,* Port-au-Prince, 6 et 9 septembre 1919.
Voir L.E., *À propos de la littérature haïtienne.*

0236
HÉRARD, Jean-Robert, "Faut-il enterrer l'indigénisme ?", *Le Petit Samedi soir,* Port-au-Prince, 217, 27 octobre-2 novembre 1977, 18-19.
A propos d'une conférence de PIERRE-LOUIS, Ulysse, sur la poésie".

0237
HEURTELOU, Daniel, "La Critique littéraire", *La Relève,* Port-au-Prince, 11, 1er mai 1933, 21-26.

0238
HIRSCH, Charles-Henry, "Les Revues", *Mercure de France,* Paris, 49, 287, 1er octobre 1938, 179-187.
Sur le premier numéro des *Griots,* Port-au-Prince, et son idéologie fasciste.

0239
HOFFMANN, Léon-François, "L'Afrique et les Africains dans l'imagination collective haïtienne entre l'indépendance et l'occupation américaine", *Notre Librairie,* Paris, 73, janvier-mars 1984, 47-55.

0240

HOFFMANN, Léon-François, "Coup d'œil sur la littérature haïtienne", *Notre Librairie,* Paris, 48, avril-juin 1979, 41-52.

Aussi en traduction anglaise, sous le titre "Haitian Literature : An Overview", in idem, *Essays on Haitian Literature,* 11-27.

0241

HOFFMANN, Léon-François, *Essays on Haitian Literature,* Three Continents Press, Washington, D.C., 1984, 184 p.

Recueil d'essais.

0242

HOFFMANN, Léon-François, "Les États-Unis et les Américains dans les lettres haïtiennes", *Études littéraires,* Québec, P.Q., 13, 2, août 1980, 289-312.

Aussi en traduction anglaise sous le titre "The U.S. and Americans in Haitian Letters", in idem, *Essays on Haitian Literature,* 67-86.

0243

HOFFMANN, Léon-François, "Francophilia and Cultural Nationalism in Haiti", in Charles R. Foster and Albert Valdman, eds, *Haiti Today and Tomorrow : An Interdisciplinary Study,* University Press of America, Lanham, Maryland, 1984, 57-76.

0244

HOFFMANN, Léon-François, "Slavery and Race in Haitian Letters", *Caribbean Review,* Miami, Florida, 9, 2, Spring 1980, 28-32.

Aussi in idem, *Essays on Haitian Literature,* 49-66.

0245

HURBON, Laënnec, "Dialectique de la vie et de la mort autour de l'arbre dans les contes haïtiens", in Geneviève Calame-Griaule, éd., *Le Thème de l'arbre dans les contes africains,* Klincksieck, Paris, 1969, 71-92.

0246

HURBON, Laënnec, "La Figure du roi dans les contes de Bouki et Malice" , in idem, *Culture et dictature en Haïti : l'imaginaire sous contrôle,* L'Harmattan, Paris, 1979, 146-175.

0247

HURBON, Laënnec, "La Littérature haïtienne : une protestation contre le catholicisme", in idem, *Dieu dans le vaudou haïtien,* Payot, Paris, 1972, 38-45.

0248

ICART, Alfred, "Le Mouvement littéraire : bilan", *Haïti-Journal,* Port-au-Prince, 26 juillet 1951.

0249

JACQUES, Raoul, "Convient-il d'écrire en Haïti ?", *Le Matin,* Port-au-Prince, 27 octobre 1978.

Sur la situation de l'écrivain haïtien.

0250

JADOTTE, Hérard, "Idéologie, littérature, dépendance", *Nouvelle Optique,* Montréal, P.Q., 1, 4, décembre 1971, 71-84.

0251

JANVIER, Louis-Joseph, "L'Évolution littéraire en Haïti", *Revue universelle internationale,* Paris, 1884.

Aussi in *La Nation,* Port-au-Prince, 9 décembre 1884.

0252

JEAN, Eddy Arnold et FIÈVRE, Justin O., *Pour une littérature haïtienne nationale et militante,* Jacques Soleil, Lille, France, 1975, 181 p.

0253
JEAN-FRANTZ, Télasco, "Le Surpluréalisme", *Le Nouveau Monde,* Port-au-Prince, 30-31 août 1980.

0254
JEAN-FRANTZ, Télasco, "Surpluréalisme : l'énigme reste entière", *Le Petit Samedi soir,* Port-au-Prince, 465, 29 janvier-4 février 1983, 16.
Voir DUMAS, Pierre Raymond.

0255
JEANNOT, Yvan, "La Paysannerie et nos lettres", *La Relève,* Port-au-Prince, 4, 6, décembre 1935, 7-9.

0256
JÉROME, O., "La Critique actuelle et la nouvelle littérature", *La Presse,* Port-au-Prince, 9 novembre 1929.

0257
JONASSAINT, Jean, "Les Productions littéraires haïtiennes en Amérique du nord", *Études littéraires,* Québec, P.Q., 13, 2, août 1980, 313-333.

0258
JONASSAINT, Jean, "Haitian Writers in Exile : A Survey of North America", *Caribbean Quarterly,* Mona, Jamaïque, 27, 4, December, 1981, 13-20.

0259
KAUSS, Saint-John, "Le Spiralisme", *Étincelles,* Montréal, P.Q. 2, octobre-novembre 1982, 6-7.

0260
KENOL, Justin J., "Autour de notre littérature", *Le Nouvelliste,* Port-au-Prince, 6, 8 et 9 août 1938 et 14 mars 1939.

0261
KNABE, Peter-Eckhard, "Haïti dans la littérature", in Centre d'études francophones de l'Université de Paris XIII, *Itinéraires et contacts de cultures,* L'Harmattan, Paris, 3, 1983, 93-101.

0262
KOSHLAND, Miriam, "Development of the Literary Idiom in Haiti", *Black Orpheus,* Ibadan, Nigeria, 7, June, 1960, 46-56.

KOVAC-ABDRE, Anna, voir CHANCY, Adeline.

0263
L. E., "À propos de la littérature haïtienne", *L'Essor quotidien,* Port-au-Prince, 8 septembre 1919.
Réponse à l'article de HÉDOR, "La Littérature haïtienne".

0264
L. E., "La Littérature haïtienne", *Courrier du soir,* Port-au-Prince, 20 et 23 août et 5 et 6 septembre 1919.
Sur le manque d'originalité de la littérature haïtienne.

0265
L. M., "Désaffection pour la chose littéraire", *Le Nouvelliste,* Port-au-Prince, 5 octobre 1961.

0266
LAFERRIÈRE, Dany, "L'Humour à *La Ronde*", *Le Petit Samedi soir,* Port-au-Prince, 151, 26 juin-2 juillet 1976, 28-30.

0267
LAHENS, Léon, *L'Élite intellectuelle,* Imp. de l'Abeille, Port-au-Prince, 1916, 104 p.

0268
LALEAU, Léon, "Ainsi parle un neveu", in coll., *Témoignages sur la vie et l'œuvre du Dr. Jean Price-Mars,* Imp. de l'État, Port-au-Prince, 1956, 14-16.

0269
LALEAU, Léon, "Discours au Congrès des écrivains étrangers de langue française", *Le Matin,* Port-au-Prince, 25 juin 1937.
Sur la littérature haïtienne depuis l'occupation.

0270
LALEAU, Léon, "Les Moins de trente ans", *La Relève,* Port-au-Prince, 2, 1, juillet 1933, 22-25

0271
LAMARRE, Louis M., "L'Écrivain et son temps", *L'Haïtien libéré,* Port-au-Prince, 24 août 1957.

0272
LAPAIX, Émile, "La Race noire ; Haïti littéraire", *Revue géographique internationale,* Paris, 26, 312-313, novembre-décembre 1901, 423-426.

0273
LARAQUE, Paul, "André Breton en Haïti", *Nouvelle Optique,* Montréal, P.Q., 1, 2-3, mai 1971, 126-138.

0274
LARGE, Camille, "La Littérature haïtienne de 1896 à nos jours", *La Nouvelle Ronde,* Port-au-Prince, 1, 4, 1er septembre 1925, 62-65.

0275
LARGE, Camille, "La Littérature haïtienne et notre enseignement secondaire", *La Phalange,* Port-au-Prince, 19 juin 1947.

0276
LARGE, Camille, "Le Mouvement littéraire au lendemain de l'indépendance", *La Phalange,* Port-au-Prince, 11 et 31 décembre 1948.

0277
LAROCHE, Maximilien, "L'Afrique dans la littérature haïtienne : la construction d'un modèle", *Notre Librairie,* Paris, 73, janvier-mars 1984, 57-63.

0278
LAROCHE, Maximilien, "Le Colonialisme dans les littératures du Québec et d'Haïti", *Revue de l'Université Laurentienne,* Sudbury, Ontario, 9, 1, novembre 1976, 51-69.

0279
LAROCHE, Maximilien, "La Fonction anti-idéologique du héros dans le récit haïtien", *Le Petit Samedi soir,* Port-au-Prince, 3, 89, 15-21 mars 1975, 11-26.
Aussi in Émile Snyder et Albert Valdman, éds, *Identité culturelle et francophonie dans les Amériques,* Presses de l'Université Laval, Québec, P.Q., 1976, 261-276.

0280
LAROCHE, Maximilien, *Haïti et sa littérature,* Publications de l'Association Générale des Étudiants de l'Université de Montréal, Montréal, P.Q., Cahier no. 5, 1963, 96 p.

0281
LAROCHE, Maximilien, "L'Image comme écho", *Nouvelle Optique,* Montréal, P.Q., 1978, 246 p.
Recueil d'essais.

0282
LAROCHE, Maximilien, "Image du Nègre et rhétorique dans la littérature haïtienne", *Études littéraires,* Québec, P.Q., 7, 2, août 1974, 291-297.
Aussi in idem, *L'Image comme écho,* 113-120, in *Le Petit Samedi soir,* Port-au-Prince, 126, 20-26 décembre 1975, 24-30, et in Milan Dimic et Juan Ferrate, éds, *Actes du VIIᵉ Congrès de l'Association de Littérature Comparée,* Bieber, Stuttgart, Allemagne, 1979, 351-354.

0283
LAROCHE, Maximilien, "La literatura en haitiano", *Anales del Caribe,* La Habana, 1, 1981, 269-281.

0284
LAROCHE, Maximilien, "La Littérature haïtienne : ethnie, histoire et lettres", *Le Nouveau Monde,* Port-au-Prince, 8 avril 1962.

0285
LAROCHE, Maximilien, *La Littérature haïtienne. Identité, langue, réalité,* Léméac, Montréal, P.Q., 1981, 128 p.
Recueil d'essais.

0286
LAROCHE, Maximilien, "La Littérature haïtienne : nouvelles influences", *Le Nouveau Monde,* Port-au-Prince, 6 mai 1962.

0287
LAROCHE, Maximilien, "La Littérature haïtienne : quelques écrivains d'aujourd'hui", *Le Nouveau Monde,* Port-au-Prince, 20 mai 1962.

0288
LAROCHE, Maximilien, *Le Miracle et la métamorphose. Essai sur les littératures du Québec et d'Haïti,* Éditions du jour, Montréal, P.Q., 1970, 239 p.

0289
LAROCHE, Maximilien, "Panorama de la littérature créole", in idem, *L'Haïtien,* Éditions de Ste Marie, Montréal, P.Q., 1968, 84-94.

0290
LAROCHE, Maximilien, "La Quête de l'identité culturelle dans la littérature haïtienne", *Notre Librairie,* Paris, 48, avril-juin 1979, 55-67.
Aussi in idem, *La Littérature haïtienne. Identité, langue, réalité,* 19-29.

0291
LAROCHE, Maximilien, "Similitudes des littératures québécoise et haïtienne", *Le Nouveau Monde,* Port-au-Prince, 9 février 1964.

0292
LAROCHE, Maximilien, "Violence et langage dans les littératures d'Haïti et des Antilles françaises", *Présence francophone,* Sherbrooke, P.Q., 16, printemps 1978, 111-121.
Aussi in idem, *La Littérature haïtienne. Identité, langue, réalité,* 43-56.

0293
LASSÈGUE, Franck, *Ciselures,* Librairie A. Crossel, Albert, France, 1929, 136 p
Croquis d'Haïtiens célèbres, y compris d'hommes de lettres.

0294
LATORTUE, Régine, "The Black Woman in Haitian Literature and Society", in Filomina Steady, ed., *The Black Woman Cross Culturally,* Schenkman, Cambridge, Massachusetts, 1981, 535-560.

0295
LATORTUE, Régine, "Le Discours de la nature : la femme noire dans la littérature haïtienne", *Notre Librairie,* Paris, 73, janvier-mars 1984, 65-69.

0296

LECHAUD, Thomas H., "Le Rire dans les lettres haïtiennes", *L'Essor,* Port-au-Prince, avril 1912, 3-6.

0297

LECORPS, Marceau, "Pouvons-nous avoir une littérature nationale ?" *Haïti littéraire et sociale,* Port-au-Prince, 3, 20 février 1905, 76-77.
Réfutation de l'article de D'USSOL du même titre.

0298

LESCOUFLAIR, Arthur, "Les Livres", *Le Temps revue,* Port-au-Prince, 3 mars 1934.
Sur l'Afrique et les africanismes dans la littérature haïtienne.

0299

LHÉRISSON, Justin, *Portraitins,* 1ʳᵉ série, Imp. H. Amblard, Port-au-Prince, 1894, 44 p.
Croquis d'Haïtiens célèbres, y compris d'hommes de lettres.

0300

LIAUTAUD, André, "Pour ou contre la culture française", in coll., *La Voix de la génération de l'occupation,* L'Assaut, Port-au-Prince, 1936, 8-10.

0301

LINDOR, Fresnel, "L'Association des Écrivains Haïtiens, ou la situation de l'écrivain haïtien", *Le Nouvelliste,* Port-au-Prince, 5 mai 1980.

0302

LONG, Richard, "Problems of a New Literature : The Creole Literature of Haïti", in coll., *Langue et littérature,* Belles Lettres, Paris, 1961, 426-427.

0303

LOUHIS, fils, Léon, "Mouvement littéraire et artistique", *Haïti-Journal,* Port-au-Prince, 16 août 1933.

0304

LOUIS, Ernst, "La Critique en Haïti", *Le Nouveau Monde,* Port-au-Prince, 2 février 1981.

0305

LOUIS, Ernst, "Écrivains et lecteurs", *Le Nouveau Monde,* Port-au-Prince, 5 octobre 1984.

0306

LUBIN, J. Dieudonné, "Littérature", in idem, *Le Sens d'une mystique,* Imp. V. Valcin, Port-au-Prince, 1955, 5-9.

0307

LUBIN, Maurice A., *Haïti et culture,* Louis Soulanges, Paris, 1974, 64 p.

0308

LUBIN, Maurice A., "Le Livre en Haïti", *Le Nouvelliste,* Port-au-Prince, 2 et 3 juillet 1970.

0309

M. W., "Existe-t-il, oui ou non, une littérature haïtienne ?", *Le Matin,* Port-au-Prince, 21, 24, 25 et 26 mars 1953.

0310

MAGLOIRE SAINT-AUDE, Clément, "Carence d'œuvres puissantes dans la littérature haïtienne", *Le Nouvelliste,* Port-au-Prince, 18 janvier 1943.

0311
MANIGAT, Leslie F., *Une date littéraire, un événement pédagogique,* Imp. La Phalange, Port-au-Prince, 1962, 43 p.
Sur POMPILUS, Pradel et BERROU, Frère Raphaël, *Manuel illustré d'histoire de la littérature haïtienne.*

0312
MANIGAT, Max, "Le Livre haïtien en diaspora, problèmes et perspectives", *Études littéraires,* Québec, P.Q., 13, 2, août 1980, 335-345.

0313
MARC, Jules-André, "Auteurs contemporains", *Le Nouvelliste,* Port-au-Prince, 14-15 et 28-29 juillet et 1er-3 novembre 1969.

0314
MARCELIN, Émile, *Médaillons littéraires, poètes et prosateurs haïtiens,* Imp. de l'Abeille, Port-au-Prince, 1906, 158 p.
Recueil d'essais sur des écrivains du XIXe siècle.

0315
MARCHETTI, Adriano, "Uno sguardo sulla letteratura di Haiti", *Francofonia,* Bologna, Italie, 1, autumno 1981, 125-130.

0316
MARIÑAS OTERO, Luis, "Evolución del pensamiento haitiano", *Cuadernos hispanoamericanos,* Madrid, 182, febrero 1965, 325-347.

0317
MARIUS, "Chronique littéraire", *La Presse,* Port-au-Prince, 24 et 31 août et 7 septembre 1929.
Sur le public haïtien et son mépris pour la littérature nationale.

0318
MARS, Louis, "La Littérature haïtienne et l'avenir de la langue française en Haïti", *Culture française,* Paris, 18, 1, printemps 1969, 6-17.

0319
MARTY, Anne, "La Littérature haïtienne en quête d'identité", *L'Afrique littéraire et artistique,* Paris, 38, 4e trimestre 1975, 2-9.

0320
MAUREPAS, "Anthologie haïtienne", *Le Nouvelliste,* Port-au-Prince, 24 août 1904.
Sur MÉNOS, Solon, et al., *Œuvres des écrivains haïtiens.*

0321
MAX, Jehan, "Folklore ?… Non, colonisation tout court", *Le Nouvelliste,* Port-au-Prince, 8 et 9 octobre 1946.

0322
MÉTRAL, Antoine, "De la littérature d'Haïti", *Revue encyclopédique,* Paris, 1 et 3, 1819, 524-537 et 132-149.

0323
MICHEL, Henri Adam, "La Querelle littéraire : l'intransigeance", *L'Essor quotidien,* Port-au-Prince, 27, 28 et 29 octobre 1921.

0324
MICHEL, Jean-Claude, *Les Écrivains noirs et le surréalisme,* Naaman, Sherbrooke, P.Q., 1982, 184.
Sur Haïti, 123-163.

0325
MONTAS, Edmond, "La Paternité en littérature", *L'Essor,* Port-au-Prince, mai 1912.

0326
MORISSEAU, Roland, "Plaidoyer pour le livre", *Semences,* Port-au-Prince, 1, 3, juillet-août 1962.

0327
MORISSEAU-LEROY, Félix, "Entretien avec Émile Roumer", *Optique,* Port-au-Prince, 19, septembre 1955, 12-15.
Opinions sur la littérature en langue créole.

0328
MORISSEAU-LEROY, Félix, "La Littérature haïtienne d'expression créole : son avenir", *Présence africaine,* Paris, 17, décembre 1957-janvier 1958, 46-57.

0329
MORISSEAU-LEROY, Félix, "Le Mouvement littéraire", *Le Temps,* Port-au-Prince, 20 octobre 1937.

MORISSEAU-LEROY, Félix, voir BLANCHET, Jules.

0330
MORPEAU, Louis, "Lettres haïtiennes", *Mercure de France,* Paris, 157, 577, 1er juillet 1922, 219-224.

0331
MORPEAU, Louis, "Le Mouvement littéraire en Haïti", *La Vie des peuples,* Paris, 4, 53, septembre 1924, 82-105.

0332
MORPEAU, Louis, "La Muse haïtienne d'expression française", *La Muse française,* Paris, 1, 5, 10 juillet 1922, 217-224.

0333
MORPEAU, Louis, "Un dominion intellectuel français, Haïti 1789-1924", *Revue de l'Amérique latine,* Paris, 3, 8, octobre 1924, 332-341.

0334
MORPEAU, Pierre M., "Haití", *Crisol,* México, D.F., 4, 7, 31 mayo 1932, 290-300.

0335
MOURALIS, Bernard, "L'Image de l'indépendance haïtienne dans la littérature des Caraïbes", *Revue de littérature comparée,* Paris, 48, 3-4, juillet-décembre 1974, 504-535.

0336
NAU, Émile, "Littérature", *L'Union,* Port-au-Prince, 14, 16 novembre 1837.

0337
NAU, Émile, [Article sans titre, sur la littérature haïtienne], *Le Républicain,* Port-au-Prince, 4, 1er octobre 1836.

0338
NGANDU, Pius, "Littérature néo-africaine : jalons antillais et africains avant 1937", *Congo-Afrique,* Kinshasa, 11, 1971, 447-461.

0339
NOGUERA MORA, Neftali, "Letras haitianas", in idem, *Cielo y suelo de Haití,* Universidad de los Andes, Ediciones del rectorado, Mérida, Venezuela, 1978, 39-54.

0340
NOGUERA MORA, Neftali, "Lettres haïtiennes", *Le Matin,* Port-au-Prince, 21, 23 et 24 juin 1953.

0341
ODIMUS, Robert, "La Littérature haïtienne fait son chemin", *Le Nouvelliste,* Port-au-Prince, 23 janvier 1978.

0342
PAPAILLER, Hubert, "Pour un renouveau littéraire", *Le Nouvelliste,* Port-au-Prince, 10 mars 1960.

0343
PASQUINI, Maria, *Imagine della donna nella poesia haitiana,* tesi de laurea, Università cattolica del Sacro Cuore, Milano, Italie, 1975.

0344
PAUL, Cauvin L., "Les Asexués", *Lakansièl,* Brooklyn, New York, 2, juillet 1975, 5
Sur la littérature comme dérivatif de l'action politique.

PAUL, Cauvin L., voir TROUILLOT, Michel-Rolph.

0345
PAUL, Emmanuel C., *Culture, langue, littérature,* Imp. de l'État, Port-au-Prince, 1954, 16 p.

0346
PHELPS, Anthony, "Cette Amérique dont nous sommes, ou lecture de *Langaj*", *Collectif paroles,* Montréal, P.Q., 4, mars 1980, 41.
Sur le groupe Haïti-Littéraire.

0347
PHELPS, Anthony, "En faveur de nos lettres", *Le Nouvelliste,* Port-au-Prince, 11 octobre 1961.

0348
PHELPS, Anthony, "Lettre ouverte à Mr. Jean-Claude Fignolé", *Le Nouvelliste,* Port-au-Prince, 9 octobre 1968.
Sur l'enseignement de la littérature haïtienne en Haïti.

0349
PHILOCTÈTE, Raymond, "Autour du *Manuel illustré d'histoire de la littérature haïtienne* de Pradel Pompilus", *Semences,* Port-au-Prince, 1,2, mai 1962, 1-8.

0350
PHILOCTÈTE, Raymond, "Coup de pinceau", *Semences,* Port-au-Prince, 1, 3, juillet-août 1962.
Sur la difficulté d'écrire en Haïti.

0351
PHILOCTÈTE, Raymond, "Le Littéraire et le milieu", *Le Nouvelliste,* Port-au-Prince, 3 août 1977.

0352
PHILOCTÈTE, Raymond, "Plaidoyer pour la littérature et la musique nègres", *Le National magazine,* Port-au-Prince, 11 octobre 1953, 8 et 12.

0353
PIQUION, René, "Pour une culture prolétarienne", in coll., *La Voix de la génération de l'occupation,* L'Assaut, Port-au-Prince, 2, mars 1936, 83-87.

PIQUION, René, voir BLANCHET, Jules.

0354
PLUMMER, Yolande, "L'Écrivain de chez nous", *Le Nouvelliste,* Port-au-Prince, 25 février 1972.

0355
POMPILUS, Pradel, "Cent cinquante ans de littérature haïtienne", *Formes et couleurs,* Lauzanne, Suisse, 12e série, 1, 1954, s.p.

0356
POMPILUS, Pradel, "Le Phénomène de la non-croyance dans la littérature haïtienne", *Le Nouveau Monde,* Port-au-Prince, 24-26 décembre 1984.

0357
POMPILUS, Pradel, "Splendeur et servitude (1895-1915)", *La Phalange,* Port-au-Prince, 31 janvier 1951.

0358
POMPILUS, Pradel, "Tendances et thèmes essentiels de la littérature haïtienne", *Le National magazine,* Port-au-Prince, 12 et 19 juin et 3 juillet 1955.

0359
POMPILUS, Pradel, "Une crise du livre haïtien", *Le Nouvelliste,* Port-au-Prince, 25 novembre 1941.

0360
POMPILUS, Pradel, "Le Vodou dans la littérature haïtienne", *Rond-point,* Port-au-Prince, 8, juin-juillet 1963, 27-41.
Aussi, sous le titre "Études sur le Vodou", *Sondeos,* Cuernavaca, Mexique, no. 2, 1966.

0361
PRADEL, Seymour, "Les Deux tendances", *Haïti littéraire et scientifique,* Port-au-Prince, 5 janvier, 5 mars et 5 mai 1912, 11-13, 131-134 et 205-209.
D'abord dans *La Jeune Haïti* de février 1896 ?

0362
PRICE-MARS, Jean, "Arts, littérature et culture", *Projection,* Port-au-Prince, juillet 1954, 34-65.
Aussi in idem, *De Saint-Domingue à Haïti,* Présence africaine, Paris, 1959, 73-119.

0363
PRICE-MARS, Jean, "Essai sur la littérature et les arts haïtiens de 1900 à 1957", in idem, *De Saint-Domingue à Haïti,* Présence africaine, Paris, 1959, 9-71.

0364
PRICE-MARS, Jean, "L'État social et la production littéraire en Haïti", *Conjonction,* Port-au-Prince, 34, août 1951, 49-55.

0365
PRICE-MARS, Jean, "Le Folklore et la littérature", in idem, *Ainsi parla l'Oncle,* Léméac, Montréal, P.Q., 1973, 253-265.
Première édition, Imp. de Compiègne, Paris, 1928.

0366
PRICE-MARS, Jean, "Notre littérature moderne", *Le National magazine,* Port-au-Prince, 1er novembre 1953, 7 et 16.

0367
PRICE-MARS, Jean, "La Position d'Haïti et la culture française en Amérique", *Conjonction,* Port-au-Prince, 62, mai 1956, 5-14.
Aussi in idem, *De Saint-Domingue à Haïti,* Présence africaine, Paris, 1959, 151-170.

0368
PRICE-MARS, Jean, "Problèmes de l'enseignement de notre littérature, propos recueillis par Roger GAILLARD", *Le Matin,* Port-au-Prince, 19 février 1960.

0369

RAMIRE, Alain (pseud. de DOMINIQUE, Max), "Littérature engagée ou désengagement de la littérature. Les tensions essentielles de la littérature haïtienne", *Maintenant,* Montréal, P.Q., 96, mai 1970, 161-163.

0370

RAMIRE, Alain (pseud. de DOMINIQUE, Max), "Pour une culture populaire haïtienne", *Frères du monde,* Bordeaux, France, 43-44, 1er trimestre 1967, 57-70.

0371

RÉGIS, Antoine, "Littérature nationale d'Haïti", *Romanistische Zeitschrift für Literaturgeschichte - Cahiers d'histoire des littératures romanes,* Heidelberg, Allemagne, 6, 1-2, 1982.

0372

RÉMY, Ernst, "Les Grands Courants littéraires", *Nouvelle Revue des Deux-Mondes,* Paris, décembre 1972, 608-613.

Aussi in *Le Nouvelliste,* Port-au-Prince, 9-10 décembre 1972.

0373

ROMÉUS, Wilhem, "Littératures et société", *Le Nouvelliste,* Port-au-Prince, 7 février 1979.

Sur la notion d'influence dans la littérature haïtienne.

0374

ROSE, Max, "La Jeune littérature d'Amérique : Haïti", *La Relève,* Port-au-Prince, 4, 8, février 1936, 3-9.

Reproduction d'un article du *Figaro* de Paris.

0375

ROSE, Max, *La Littérature haïtienne,* Éditions de Conférences et théâtres, Bruxelles, 1938, 46 p.

Aussi in *Conférences et théâtres,* Bruxelles, 5, 8, août 1938, 255-262.

0376

ROUMER, Émile, "Autour de *La Revue indigène*", *L'Essor quotidien,* Port-au-Prince, 3 novembre 1927.

ROUMER, Émile, voir MORISSEAU-LEROY, Félix.

0377

SAADI, Jeanne Habib, "Lettre à Carl Brouard", *L'Action nationale,* Port-au-Prince, 21-23 août 1933.

Sur l'histoire littéraire d'Haïti.

0378

SAINT-LOUIS, Carlos et DUPOUX, Antoine, *Manifeste de l'école réaliste haïtienne,* Deschamps, Port-au-Prince, 1948, Gde feuille.

Aussi in *L'Action,* Port-au-Prince, 8 janvier 1949.

0379

SAINT-LOUIS, René A., *Juxtaposition et fusion culturelles en Haïti.* Thèse pour l'université de Paris, résumé dans *Annales de l'Université de Paris,* Paris, 30, 1960, 609-612.

0380

SAINT-VICTOR, Alex, "Revue des livres", *Les Variétés,* Cap-Haïtien, 20 octobre 1904.

0381

SAINT-VIL, Joseph, "Indigénisme et couleur locale", *Le Petit Samedi soir,* Port-au-Prince, 222, 1-5 décembre 1977, 19 et 29.

0382
SAMEDY, Jean-Claude, "Literatura e historia en Haití", *Revista de la universidad nacional de Córdoba,* Córdoba, Argentine, 12, 4-5, 1971, 783-790.

0383
SERVAIS-MAQUOI, Mireille, "Littératures québecoise et haïtienne, ou un rapprochement inattendu", *Revue des langues vivantes,* Bruxelles, 41, 1975, 183-186.

0384
SIGMA, "Avons-nous une littérature nationale ?", *Le Temps,* Port-au-Prince, 21-février 1925.

0385
SOUFFRANT, Claude, "Idéologies afro-américaines du développement. Langston Hughes et le cas d'Haïti", *Présence africaine,* Paris, 101-102, 1er et 2e trimestres 1977, 129-144.

0386
SYLVAIN, Georges, "À travers la littérature haïtienne", *Conjonction,* Port-au-Prince, 99, août 1965, 5-27.

0387
SYLVAIN, Normil, "Chronique-Programme", *La Revue indigène,* Port-au-Prince, 1, 1, juillet 1927, 1-10.

0388
SYLVAIN, Normil, "La Jeune Littérature haïtienne", *La Revue indigène,* Port-au-Prince, 1, 2, août 1927, 42-53.

0389
THOBY-MARCELIN, Philippe, "Haiti's Writers Find the People", *Américas,* Washington, D.C., 1, 4, June, 1949, 38-40.

0390
THOBY-MARCELIN, Philippe, "Pour la défense et illustration de la langue créole", *La Relève,* Port-au-Prince, 5, 11, mai 1937, 15-16.

0391
THOBY-MARCELIN, Philippe, "Le Problème de la langue", *La Relève,* Port-au-Prince, 4, 10, avril 1938, 18-20.

THOBY-MARCELIN, Philippe, voir VIEUX, Antonio.

0392
TOUGAS, Gérard, *Les Écrivains d'expression française et la France,* Denoël, Paris, 1973, 272 p.

0393
TROUILLOT, Hénock, "Critique des critiques", *Le Nouveau Monde,* Port-au-Prince, 17 décembre 1973.
Sur l'enseignement de la littérature haïtienne.

0394
TROUILLOT, Hénock, "Les Débuts de la littérature nationale", *Le Nouveau Monde,* Port-au-Prince, 9 et 10 mars 1981.

0395
TROUILLOT, Hénock, "Deux concepts de la négritude en Haïti", *Présence francophone,* Sherbrooke, P.Q., 12, printemps 1976, 183-194.

0396
TROUILLOT, Hénock, "En faveur d'une littérature indigène", *Le Nouveau Monde,* Port-au-Prince, 29 juin 1981.

0397
TROUILLOT, Hénock, "En guise de réponse à Monsieur Pradel Pompilus", *Revue de la Société haïtienne d'histoire, de géographie et de géologie,* Port-au-Prince, 30, 104, juillet-octobre 1957, 82-119.

0398
TROUILLOT, Hénock, "L'Impuissance et l'influence de nos premiers haïtianistes", *Le Nouvelliste,* Port-au-Prince, 8, 9, 10-11 et 12 décembre 1966.
Sur les premiers écrivains haïtiens.

0399
TROUILLOT, Hénock, "La Littérature engagée en Haïti", *Haïti-Journal,* Port-au-Prince, 23 août 1949.

0400
TROUILLOT, Hénock, "Le Livre de Ghislain Gouraige et sa méthode", *Revue de la Société haïtienne d'histoire, de géographie et de géologie,* Port-au-Prince, 32, 108, juillet-octobre 1960, 53-79
Sur GOURAIGE, Ghislain, *Histoire de la littérature haïtienne.*

0401
TROUILLOT, Hénock, "Le Métier d'écrire, en Haïti", *Le Nouveau Monde,* Port-au-Prince, 6 juin 1974.

0402
TROUILLOT, Hénock, *Les Origines sociales de la littérature haïtienne,* Imp. Théodore, Port-au-Prince, 1962, 378 p.

0403
TROUILLOT, Hénock, "Plaidoyer pour la littérature haïtienne", *Le Nouveau Monde,* Port-au-Prince, 21 mai 1974.

0404
TROUILLOT, Hénock, "La Prose haïtienne et ses origines", *Le Nouveau Monde,* Port-au-Prince, 4 et 5-6 septembre 1981.

0405
TROUILLOT, Hénock, "Qu'appelle-t-on « La Génération de *La Ronde* » ?", *Le Nouvelliste,* Port-au-Prince, 7 et 8 novembre 1966.

0406
TROUILLOT, Hénock, "Une littérature valable", *Le Nouveau Monde,* Port-au-Prince, 12-13 juillet 1980.

TROUILLOT, Michel-Rolph, voir AMER, Michel.

0407
VALCIN, Yvon, "Pour une promotion de la littérature nationale dans la communauté", *Rond-Point,* Port-au-Prince, nlle série, 1, juillet 1962, 14 17.

0408
VALLÈS, Max, "En marge de la francophonie", *Le Nouveau Monde,* Port-au-Prince, 20 janvier 1972.
Sur les effets bénéfiques du duvaliérisme sur les lettres haïtiennes.

0409
VAVAL, Duraciné, *La Littérature haïtienne. Essais critiques,* E. Sansot et Cie, Paris, 1911, 330 p.

0410
VAVAL, Duraciné, "Toussaint Louverture à travers la littérature nationale", *Le Nouvelliste,* Port-au-Prince, 11 septembre 1905.
Aussi in idem, *Conférences historiques,* Imp. de l'Abeille, Port-au-Prince, 1906, 29-60.

0411
VERNA, Paul, "À propos de l'étude de la littérature haïtienne", *Le Matin,* Port-au-Prince, 21-22 octobre 1945.

0412
VERNE, Marc, "La Grand'pitié de nos écrivains", *La Phalange,* Port-au-Prince, 3 août 1943.

0413
VERRET, Alexandre C., "Quelques réflexions sur les écrivains haïtiens", *Le Nouvelliste,* Port-au-Prince, 10 septembre 1940.

0414
VIARD, Ducis, "Études sur l'histoire de la littérature haïtienne", *L'Œil,* Port-au-Prince, 12 novembre 1884.

0415
VIATTE, Auguste, "Indigénisme et culture française dans la littérature haïtienne", *Actes du IVe congrès de l'Association internationale de littérature comparée,* Mouton, La Haye et Paris, 1966, 1169-1174.

0416
VIATTE, Auguste, "La Littérature haïtienne vue par la revue *Présence africaine*", *Œuvres et critiques,* Paris, 3, 2 et 4, 1, automne 1979, 53-57.

0417
VIATTE, Auguste, "La Littérature militante en Haïti au lendemain de l'indépendance", *Conjonction,* Port-au-Prince, 48, décembre 1953, 131-135.

0418
VIATTE, Auguste, "L'Originalité de la littérature haïtienne", *Actes du VIIIe congrès de l'Association internationale de littérature comparée,* Bieber, Stuttgart, Allemagne, 1980, 81-84.

0419
VIEUX, Antonio et THOBY-MARCELIN, Philippe, "La Littérature d'hier et celle de demain", *La Nouvelle Ronde,* Port-au-Prince, 1, 2, 1er juillet 1925, 28-30.

0420
VIEUX, Damoclès, "Causerie", *La Ronde,* Port-au-Prince, 1, 7, 5 novembre 1898.
Sur la susceptibilité des hommes de lettres en Haïti.

0421
VILFORT, Lyonel, "Témoignages sur la littérature créole", *Le Nouvelliste,* Port-au-Prince, 30 août 1976.
Entretien avec LAHENS, Wéber.

0422
WILLIAMS, Walter, « *La Relève* », *Focal Point of Haitian Literature,* Thèse de Ph.D., Howard University, Washington, D.C., 1950.

0423
WILSON, Edmund, "Haiti in Literature", *Le Nouveau Monde,* Port-au-Prince, 2 mars 1958.
Dans la section anglaise du journal.

0424
WILSON, Edmund, "Haitian Literature", in idem, *Red, Black, Blond and Olive : Studies in Four Civilizations,* Oxford University Press, New York, 1956, 109-125.

0425
WILSON, Edmund, "Voodoo in Literature", *Tomorrow,* New York, 2, 1, Autumn 1954, 95-102.

0426
ZAMOR, Salnave, "À propos des livres et des écrivains", *Stella,* Cap-Haïtien, 2, 15, juillet 1927, 319-321.
Déplore la carence d'écrivains de valeur en Haïti.

0427
ZÉPHIR, Jacques, "La Négritude et le problème des langues en Haïti", *Présence francophone,* Sherbrooke, P.Q., 5, automne 1972, 15-25.

D. POÉSIE

0428
ANON., "Un mot en faveur des poètes", *L'Haïtien,* Port-au-Prince,
31 août 1927.

0429
ARIEL et CALIBAN, "À propos d'une anthologie des poètes haïtiens", *Le Matin,* Port-au-Prince, 16 avril 1917.

0430
AUGUSTIN, Gérard, "Sur le *Panorama de la poésie haïtienne* de Carlos St-Louis et Maurice Lubin", *L'Action,* Port-au-Prince, 10 septembre 1951.

0431
BARIDON, Silvio F., "Introduction à la poésie contemporaine", in idem, *Poésie vivante d'Haïti,* Les Lettres Nouvelles - Maurice Nadeau, Paris, 1978, 7-35.
   Aussi en traduction italienne, sous le titre "Note sulla poesia haitiana contemporanea (1945-1973)", in *Annali del instituto universitario di lingue moderne,* Feltre, Italie, 1973, 1-32.

0432
BAUDUY, Robert, "Jalons pour une esthétique créole", *Le Nouvelliste,* Port-au-Prince, 26 octobre 1972.
   Sur la poésie en créole.

0433
BÉLANCE, René, "Introduction à la poésie haïtienne", *Conjonction,* Port-au-Prince, 4, juillet 1946, 4-7.

0434
BÉLANCE, René, "Lettre à Michèle sur la poésie", *Le Matin,* Port-au-Prince, 10 décembre 1947.

BÉLANCE, René, voir DUMAS, Pierre Raymond.

0435
BONNEFOY, Claude, "Salut, Haïti, buveuse de légendes", *Les Nouvelles littéraires,* Paris, 1-8 février 1979.
   Aussi in *Le Petit Samedi soir,* Port-au-Prince, 284, avril 1979, 11-20.

0436
BOSQUET, Alain, "Réflexions sur la poésie haïtienne", *Combat,* Paris, 20 décembre 1962.
   Aussi in *Le Nouvelliste,* Port-au-Prince, 22 janvier 1963.

0437
BRIERRE, Jean F., "Le Débat sur la poésie nationale : Lettres à trois poètes", *Optique,* Port-au-Prince, 23, janvier 1956, 47-52.
   Sous forme de poèmes adressés à René DEPESTRE, Aimé Césaire et Félix MORISSEAU-LEROY.

0438
BRUTUS, Edner, "Petites réalités littéraires", *Pangloss,* Port-au-Prince, 27 octobre 1939.
   Sur l'abondance et la médiocrité de la poésie haïtienne contemporaine.

CALIBAN, voir ARIEL.

0439
CAMPFORT, Gérard, "Rencontre avec Roland Morisseau et Raymond
   Philoctète", *Le Nouvelliste,* Port-au-Prince, 20-21 juillet 1963
   Sur la poésie haïtienne et son avenir.

0440
CHANTECLERC (pseud. de FOUCHARD, Jean), "Question d'école", *La
   Relève,* Port-au-Prince, 1, 11, 1er mai 1933, 16-18.
   Sur la prosodie dans la poésie haïtienne.

0441
CHARLES, Christophe, "Pour une poésie naïve haïtienne", *Le Nouvelliste,* Port-
   au-Prince, 28 janvier 1977.
   Entretien avec LAHENS, Wéber.

0442
CHARLES, Christophe, "Regards sur la jeune poésie haïtienne", *Conjonction,*
   Port-au-Prince, 139, juillet 1978, 59-72.

0443
COISCOU HENRIQUEZ, Maxime, "La Poésie haïtienne d'expression
   française", *Haïti-Journal,* Port-au-Prince, 25 et 26 novembre 1940.

0444
COURTOIS, Félix, "Le Temps des poètes", *Le Nouvelliste,* Port-au-Prince,
   27 mai 1974.

0445
DEPESTRE, René, "Réponse à Aimé Césaire. Introduction à un art poétique
   haïtien", *Présence africaine,* Paris, nlle série, 4, octobre-novembre 1955,
   42-62.
   Aussi dans *Optique,* Port-au-Prince, 24, février 1956, 7-31.

0446
DEPESTRE, Roger, "La Poésie d'aujourd'hui", *Haïti-Journal,* Port-au-Prince,
   30 novembre et 1er décembre 1953.

DOMINIQUE, Max, voir RAMIRE, Alain.

0447
DORET, Michel R., *L'Aliénation dans la poésie d'Haïti du XXᵉ siècle,* Thèse de
   Ph.D. University Microfilms International, Ann Arbor, Michigan, April,
   1982, 242 p.

0448
DORET, Michel R., "Haïti dans la poésie: une présentation thématique", *Le
   Nouvelliste,* Port-au-Prince, 4-5 décembre 1984.

0449
DORET, Michel R., "Ossature d'une anthologie poétique de la négritude en
   Haïti", *Le Nouvelliste,* Port-au-Prince, 30 novembre 1984.

0450
DORET, Michel R., "Une réaction en chaîne de théories poétiques", *Le
   Nouvelliste,* Port-au-Prince, 18 juin 1984.

0451
DUMAS, Pierre Raymond, "Autour des spécificités des poèmes en français et
   des poèmes en créole", *Le Nouvelliste,* Port-au-Prince,
   15 et 16 février 1984.
   Entretien avec ROMÉUS, Wilhem.

0452
DUMAS, Pierre Raymond, "Poésie : un long entretien avec le poète René Bélance", *Le Nouvelliste,* Port-au-Prince, 10-11, 12 et 13 mars 1984.

0453
DURAND, Michel, "Réflexions sur la nouvelle poésie haïtienne", *Optique,* Port-au-Prince, 12, février 1955, 11-14.

0454
FARDIN, Dieudonné, "Pour présenter les cent plus beaux poèmes d'amour de la littérature haïtienne", *Le Petit Samedi soir,* Port-au-Prince, 14, 23 décembre 1972, 6-10.

FOUCHARD, Jean, voir CHANTECLERC.

0455
FOWLIE, Wallace, "Letter from Haiti", *Poetry,* Chicago, Illinois, 94, 6, September, 1959, 398-404.

0456
FRÉDÉRIQUE, Marc, "Lettre à Rassoul Labuchin", *Le Nouvelliste,* Port-au-Prince, 26 juin 1968.
Sur la poésie en créole.

0457
GAILLARD, Roger, "De la poésie et des faux poètes", *Le Nouveau Monde,* Port-au-Prince, 13 mars 1973.

0458
GALPÉRINA, Eugénia, "La Critique soviétique parle de la poésie haïtienne", *Le Matin,* Port-au-Prince, 30-31 mars 1962.

0459
GALPÉRINA, Eugénia, "Les Vers de jeunes poètes d'Haïti", *Le Nouvelliste,* Port-au-Prince, 12 septembre 1963.

0460
GARRETT, Naomi M., *The Renaissance of Haitian Poetry,* Thèse de Ph.D., University Microfilms, Ann Arbor, Michigan, 1954, 311 p.
Aussi in Présence africaine, Paris, 1963, 260 p.

0461
GILBERT, Serge B., "Morphologie du poème", *Le Nouvelliste,* Port-au-Prince, 6 avril 1967.

0462
GOURAIGE, Ghislain, "D'une jeune poésie à une autre", *Rond-point,* Port-au-Prince, 12, décembre 1963, 14-18.

0463
GRATIAN, Gilbert, "Remarques d'un Martiniquais sur la poésie haïtienne", *Le Nouvelliste,* Port-au-Prince, 7 janvier 1963.

0464
HÉRARD, Jean-Robert, "Faut-il enterrer l'indigénisme ?", *Le Petit Samedi soir,* Port-au-Prince, 217, 2 novembre 1977, 18-19.
A propos d'une conférence de PIERRE-LOUIS, Ulysse, sur la poésie haïtienne.

0465
HIPPOLYTE, Dominique, "La Poésie lyrique haïtienne", *Conjonction,* Port-au-Prince, 10-11, août-octobre 1947, 19-23.

0466
HOFFMANN, Léon-François, "The Climate of Haitian Poetry", *Phylon,* Atlanta, Georgia, 22, 1, Spring, 1961, 59-67.

0467
HOFFMANN, Léon-François, "L'Image de la femme dans la poésie haïtienne", *Présence africaine,* Paris, 34-35, octobre 1960-janvier 1961, 183-206.
Aussi en traduction anglaise sous le titre "The Image of Woman in Haitian Poetry" in idem, *Essays on Haitian Literature,* Three Continents Press, Washington, D.C., 1984, 87-108.

0468
JANVIER, Jacques, "Exercice du corps chez de jeunes poètes haïtiens", *Conjonction,* Port-au-Prince, 135, octobre 1977, 5-23.

0469
LAFONTANT, Julien J., "De l'imitation à l'authenticité dans la poésie haïtienne", *The French Review,* Champaign, Illinois, 54, 4, March, 1981, 551-557.

0470
LAFOREST, Edmond, *L'Œuvre des poètes,* Imp. de L'Abeille, Port-au-Prince, 1908, 35 p.

LAFOREST, Edmond, voir LAFORÊT NOIRE.

0471
LAFORÊT NOIRE (pseud. de LAFOREST, Edmond), "La Trêve de la poésie", *L'Opinion nationale,* Port-au-Prince, 17 janvier 1975.

0472
LALEAU, Léon, "D'une poésie non versifiée", *Rond-point,* Port-au-Prince, 12, décembre 1963, 3-13.

0473
LALEAU, Léon, "La Poésie haïtienne, tentative de synthèse", *Conjonction,* Port-au-Prince, 115, 1ᵉʳ trimestre 1971, 62-66.

0474
LALEAU, Léon, "Poétique et couleur locale", *Le Nouvelliste,* Port-au-Prince, 21 juin 1947.

0475
LALEAU, Léon, "Poétiques divergentes", *Le Nouvelliste,* Port-au-Prince, 30 et 31 août 1945.

LARAQUE, Paul, voir LENOIR, Jacques.

0476
LARGE, Camille, "La Jeune Poésie haïtienne", *Le Nouvelliste,* Port-au-Prince, 19 septembre 1961.

0477
LAROCHE, Maximilien, "La Métaphore du guerrier dans la poésie érotique", in idem, *L'Image comme écho,* Nouvelle Optique, Montréal, P.Q., 1978, 61-93.

0478
LARRIER, Renée, "Racism in the U.S. : An Issue in Caribbean Poetry", *Journal of Caribbean Studies,* Coral Gables, Florida, 2, 1, Spring, 1981, 51-71.

0479
LENOIR, Jacques (pseud. de LARAQUE, Paul), "À propos des problèmes de la poésie nationale", *Optique,* Port-au-Prince, 20, octobre 1955, 21-27.

0480
LIZAIRE, Paul, "Le Sceau de la poésie nègre", *Projection,* Port-au-Prince, 2, 1, mai 1952, 45-50.
Aussi in *Le Nouvelliste,* Port-au-Prince, 29 mai 1952.

0481
LUBIN, Maurice A., "L'Afrique dans la poésie haïtienne", *Panorama,* Port-au-Prince, 1965, 39 p.

0482
LUBIN, Maurice A., "Contribution d'Haïti à la poésie nègre du Nouveau Monde", *Présence africaine,* Paris, 14-15, juin-septembre 1957, 256-280.

0483
LUBIN, Maurice A., "Five Haitian Poets", *Américas,* Washington, D.C., 17, 1, January, 1965, 16-21.

0484
LUBIN, Maurice A., "Marronage et poésie", *Notre Librairie,* Paris, 73, janvier-mars 1984, 89-93.

0485
LUBIN, Maurice A., "Les Poètes haïtiens et l'Afrique", *Peuples noirs. Peuples africains,* Paris, 4, 23, septembre-octobre 1981, 129-135.

0486
LUBIN, Maurice A., "Quelques poètes haïtiens de la jeune génération", *Journal of Inter-American Studies,* Beverly Hills, California, 7, 2, April, 1965, 179 199.
Aussi in *Conjonction,* Port-au-Prince, 103, décembre 1966, 37-57.

0487
LUBIN, Maurice A., *Quelques thèmes haïtiens de poésie,* polycopié, Port-au-Prince, août 1959, 35 p.

0488
MARTY, Anne, "Climat socio-psychologique et images de la femme dans la poésie haïtienne : la génération de *La Ronde* 1885-1915", *Collectif paroles,* La Salle, P.Q., 28, mars-avril 1984, 27-36.

0489
MÉGALOS, Érodot, "Sanba ak areytos nan péyi dayiti: kèk mo sou poézi nan péyi nou-an", *Le Petit Samedi soir,* Port-au-Prince, 23, 21-27 juillet 1973, 17-19.

0490
MORISSEAU, Roland, "La Poésie haïtienne en exil", *Notre Librairie,* Paris, 73, janvier-mars 1984, 95-99.

MORISSEAU, Roland, voir CAMPFORT, Gérald.

0491
MORISSEAU-LEROY, Félix, "À propos des problèmes de la poésie nationale: Ça'm di nan ça, Depestre", *Optique,* Port-au-Prince, 19, septembre 1955, 5-10.
À René DEPESTRE, sous forme d'un poème en créole.

0492
MORISSEAU-LEROY, Félix, "Les Poètes du dernier tiers du siècle", *Le Temps,* Port-au-Prince, 30 mai 1934.

0493
MORPEAU, Louis, "Un siècle de poésie haïtienne", *Revue de l'Amérique latine,* Paris, 1, 2, 7 et 1, 2, 8, juillet et août 1922, 196-203 et 303-312.

0494
NOËL, Michel, "Un mot sur la poésie contemporaine", *Le Nouvelliste,* Port-au-Prince, 31 mai 1966.

0495

PAPAILLER, Hubert, *La Poésie indigène des Caraïbes : une prise de conscience des poètes noirs de langue française,* thèse de Ph. D., University Microfilms International, Ann Arbor, Michigan, 1973, 255 p.

PHILOCTÈTE, Raymond, voir CAMFORT, Gérard.

0496

PIERRE-LOUIS, Ulysse, "Du rayon de nos poètes au rayon des jupes", in idem, *Esquisses littéraires et critiques,* Imp. de l'État, Port-au-Prince, 1959, 103-124.

0497

PIERRE-LOUIS, Ulysse, "La Jeune Poésie haïtienne : continuité et rupture avec le passé", *Le Nouvelliste,* Port-au-Prince, 4-5 septembre 1976.

0498

PIERRE-LOUIS, Ulysse, "Lyrisme traditionnel et néo-indigénisme", *Le Nouvelliste,* Port-au-Prince, 24 décembre 1974.

0499

PIERRE-LOUIS, Ulysse, "La Poésie haïtienne : questions et perspectives", *Le Nouvelliste,* Port-au-Prince, 7 octobre 1977.

PIERRE-LOUIS, Ulysse, voir HÉRARD, Jean-Robert.

0500

POMPILUS, Pradel, "Les Principales Directions de la poésie haïtienne au cours du mouvement indigéniste", *Présence francophone,* Sherbrooke, P.Q., 3, automne 1971, 29-40.

0501

RAMIRE, Alain (pseud. de DOMINIQUE, Max), "Idéologie et subversion chez les poètes de *La Ronde*", *Nouvelle Optique,* Montréal, P.Q., 5, janvier-mars 1972, 143-161.

0502

RICOURT, Volvick, "Notes marginales", *Le Nouvelliste,* Port-au-Prince, 15 mars 1932.

0503

RICOURT, Volvick, "La Nouvelle École littéraire", *L'Action nationale,* Port-au-Prince, 4-19 janvier 1935.
Sur le vodou dans la poésie.

0504

RICOURT, Volvick, "La Nouvelle Poésie, dite afro-latine", *Haïti-Journal,* Port-au-Prince, 13-14 octobre 1943.

0505

ROGMANN, Horst J., *Die Thematik der Negerdichtung in spanischer, französischer und portugiesischer Sprache,* Prägis, Tübingen, Allemagne, 1966, 252 p.
Sur Haïti, 51-59.

ROMÉUS, Wilhem, voir DUMAS, Pierre Raymond.

0506

ROND-POINT, "Poètes, nos frères", *Rond-point,* Port-au-Prince, nlle série, 12, décembre 1963, 1.

0507
ROUMAIN, Jacques, "La Poésie, arme de combat", *Cahiers d'Haïti,* Port-au-Prince, 2, 4, novembre 1944, 22.
Porte la mention : "Traduit de l'espagnol par Jacques Léger". Aussi, sous le titre "La Poésie est une arme", in *Lakansièl,* Brooklyn, New York, 2, juillet 1975, 26-27.

0508
ROUMER, Émile, "Au sujet de la poésie créole", *Le Nouvelliste,* Port-au-Prince, 11 août 1966.

0509
SYLVAIN, Georges, "À travers la poésie haïtienne", in idem, *Confidences et mélancolies,* Ateliers haïtiens, Paris, 1901, 1-34.
Aussi dans *Conjonction,* Port-au-Prince, 99, août 1965, 5-27.

0510
TROUILLOT, Hénock, "Le Destin de la poésie moderne en Haïti", *Le Nouvelliste,* Port-au-Prince, 18, 19, 22-23 et 24 août 1966.

0511
UNDERWOOD, Edna Worthley, *The Poets of Haiti 1782-1934,* The Mosher Press, Portland, Maine, 1934, 160 p.

0512
VALMY-BAYSSE, Jean, *La Poésie française chez les noirs d'Haïti,* Éditions de la Nouvelle Revue Moderne, Paris, 1903, 48 p.

0513
VERNA, Paul, "Grand'Anse, patrie des poètes", *Conjonction,* Port-au-Prince, 12, décembre 1947, 48-54.

0514
VERNA, Paul, "La moderna poesía haitiana", *Revista nacional de cultura,* Caracas, 9, 68, mayo-junio 1948, 69-79.

0515
VILFORT, Lyonel, "Taie de naïveté pour *Rêves d'or*", *Le Nouvelliste,* Port-au-Prince, 9 février 1977.
Sur les jeunes poètes haïtiens.

0516
WERLEIGH, Christian, "Méditation", *Stella,* Cap-Haïtien, 2, 18, octobre 1927, 383-386.

0517
WILLIAMS, Perry A., "The Influence of the Vernacular on 19th Century Haitian Poetry : Les Chansons des Cocottes", *French Language in the Americas,* s.l., 16, December, 1972, 19-25.

E. ROMAN

0518
ALEXIS, Jacques-Stéphen, "Florilège du romanesque haïtien", *Étincelles,*
Montréal, P.Q., 8-9, mai-juin 1984, 13-21.
Inédit posthume, composé en 1959.

0519
ALEXIS, Jacques-Stéphen, "Où va le roman ?", *Présence africaine,* Paris, 13,
avril-mai 1957, 81-101.

0520
ANON., "Le Roman", *La Phalange,* Port-au-Prince, 23 juillet 1946.

0521
BLANCHET, Jules, "Notre enquête sur le roman", *La Relève,* Port-au-Prince, 5,
11, mai 1937, 14.

BRIERRE, Jean F., voir OPTIQUE.

0522
CAMILLE, Roussan, "Il est trop tôt et trop tard", *La Relève,* Port-au-Prince, 6,
1, juillet 1937, 30-32.
Réponse à l'enquête sur le roman.

0523
CHARLES, Christophe, "Simple billet à Wilhem Roméus", *Le Nouvelliste,*
Port-au-Prince, 26 mars 1979.
A propos de ROMÉUS, Wilhem, *Doulce France,* et *Terrorisme linguistique
et production romanesque.*

0524
CIVIL, Jean, "Le Roman haïtien après l'occupation", *Présence francophone,*
Sherbrooke, P.Q., 1, automne 1970, 121-126.

0525
CIVIL, Jean, "Le Roman social : les romanciers prolétaires et paysans", *Le
Nouvelliste,* Port-au-Prince, 28-29 juin 1965.

0526
CONDÉ, Franck, "La Question du roman en Haïti", *La Relève,* Port-au-Prince,
5, 11, mai 1937, 16-21.

0527
CONDÉ, Maryse, *La Parole des femmes. Essai sur les romancières des Antilles de
langue française,* L'Harmattan, Paris, 1979, 136 p.
Voir en particulier 79-114.

0528
COOK, Mercer, "The Haitian Novel", *The French Review,* Champaign, Illinois,
19, 6, May, 1946, 406-412.

0529
DASH, J. Michael, "The Peasant Novel in Haiti", *African Literature Today,*
Heinemann, London & New York, 9, 1978, 77-90.

0530

DÉSINOR, Carlo A., "Que de mythes pour un monde !", *Le Nouvelliste,* Port-au-Prince, 29 décembre 1970.

Contre le mélange de français et de créole dans le roman paysan.

0531

DOLCÉ, Jacquelin, "De l'univers clos du roman au monde ouvert de la nouvelle", *Le Petit Samedi soir,* Port-au-Prince, 3, 83, 1ᵉʳ-7 février 1975, 5-7.

0532

DOLCÉ, Jacquelin, "La Problématique du roman haïtien", *Le Petit Samedi soir,* Port-au-Prince, 183, 26 février-3 mars 1977, 28-30.

DOMINIQUE, Max, voir RAMIRE, Alain.

0533

DORSINVILLE, Hénec, "L'Œuvre de nos romanciers", *L'Essor,* Port-au-Prince, 15, juin 1913, 343-348.

0534

DORVAL, Gérald, *Études : romans et peintures,* Fardin, Port-au-Prince, 1975 [?], 112 p.

0535

DRISKELL, Daniel D. et RADCLIFF-UMSTEAD, Douglas, "La Mort dans le roman haïtien", *Présence francophone,* Sherbrooke, P.Q., 11, automne 1975, 119-132.

0536

FERDINAND, Joseph, "Le Nouvel Énoncé politique du roman haïtien", *Collectif paroles,* Montréal, P.Q., 22, 23 et 24, mars-avril, mai-juin et juillet-août 1983, 15-19, 21-25 et 24-32.

0537

FIGNOLÉ, Jean-Claude, *Vœu de voyage et intention romanesque,* Fardin, Port-au-Prince, 1978, 108 p.

0538

GARDINER, Madeleine, *Visages de femmes. Portraits d'écrivains,* Deschamps, Port-au-Prince, 1981, 200 p.

0539

GINDINE-TARDIEU-FELDMAN, Yvette, "Satire and the Birth of Haitian Fiction, 1901-1905", *Caribbean Quarterly,* Mona, Jamaïque, 21, 3, September, 1975, 30-37.

0540

GLÉMAUD, Marie-Josée, "Des romans haïtiens pour vos vacances", *Collectif paroles,* Montréal, P.Q., 12, juin-juillet 1981, 18-21.

0541

GOURAIGE, Ghislain, "Le Roman haïtien", in Antoine Naaman et Louis Painchaud, éds, *Le Roman contemporain d'expression française,* Université de Sherbrooke, Sherbrooke, P.Q., 1971, 145-155.

0542

HOFFMANN, Léon-François, "L'Étranger dans le roman haïtien", *L'Esprit Créateur,* Lawrence, Kansas, 17, 2, Summer, 1977, 83-102.

0543

HOFFMANN, Léon-François, "La Notion du [sic] roman national", *Le Nouvelliste,* Port-au-Prince, 9 novembre 1976.

Interview de LAHENS, Wéber.

0544
HOFFMANN, Léon-François, "The Originality of the Haitian Novel",
Caribbean Review, Miami, Florida, 8, 1, January-March, 1979, 44-50.

0545
HOFFMANN, Léon-François, *Le Roman haïtien: idéologie et structures,*
Naaman, Sherbrooke, P.Q., 1982, 330 p.

0546
HOFFMANN, Léon-François, "Le Romancier haïtien et son public", *Mot pour mot,* Vitry, France, 12, octobre 1983, 43-57.

0547
JEAN, "L'Univers de la femme dans les romans", *Le Petit Samedi soir,* Port-au-Prince, 465, 29 janvier-4 février 1983, 30 et 32.

0548
JEANNOT, Yvan, "La Fonction culturelle du roman", *Le Nouvelliste,* Port-au-Prince, 22-23 décembre 1937.

0549
JEANNOT, Yvan, "Où sont nos romanciers ?", *La Relève,* Port-au-Prince, 5, 6, décembre 1936, 34-35.

0550
JONASSAINT, Jean, "Des romanciers [haïtiens] de l'exil nord-américain", *Mot pour mot,* Vitry, France, 11, juillet 1983, 19-23.

0551
LAHENS, Wéber, "Le Roman haïtien en une impasse", *Le Nouvelliste,* Port-au-Prince, 14 janvier 1976.

LALEAU, Léon, voir OPTIQUE.

0552
LAROCHE, Maximilien, "La Fonction anti-idéologique du héros dans le récit haïtien", in Émile Snyder et Albert Valdman, éds, *Identité culturelle et francophonie dans les Amériques,* International Center for the Study of Bilingualism, Presses de l'Université Laval, Québec, P.Q., 1976, 261-275.

0553
LATORTUE, Régine, "Idéologie féminine dans le roman haïtien", *Collectif paroles,* Montréal, P.Q., 28, mars-avril 1984, 37-40.
Aussi in coll., *Actes du congrès mondial des littératures de langue française,* Università degli studi, Padova, Italie, 1984, 283-290.

0554
LATORTUE, Régine, *The Woman in the Haitian Novel,* Thèse de Ph.D., University Microfilms International, Ann Arbor, Michigan, 1983, 286 p.

0555
MACLEOD, Murdo J., "The Haitian Novel of Social Protest", *Journal of Inter-American Studies,* Gainesville, Florida, 4, 2, April, 1962, 207-221.

0556
MORAILLE, Yvon, "Le Roman et la gratuité de l'art en Haïti", *La Relève,* Port-au-Prince, 5, 11, mai 1937, 22-25.

MORISSEAU-LEROY, Félix, voir OPTIQUE.

0557
MORPEAU, Louis, "Les Romanciers haïtiens", *La Revue mondiale,* Paris, 15 avril 1922, 451-458.

0558
N'TONFO, André, "Roman haïtien, roman africain", *Études littéraires,* Québec, P.Q., 13, 2, août 1980, 357-372.

0559

OPTIQUE, "Table ronde : les problèmes du romancier", *Optique,* Port-au-Prince, 2, avril 1954, 34-46.

Avec la participation de LALEAU, Léon, BRIERRE, Jean, MORISSEAU-LEROY, Félix et SAVAIN, Pétion.

0560

PIERRE-LOUIS, Ulysse, "Le Roman français contemporain dans une impasse. Perspectives communes au roman d'Haïti, des peuples noirs et de l'Amérique latine", *Présence africaine,* Paris, 27-28, août-novembre 1959, 51-68.

Aussi in idem, *Esquisses littéraires et artistiques,* Imp. de l'État, Port-au-Prince, 1959, 9-58.

0561

PIQUION, René, "Le Nouveau Personnage de roman", *La Relève,* Port-au-Prince, 5, 12, juin 1937, 23-28.

RADCLIFF-UMSTEAD, Douglas, voir DRISKELL, Daniel D.

0562

RAMIRE, Alain (pseud. de DOMINIQUE, Max), "Révolution et langage chez les romanciers haïtiens", *Frères du monde,* Bordeaux, France, 64, 1970, 109-118.

0563

ROMÉUS, Wilhem, "Doulce France", *Le Nouvelliste,* Port-au-Prince, 17-18 février 1979.

Sur le voyage en France des héros de romans haïtiens.

0564

ROMÉUS, Wilhem, "La Majorité silencieuse", *Le Nouvelliste,* Port-au-Prince, 24 février 1978.

Sur le personnage créolophone dans le roman haïtien.

0565

ROMÉUS, Wilhem, "Terrorisme linguistique et production romanesque", *Le Nouvelliste,* Port-au-Prince, 24-25 mars 1979.

Sur la pauvreté du dialogue dans le roman haïtien.

ROMÉUS, Wilhem, voir CHARLES, Christophe.

0566

ROSE, Max, "Le Roman en Haïti", *La Relève,* Port-au-Prince, 6, 4, octobre 1937, 10-12.

SAVAIN, Pétion, voir OPTIQUE.

0567

SHELTON, Marie-Denise, *L'Image de la société dans le roman haïtien,* Thèse de Ph.D., University Microfilms International, Ann Arbor, Michigan, 1979, 238 p.

0568

SHELTON, Marie-Denise, "Le Paysan dans le roman haïtien : le drame de la terre ?", *Présence francophone,* Sherbrooke, P.Q., 22, printemps 1981, 157-171.

0569
TROUILLOT, Hénock, "Les Enquêtes sociales des romanciers haïtiens", *Haïti-Journal,* Port-au-Prince, 21, 22, 28 et 29 février et 1ᵉʳ, 13, 17-18 et 19 mars 1952.

0570
VIATTE, Auguste, "La Nouvelle en Haïti", *Culture française,* Paris, 1 et 2, 1981, 126-130.

F. THÉÂTRE

0571
ANON., "Du théâtre haïtien", *La Feuille du commerce*, Port-au-Prince,
20 décembre 1856.

Autour d'un compte-rendu de *La Fiancée de Léogâne* de NAU, Eugène.

0572
ANON., "Théâtre haïtien", *Le Nouvelliste*, Port-au-Prince, 26 octobre 1904.

0573
ANON., "Théâtre haïtien", *Le Nouvelliste*, Port-au-Prince, 20 mai 1905.

0574
ARCHIN-LAY, Luce, "Encore le théâtre en Haïti", *L'Essor quotidien*, Port-au-
Prince, 16 février 1919.

0575
ARCHIN-LAY, Luce, "Le Théâtre en Haïti", *L'Essor quotidien*, Port-au-Prince,
25 janvier 1919.

0576
AUGUSTE, Pierre Robert, "Autour du théâtre en Haïti", *Le Nouvelliste*, Port-
au-Prince, 27 mars 1979.

0577
BAUDUY, Robert, "Aux sources du théâtre populaire haïtien", *Conjonction*,
Port-au-Prince, 24, 3, 1969, 24-29.

Aussi in *Le Petit Samedi soir*, Port-au-Prince, 23, 21-27 juillet 1973, 11-14.

0578
BAUDUY, Robert, "La Bataille du théâtre haïtien ou ce que doit être un centre
haïtien de théâtre", *Le Nouvelliste*, Port-au-Prince, 29 mars 1968.

0579
BAUDUY, Robert, "Pour la promotion du théâtre haïtien", *Le Nouvelliste*, Port-
au-Prince, 29 mars 1979.

0580
BAUDUY, Robert, "Pour une nouvelle pédagogie du théâtre", *Le Petit Samedi
soir*, Port-au-Prince, 29, 8-14 septembre 1973, 18-19.

0581
BAUDUY, Robert, "Un second souffle pour le théâtre haïtien", *Conjonction*,
Port-au-Prince, 124, août 1974, 55-71.

0582
CHARLES, Christophe, "Problèmes du théâtre haïtien", *Le Nouveau Monde*,
Port-au-Prince, 27, 28, 29, 30 mars et 31 mars-1er avril 1984.

0583
CLARK, Vèvè, "Contemporary Forms of Popular Theater in Haiti",
UFAHAMU, Los Angeles, California, 12, 2, 1983, 93-100.

0584
CLARK, Vèvè, *Fieldhands to Stagehands in Haiti : The Measure of Tradition in Haitian Popular Theater,* Thèse de Ph.D., University Microfims International, Ann Arbor, Michigan, 1984, 585 p.

0585
CLARK, Vèvè, "Haiti's Brechtian Playwrights", *The International Brecht Society,* San Antonio, Texas, 13, 2, April, 1984, 28-34.

0586
CORNEVIN, Robert, "Le Théâtre en Haïti", *Les Nouvelles littéraires,* Paris, 17 juin 1974.

0587
CORNEVIN, Robert, "Le Théâtre haïtien, bilan et perspectives", *Culture française,* Paris, 3-4 et 1, 1982-1983, 123-133.

0588
CORNEVIN, Robert, *Le Théâtre haïtien des origines à nos jours,* Léméac, Montréal, P.Q., 1973, 304 p.

0589
DENIS, Hervé, "Introduction à un manifeste pour un théâtre haïtien", *Nouvelle Optique,* Montréal, P.Q., 1, 1, janvier 1971, 132-141.

0590
DUPONT, Édouard G., "Alexandre Pétion dans le théâtre haïtien", *Le National Magazine,* Port-au-Prince, 4 avril 1954, 7, 10 et 16.

0591
DUPONT, Édouard G., "Cinq ans de théâtre", *Le National,* Port-au-Prince, 5 décembre 1953.

0592
DUPONT, Édouard G., "De notre critique dramatique", *Le National Magazine,* Port-au-Prince, 3 juillet 1955, 11.

0593
DUPONT, Édouard G., "Gabriel Imbert et le théâtre haïtien", *Le National,* Port-au-Prince, 4 janvier 1955.
Aussi in *Conjonction,* Port-au-Prince, 57, juin 1955, 41-43.

0594
DUPONT, Édouard G., "Je vote pour le théâtre à caractère historique", *Le National,* Port-au-Prince, 15 août 1953.

0595
DUPONT, Édouard G., "Le Mouvement théâtral en Haïti", *Optique,* Port-au-Prince, 4, juin 1954, 37-40.

0596
DUPONT, Édouard G., "Pour une nouvelle orientation du théâtre chez nous", *Le National,* Port-au-Prince, 19 septembre 1953.

0597
DUPONT, Édouard G., "La SNAD et le créole", *Le National,* Port-au-Prince, 29 août 1953.
Sur la Société Nationale des Auteurs Dramatiques.

0598
DUPONT, Édouard G., "Le Théâtre haïtien", *Le Petit Samedi soir,* Port-au-Prince, 26, 11-17 août 1973, 10-11.

0599
FAREAU, Marc, "Le Genre dramatique dans notre courant littéraire", *Le Nouvelliste,* Port-au-Prince, 20 et 21-22 août 1940.

0600
FIAOU, "Le Théâtre créole", *Le Matin,* Port-au-Prince, 24 avril 1923.

0601
FOUCHARD, Jean, *Artistes et répertoires des scènes de Saint-Domingue,* Imp. de l'État, Port-au-Prince, 1955, 270 p.

0602
FOUCHARD, Jean, "La Comédie à Léogâne", *Conjonction,* Port-au-Prince, 54, décembre 1954, 37-41.

0603
FOUCHARD, Jean, "Minette et Lise… deux actrices de couleur sur les scènes de Saint-Domingue", *Revue d'histoire des colonies françaises,* Paris, 1er trimestre, 1955, 186-219.

0604
FOUCHARD, Jean, *Le Théâtre à Saint-Domingue,* Imp. de l'État, Port-au-Prince, 1955, 353 p.

0605
FOUCHÉ, Franck, "Transes et plaisirs de l'auteur dramatique haïtien", *Optique,* Port-au-Prince, 29, juillet 1956, 25-31.

0606
FOUCHÉ, Franck, "Vodou et théâtre : pour un nouveau théâtre populaire", *Nouvelle Optique,* Montréal, P.Q., 1976, 126 p.

0607
GRIMARD, Luc, "Chronique", *Le Temps revue,* Port-au-Prince, 2 mai 1936.

0608
GRIMARD, Luc, "Existence historique du théâtre haïtien", *World Theatre,* Bruxelles, 16, 5-6, septembre-décembre 1967, 534-535.

0609
GRIMARD, Luc, "Notre théâtre", *La Phalange,* Port-au-Prince, 7 et 14 octobre 1942.

0610
GRIMARD, Luc, "Propos de théâtre", *Le Nouvelliste,* Port-au-Prince, 5 mars 1968.
Historique du théâtre haïtien.

0611
GRIMARD, Luc, "Une esquisse du théâtre haïtien", *La Phalange,* Port-au-Prince, 26, 27 et 31 mai et 18 juin 1949.

0612
GUITEAU, Carl-Henri, "Le Théâtre haïtien en crise", *Le Petit Samedi soir,* Port-au-Prince, 139, 29 mars-2 avril 1976, 23-24.

0613
IMBERT, Gabriel, "L'Activité du théâtre en Haïti", *Conjonction,* Port-au-Prince, 48, décembre 1953, 136-138.

0614
JOSEPH, Gérard Armand, "Pour un théâtre sans frontières", *Le Nouvelliste,* Port-au-Prince, 14 à 16 avril 1984.

0615
KÜNSTLER, "La Critique dramatique et le théâtre national", *Optique,* Port-au-Prince, 17, juillet 1955, 67-77.

0616
KÜNSTLER, "Le Mouvement théâtral haïtien gagne du terrain", *Optique,* Port-au-Prince, 21, novembre 1955, 63-71.

0617
KÜNSTLER, "Le Théâtre s'implante sérieusement dans nos mœurs", *Reflets d'Haïti,* Port-au-Prince, 1, 10, 3 décembre 1955.

0618
LALEAU, Léon, "Que l'île d'Haïti est une petite France et qu'il y a un théâtre haïtien", *Comœdia,* Paris, 4 juin 1926.
Aussi in *Le Matin,* Port-au-Prince, 26 juin 1926.

0619
LAROCHE, Maximilien, "Le Théâtre haïtien et la conscience du peuple", in Alain Baudot et al., *Identité culturelle et francophonie dans les Amériques,* Centre international de recherches sur le bilinguisme, Québec, P.Q., 3, 1980, 172-175.
Aussi in idem, *L'Image comme écho,* Nouvelle Optique, Montréal, P.Q., 1978, 131-137.

0620
LOUIS-JEAN, Antonio, *La Crise de possession et la possession dramatique,* Léméac, Montréal, P.Q., 1970, 180 p.

0621
LUBIN, Maurice A., "Un théâtre colonial à Port-au-Prince", *Le Nouvelliste,* Port-au-Prince, 20-21 décembre 1969.

0622
MAYARD, Pierre, "Théâtre et acteurs", *Haïti-Journal,* Port-au-Prince, 17 juillet 1940.

0623
MONTAS, Lucien, "Morisseau-Leroy construit un théâtre d'essai", *Optique,* Port-au-Prince, 21, novembre 1955, 73-75.

0624
MORISSEAU-LEROY, Félix, "L'Avenir du théâtre haïtien", *Le Matin,* Port-au-Prince, 29 avril 1953.

0625
MORISSEAU-LEROY, Félix, "Plaidoyer pour un théâtre en créole", *Panorama,* Port-au-Prince, 4, juin 1955, 129-132.

0626
MORLAC, Jacques, "Questions de théâtre : notre drame", *La Nouvelle Revue,* Cap-Haïtien, 1, 2, octobre 1907.

0627
ORIOL, Robert, "À propos de Kouidor : "Réalisme merveilleux" et "Tract politique"", *Nouvelle Optique,* Montréal, P.Q., 1, 1, janvier 1971, 128-130.

0628
PHAREAUX, Lallier C., "Le Fonds du théâtre haïtien", *Le Nouvelliste,* Port-au-Prince, 28 mars 1968.

0629
PHILOCTÈTE, René, "Message", *Le Nouvelliste,* Port-au-Prince, 27-28 mars 1976.
A l'occasion de la Quinzième Journée internationale du théâtre.

0630
POMPILUS, Pradel, "Les Chances du théâtre haïtien contemporain", *Conjonction,* Port-au-Prince, 24, 3, 1969, 14-18.

0631
POMPILUS, Pradel, "Les Deux sources du théâtre haïtien", *Le Nouvelliste,* Port-au-Prince, 21 mars 1968.

0632
POMPILUS, Pradel, "Tendances du théâtre haïtien", *World Theatre,* Bruxelles, 16, 5-6, septembre-décembre 1967, 535-537.

0633
PRICE-MARS, Louis, "Profil du nouveau théâtre en Haïti", in Robert Cornevin, éd., *Mélanges Auguste Viatte,* Publication de l'Académie des sciences d'Outre-mer, Paris, 1981, 125-126.

0634
RÉSIL, Gérard, "Profil du vrai théâtre haïtien", *Le Nouvelliste,* Port-au-Prince, 7 et 8 août 1967.

0635
RÉSIL, Gérard, "Propos sur le théâtre didactique, carrefour de l'alphabétisation des masses", *Le Nouvelliste,* Port-au-Prince, 10 septembre 1967.

0636
RÉSIL, Gérard, "La Quête d'identité nationale dans le théâtre haïtien", *Le Nouveau Monde,* Port-au-Prince, 25 juin 1980.

0637
RÉSIL, Gérard, "Le Théâtre à Saint-Domingue au XVIIIe siècle", *Le Nouveau Monde,* Port-au-Prince, 21 août 1966.

0638
TROUILLOT, Hénock, "Le Théâtre haïtien et le folklore", *Le Nouveau Monde,* Port-au-Prince, 30 et 31 mai 1974.
Aussi in *Le Nouvelliste,* Port-au-Prince, 24-25 décembre 1984.

0639
TROUILLOT, Hénock, "Le Théâtre haïtien se meurt-il ?", *Le Nouveau Monde,* Port-au-Prince, 13 mai 1974.

0640
TROUILLOT, Hénock, "Les Thèmes traditionnels du théâtre haïtien", *Le Nouveau Monde,* Port-au-Prince, 21-22 mai 1981.

0641
TROUILLOT, Hénock, "Les Traditions du théâtre national", *Revue de la Société haïtienne d'histoire, de géographie et de géologie,* Port-au-Prince, 35, 116, septembre 1972, 1-39.
Aussi in *Le Nouveau Monde,* Port-au-Prince, 10 à 13 mai 1982.

0642
VALLÈS, Max, "« Combite quisqueyenne » et le théâtre en créole", *Le Nouveau Monde,* Port-au-Prince, 16 mai 1974.

0643
ZOO, H. de, "En marge du théâtre", *Le Papyrus,* Port-au-Prince, 31 juillet 1935.

G. AUTEURS

ADAM, Michel

0644
RIPAULT, Ghislain, "Haïti via le Québec", *Mot pour mot,* Vitry, France, 15, juillet 1984, 61-54.

Sur *La Longue nuit des petits exécutants,* de Michel Adam.

0645
WÈCHE, Michel, "*La Longue nuit des petits exécutants,* de Michel Adam", *Étincelles,* Montréal, P.Q., 8-9, mai-juin 1984, 25.

ADOLPHE, Armand

0646
AUBOURG, Roger, "Pour présenter Armand Adolphe, l'auteur de *Pour un combite*", *Le Nouvelliste,* Port-au-Prince, 2 avril 1964.

ALEXANDRE, Antoine

0647
AUGUSTE, Yves, "En lisant *Chansons nègres,* d'Antoine Alexandre", *Haïti-Journal,* Port-au-Prince, 18 décembre 1947.

0648
LAVELANET, R. D., "*Rythmes indigènes,* d'Antoine Alexandre", *Haïti-Journal,* Port-au-Prince, 22 juin 1943.

ALEXIS, Jacques-Stéphen

0649
ALCANTARA ALMANZAR, José, "Prólogo", in Jacques-Stéphen Alexis, *En un abrir y cerrar de ojos,* Taller, Santo Domingo, R.D., 1978, i-viii.

Préface à la traduction dominicaine de *L'Espace d'un cillement,* de Jacques-Stéphen Alexis.

0650
ALEXIS, Jacques-Stéphen, "Une lettre de Jacques-Stéphen Alexis au R.P. Jean-Marie Salgado, o.m.i.", *Le Nouvelliste,* Port-au-Prince, 6 et 7 janvier 1958.

Réponse à *Réflexions…* de SALGADO, Père Jean-Marie. Aussi in SOUFFRANT, Claude, *Une négritude socialiste,* L'Harmattan, Paris, 1978, 213-225.

0651
AMER, Henri, "*L'Espace d'un cillement* et *Romancero aux étoiles,* de Jacques-Stéphen Alexis", *La Nouvelle Revue française,* Paris, 8, 89, 1er mai 1960, 969-970.

0652
AMER, Michel (pseud. de TROUILLOT, Michel-Rolph), "Jacques-Stéphen Alexis", *Le Messager,* New York, 1er décembre 1969, 16-21.

0654
ARAGON, Louis, "Le Poète assassiné", *Les Lettres françaises,* Paris, 1110, 16-22 décembre 1965, 16.

0655

ARLAND, Marcel, "Après le Goncourt. *Compère Général Soleil* méritait le prix, estime Marcel Arland", *Reflets d'Haïti,* Port-au-Prince, 16, 21 janvier 1956, 7.

Traduction en français d'une lettre de Marcel Arland au supplément littéraire du *New York Times.*

0656

ASSALI, N. Donald, "*L'Espace d'un cillement,* de Jacques-Stéphen Alexis, amour, politique et antillanité", *Journal of Caribbean Studies,* Coral Gables, Florida, 2, 1, Spring, 1981, 15-23.

0657

ASSALI, N. Donald, *Jacques-Stéphen Alexis, de l'indigénisme au roman prolétarien,* Thèse de Ph.D., University Microfilms International, Ann Arbor, Michigan, 1977, 196 p.

0658

ASSALI, N. Donald, "Le Récit paysan alexien : *Les Arbres musiciens*", *Présence francophone,* Sherbrooke, P.Q., 17, automne 1978, 109-124.

0659

ASSOCIATION FRANCE-HAÏTI, "Chronique littéraire : *Les Arbres musiciens,* de Jacques-Stéphen Alexis", *Bulletin de l'Association France-Haïti,* Paris, 4, janvier 1958, 9-13.

0660

BRUEIL, Sophie, "Interview avec Jacques-Stéphen Alexis", *Les Lettres françaises,* Paris, 658, 14-20 février 1957.

0661

CASSÉUS, Lyonel, "La Sensualité dans Le*s Arbres musiciens* de Jacques-Stéphen Alexis", *Le Nouveau Monde,* Port-au-Prince, 9-10 mai 1981.

0662

CASTERA fils, Georges, "L'Expérience de la nuit et l'expérience du jour dans *Compère Général Soleil,* de Jacques-Stéphen Alexis", *Europe,* Paris, 49, 501, janvier 1971, 71-81.

0663

DALMAS, André, "Écrire pour vivre", *Mercure de France,* Paris, 1160, avril 1960, 706-708.

0664

DASH, J. Michael, "Jacques-Stéphen Alexis", *Black Images,* Toronto, Ontario, 3, 4, monograph n° 2, 1975, 64 p.

0665

DAUZAT, Albert, "*Compère Général Soleil,* de Jacques-Stéphen Alexis", *Les Lettres françaises,* Paris, 578, 21-28 juillet 1955.

0666

DÉCIUS, Philippe (pseud. de MÉTELLUS, Jean), "Contes et réalités haïtiennes chez Jacques-Stéphen Alexis", *Europe,* Paris, 49, 501, janvier 1971, 49-63.

0667

DEPESTRE, René, "*Les Arbres musiciens,* par Jacques-Stéphen Alexis", *Présence africaine,* Paris, 2ᵉ série, 16, octobre-novembre 1957, 188-189.

0668
DEPESTRE, René, "Hablar de Jacques-Stéphen Alexis", *Casa de las Américas,*
La Habana, 13, 74, septiembre-octubre 1972, 28-40.
En version française, sous le titre "Parler de Jacques-Stéphen Alexis", in
idem, *Pour la révolution pour la poésie,* Léméac, Montréal, P.Q., 1974,
172-203.

0669
DEPESTRE, René, "Le Nègre démasqué", *Le Nouvelliste,* Port-au-Prince,
18 mars 1958.
Allusion au *Nègre masqué,* roman de ALEXIS, Stéphen, père de
Jacques-Stéphen ALEXIS.

0670
DEPESTRE, René, "Un grand roman haïtien, *Compère Général Soleil,* par
Jacques-Stéphen Alexis", *Présence africaine,* 2ᵉ série, 4,
octobre-novembre 1955, 91-92.

0671
DUNOYER, J.M., "*Compère Général Soleil,* de Jacques-Stéphen Alexis",
Franc-tireur, Paris, 27 juillet 1955.

0672
DUPEYRON, Georges, "*Romancero aux étoiles,* de Jacques-Stéphen Alexis",
Europe, Paris, 38, 372-373, avril-mai 1960, 284.

0673
GLÉMAUD, Marie-Josée, "Littérature et domination", *Collectif paroles,*
Montréal, P.Q., 19, septembre-octobre 1982, 31-36.
Sur les *Prolégomènes à un manifeste du réalisme merveilleux des Haïtiens,* de
Jacques-Stéphen Alexis.

0674
HAÏTI OBSERVATEUR, "L'Apothéose de Jacques-Stéphen Alexis à
New York", *Haïti Observateur,* New York, 12, 46, 12-19 novembre 1982.

0675
JEAN-CHARLES, Georges-Joseph, *L'Humanisme de Jacques-Stéphen Alexis,*
Thèse de Ph.D., University Microfilms International, Ann Arbor,
Michigan, 1985, 533 p.

0676
JONASSAINT, Jean, "Notes pour une relecture d'Alexis", *Collectif paroles,*
Montréal, P.Q., 19, septembre-octobre 1982, 28-30.

0677
JOSTER, "Jacques-Stéphen Alexis et le rôle de l'intellectuel", *Le Nouvelliste,*
Port-au-Prince, 17 mars 1958.

0678
JUIN, Hubert, "*Romancero aux étoiles,* de Jacques-Stéphen Alexis", *Les Lettres
françaises,* Paris, 811, 11-17 février 1960.
Aussi in *Le Nouvelliste,* Port-au-Prince, 15 mars 1960.

0679
KIRKUP, James, "*Compère Général Soleil,* by Jacques-Stéphen Alexis", *Times
Literary Supplement,* London, 9 July, 1982.

0680
LAMARRE, Joseph M., "Le Militaire dans trois romans haïtiens", *Présence
francophone,* Sherbrooke, P.Q., 12, printemps 1976, 131-140.
Sur *Zoune chez sa ninnaine,* de LHÉRISSON, Justin, *Gouverneurs de la
rosée,* de ROUMAIN, Jacques, et *Les Arbres musiciens,* de Jacques-Stéphen
Alexis.

0681

LAROCHE, Maximilien, "Jacques-Stéphen Alexis", *Dérives,* Montréal, P.Q., 12, 1978, 21-26.

Introduction à une réimpression de *Prolégomènes à un manifeste du réalisme merveilleux des Haïtiens,* de Jacques-Stéphen Alexis.

0682

LAROCHE, Maximilien, *Le* Romancero aux étoiles *et l'œuvre romanesque de Jacques-Stéphen Alexis*, Nathan, Paris, 1978, 77 p.

0683

LAUDE, André, "L'Arbre aux mille feux d'Haïti", *Les Nouvelles littéraires,* Paris, 2832, 14 avril 1982.

Sur *Compère Général Soleil,* de Jacques-Stéphen Alexis. Aussi in *Terre et liberté,* Paris, 2, 4, juillet 1982, 14-16.

0684

LEMOINE, Lucien, "Jacques, mon ami…", *Les Lettres françaises,* Paris, 1110, 16-22 décembre 1965, 17.

0685

LIBÉRATI, André, "Jacques-Stéphen Alexis, le *Romancero aux étoiles*", *La Nouvelle Critique,* Paris, 117, juin-juillet 1960, 145-146.

0686

LORENZON, Gabriella, "Hilarion Hilarius : histoire d'une prise de conscience", *Présence francophone,* Sherbrooke, P.Q., 17, automne 1978, 125-131.

Sur le héros de *Compère Général Soleil,* de Jacques-Stéphen Alexis.

0687

LYNCH, Barbara S., *The Collision of Cultures in the Novels of M. A. Asturias, Jacques-Stéphen Alexis and Chinua Achebe,* Thèse de Ph.D., University Microfilms International, Ann Arbor, Michigan, 1974, 304 p.

0688

MAGLOIRE SAINT-AUDE, Clément, "*Compère Général Soleil,* de Jacques-Stéphen Alexis", *Optique,* Port-au-Prince, 29, juillet 1956, 81-82.

0689

MAGNY, Olivier de, "*Compère Général Soleil,* de Jacques-Stéphen Alexis", *Monde nouveau,* Paris, 92, septembre 1955.

0690

MANUEL, Robert, *La Lutte des femmes dans les romans de Jacques-Stéphen Alexis,* Deschamps, Port-au-Prince, 1980, 120 p.

0691

MARTY, Anne, "Le Socialisme dans l'œuvre de Jacques Roumain et de Jacques-Stéphen Alexis", *Conjonction,* Port-au-Prince, 136-137, février 1978, 29-42.

MÉTELLUS, Jean, voir DÉCIUS, Philippe.

0692

MILLET, Richard, "Terre convulsée d'Haïti", *La Quinzaine littéraire,* Paris, 373, 16-30 juin 1982, 10, 12.

Sur *Compère Général Soleil,* de Jacques-Stéphen Alexis et *Cathédrale du mois d'août,* de CLITANDRE, Pierre.

0693

MONTAS, Lucien, "Une œuvre marquante, un roman de poids", *Optique,* Port-au-Prince, 18, août 1955, 29.

Sur *Compère Général Soleil,* de Jacques-Stéphen Alexis.

0694
MORISSEAU-LEROY, Félix, "Jacques-Stéphen Alexis au Morne Hercule",
Présence haïtienne, New York, 3, octobre 1975, 8-10.
Souvenirs.

0695
MUDIMBÉ-BOYI, Mbulamwanza, "Jacques-Stéphen Alexis romancier",
Lectures africaines, Lumumbashi, Zaïre, 1, 2, 1972-1973, 110-116.

0696
MUDIMBÉ-BOYI, Mbulamwanza, *L'Œuvre romanesque de Jacques-Stéphen
Alexis,* Éditions du Mont Noir, Lumubashi-Kinshasa, 1975, 128 p.

0697
NOURISSIER, François, "*Compère Général Soleil,* de Jacques-Stéphen Alexis",
Nouvelle Revue Française, Paris, 3, 34, 1ᵉʳ octobre 1955, 787-788.

0698
OLLIVIER, Émile, "Refréquenter Jacques-Stéphen Alexis", *Collectif paroles,*
Montréal, P.Q., 19, septembre-octobre 1982, 25-27.

0699
PIERRE-CHARLES, Gérard, "Mort et vie de Jacques Soleil", *Europe,* Paris, 49,
501, janvier 1971, 64-70.

0700
RODRIGUEZ, Ileana, "En busca de una expresión antillana : lo real
maravilloso en Carpentier y Jacques-Stéphen Alexis", *Ideologies and
Literatures,* Minneapolis, Minnesota, 2, 10, September-October, 1979,
56-68.

0701
ROY, Claude, "Clarté d'un soleil noir", *Le Nouvel Observateur,* Paris, 909,
9-16 avril 1982, 52-53.

0702
ROY, Fernand Alix, "Autour du livre de Jacques-Stéphen Alexis *Compère
Général Soleil* ", *L'Indépendance,* Paris, 2 août 1956.

0703
ROY, Fernand Alix, "Lettre ouverte à Jacques-Stéphen Alexis", *Le Nouvelliste,*
Port-au-Prince, 26 mars 1958.

0704
SALGADO, Père Jean-Marie, "Réflexions en marge d'une dédicace",
La Phalange, Port-au-Prince, 21 décembre 1957.
À propos de *Les Arbres musiciens,* de Jacques-Stéphen Alexis. Aussi in
Le Nouvelliste, Port-au-Prince, 21 décembre 1957 et in SOUFFRANT,
Claude, *Une négritude socialiste,* 211-212. Voir la réponse de Jacques-
Stéphen Alexis ci-dessus.

0705
SÉONNET, Michel, *Jacques-Stéphen Alexis ou Le Voyage vers la lune de la belle
amour humaine,* Pierres hérétiques, Toulouse, France, 1983, 176 p.

0706
SIQUET, Louis, "Les Héros de la lutte pour le communisme : du soleil
toujours", *Nouvelle Revue internationale,* Paris, 8 février 1966, 210-213.
Article nécrologique.

0707
SOUFFRANT, Claude, "L'Éclatement de la négritude sous le choc du
développement. J. Roumain et Jacques-Stéphen Alexis entre R. Depestre et
L.S. Senghor", in coll., *Hommage à Léopold Sédar Senghor, Homme de
culture,* Présence africaine, Paris, 1976, 374-393.

0708

SOUFFRANT, Claude, "Le Fatalisme religieux du paysan haïtien", *Europe,*
Paris, 501, janvier 1971, 27-41.
Sur ROUMAIN, Jacques et Jacques-Stéphen Alexis.

0709

SOUFFRANT, Claude, "Marxisme et tiers-monde noir chez J. Roumain,
Jacques-Stéphen Alexis et L.-S. Senghor", *Présence francophone,*
Sherbrooke, P.Q., 14, printemps 1977, 133-147.

0710

SOUFFRANT, Claude, *Une négritude socialiste. Religion et développement chez
J. Roumain, Jacques-Stéphen Alexis et L. Hughes,* L'Harmattan, Paris, 1978,
230 p.

0711

STIL, André, "*L'Espace d'un cillement,* de Jacques-Stéphen Alexis", *L'Humanité,*
Paris, 21 avril 1962.

TROUILLOT, Michel-Rolph, voir AMER, Michel.

0712

VARENNES, Jean-Charles, "*Les Arbres musiciens,* de Jacques-Stéphen Alexis",
Sud-Ouest Matin, Bordeaux, France, 27 août 1958.

0713

VENAISSION, Gabriel, "*Compère Général Soleil,* de Jacques-Stéphen Alexis",
Combat, Paris, 27 novembre 1956.

0714

VIATTE, Auguste, "*Les Arbres musiciens,* de Jacques-Stéphen Alexis", *La Croix,*
Paris, 26 septembre 1955.

0715

VILAINE, Anne-Marie de, "Le Couple aux Caraïbes", *Afrique action,* Tunis,
26 décembre 1960.
Entretien avec Jacques-Stéphen Alexis.

0716

VILLELAUR, Anne, "Au-delà de l'anecdote", *Les Lettres françaises,* Paris, 809,
28 janvier-3 février 1960, 2.
Sur *L'Espace d'un cillement,* de Jacques-Stéphen Alexis.

0717

VILLELAUR, "Anne, Soleils et solitudes", *Les Lettres françaises,* Paris, 567,
5-12 mai 1955, 3.
Sur *Compère Général Soleil,* de Jacques-Stéphen Alexis.

0718

WURMSER, André, "Les Dieux, les hommes et l'avenir : *Les Arbres musiciens,*
de Jacques-Stéphen Alexis", *Les Lettres françaises,* Paris, 701,
19-25 décembre 1957.

0719

XENAKIS, Françoise, "*Compère Général Soleil,* de Jacques-Stéphen Alexis", *Le
Matin,* Paris, 29 mars 1982.

ALEXIS, Stéphen

0720

ABDERRHAMAN (pseud. de DUVALIER, François), "Bric-à-brac", *L'Action
nationale,* Port-au-Prince, 28 août 1934.
Sur Stéphen Alexis.

0721
AUGUSTE, Yves L., "Du *Nègre masqué* de Stéphen Alexis à *L'Homme invisible*
de Ralph Ellison", *Présence africaine,* Paris, 101-102, 1er et 2e trimestres
1977, 176-187.

0722
BERMEJO ACOSTA, F., "*Le Nègre masqué,* de Stéphen Alexis", *Listín diario,*
Santo Domingo, R.D., 14 février 1934.

Aussi en traduction française de ROUMER, Émile in *Le Matin,* Port-au-
Prince, 19 février 1934.

0723
BRIERRE, Jean F., " Stéphen Alexis, alias Agathon", *Le Nouvelliste,* Port-au-
Prince, 27 novembre 1952.

0724
BROUARD, Carl, "Lettre à Stéphen Alexis", *L'Action nationale,* Port-au-Prince,
4 janvier 1934.

0725
BROUARD, Carl, "*Le Nègre masqué,* de Stéphen Alexis", *L'Action nationale,*
Port-au-Prince, 17 janvier 1934.

Aussi in *Le Matin,* Port-au-Prince, et in *Haïti-Journal,* Port-au-Prince,
4-5 février 1934.

0726
BROUARD, Carl, "*Le Nègre masqué,* de Stéphen Alexis, et la critique", *L'Action
nationale,* Port-au-Prince, 5 février 1934.

0727
BROUARD, Carl, "Portrait de Stéphen Alexis", *L'Action nationale,* Port-au-
Prince, 19 septembre 1933.

0728
BRUTUS, Edner, "Stéphen Alexis", *La Relève,* Port-au-Prince, 2, 10,
1er avril l934, 14-27.

0729
CALLARS, Louis, "*Le Nègre masqué,* de Stéphen Alexis", *Le Nouvelliste,* Port-
au-Prince, 30 et 31 janvier, 1er, 2, 3 et 5 février 1934.

0730
CHALMERS, Max, "*Le Faisceau,* drame historique de Stéphen Alexis", *Le
Nouvelliste,* Port-au-Prince, 9 juillet 1940.

0731
CHARLIER, Étienne, "*Le Nègre masqué,* de Stéphen Alexis", *Le Matin,* Port-au-
Prince, 31 janvier-1er février 1934.

0732
DELIENNE, Castera, "*Le Faisceau,* drame historique de Stéphen Alexis", *Le
Nouvelliste,* Port-au-Prince, 10 juillet 1940.

Aussi in *L'Œuvre,* Port-au-Prince, 2, 14, juillet 1940, 150-152.

DUVALIER, François, voir ABDERRHAMAN.

0733
GRIMARD, Luc, "Stéphen Alexis", *Le Temps revue,* Port-au-Prince,
24 avril 1940.

0734
HEURTELOU, Daniel, "Notes et réflexions", in coll., *La Voix de la génération
de l'occupation,* L'Assaut, Port-au-Prince, 2, mars 1936, 50-53.

Sur *Le Nègre masqué,* de Stéphen Alexis.

0735
HEURTELOU, Daniel, "Notes et réflexions", *La Nouvelle Haïti,* Port-au-Prince, 1, 4, juin 1934, 107-112.

Sur le préjugé de couleur, à propos de *Le Nègre masqué,* de Stéphen Alexis.

0736
JOLIVERT, J.D., "*Le Nègre masqué,* de Stéphen Alexis", *L'Action nationale,* Port-au-Prince, 23-26 février 1934.

0737
LARRIER, Renée, "Stéphen Alexis, *Le* (s) *Nègre* (s) *masqué* (s)", in coll., *Selected Proceedings : 32d Mountain Interstate Foreign Language Conference,* Wake Forest University, Winston-Salem, North Carolina, 1984, 193-198.

0738
LÉGER, Jacques, "*Le Nègre masqué,* de Stéphen Alexis", *La Relève,* Port-au-Prince, 2, 8, 1ᵉʳ février 1934, 14-20.

ALPHONSE, Émile

0739
JEAN-PIERRE, Julio, "*Rose sur le sable,* d'Émile Alphonse", *Le Nouvelliste,* Port-au-Prince, 16 décembre 1964.

AMBROISE, Ludovic

0740
BURR-REYNAUD, Frédéric, "Hommage funèbre au poète Ludovic Ambroise", *Le Temps revue,* Port-au-Prince, 14 septembre 1940, 7-8.

0741
GRIMARD, Luc, "*Épanchements,* de Ludovic Ambroise", *Le Temps revue,* Port-au-Prince, 6 décembre 1939.

ANTOINE, Yves

0742
DOLCÉ, Jacquelin, "Yves Antoine, l'alchimiste du verbe", *Le Petit Samedi soir,* Port-au-Prince, 225, 21-27 janvier 1978, 25-26.

0743
JEAN-JACQUES, Pierre-Paul, "Yves Antoine, un jeune poète plein de promesse", *Le Nouvelliste,* Port-au-Prince, 11 septembre 1964.

0744
KAUSS, Saint-John, "Yves Antoine et *Les Sabots de la nuit*", *Étincelles,* Montréal, P.Q., 1, 1, août 1982, 11-13.

0745
MONTAS, Yves, "Un poète nous est né : Yves Antoine", *Le Nouvelliste,* Port-au-Prince, 2 septembre 1964.

ARCHER, Evry

0746
SÉJOUR-MAGLOIRE, Francis, "Evry Archer, poète de la mort lente", *Le Nouvelliste,* Port-au-Prince, 26 mai 1964.

ARDOUIN, Coriolan

0747
ABELLARD, Charles A., "À la mémoire de Coriolan Ardouin, un grand poète manqué", *Le Nouvelliste,* Port-au-Prince, 1ᵉʳ août 1963.

0748
LESPINASSE, Pierre-Eugène de, "Pièces fugitives de notre histoire, Coriolan Ardouin 1812-1835", *Revue de la Ligue de la jeunesse haïtienne,* Port-au-Prince, 1, 2, 20 mars 1916, 68-76.

0749
MARCELIN, Émile, "Coriolan Ardouin", *Le Temps,* Port-au-Prince, 18 mars 1936.

0750
NAU, Émile, "Coriolan Ardouin", *L'Union,* Port-au-Prince, 16 novembre 1837.

0751
NAU, Émile, *Littérature,* Imp. J. Courtois, Port-au-Prince, 1835, 24 p.
Plaquette consacrée à Coriolan Ardouin, reproduite in *Conjonction,* Port-au-Prince, 3, 103, décembre 1966, 14-28.

0752
VERNA, Paul, "Poètes écartelés : Coriolan Ardouin", *L'Action sociale,* Port-au-Prince, 25 juillet 1948.
Aussi in *Conjonction,* Port-au-Prince, 16, août 1948, 34-37.

ASSALI, Donald

0753
CHARLES, Christophe, "La Poésie parlée de Donald Assali", *Le Nouveau Monde,* Port-au-Prince, 25 juillet 1978.

0754
RICHARSON, Joubert, "Donald Assali, le poète de la vie", *Le Nouveau Monde,* Port-au-Prince, 3 août 1978.

0755
SHAPIRO, Norman R., "Donald Assali, *Chanson boula*", *World Literature Today,* Norman, Oklahoma, 54, 2, Spring, 1980, 325-326.

0756
THADAL, Roland, "En lisant *Chanson boula,* de Donald Assali", *Le Nouveau Monde,* Port-au-Prince, 30 août 1979.

AUDAIN, René

0757
TROUILLOT, Hénock, "Notre théâtre", *La Nation,* Port-au-Prince, 6 décembre 1947.
Sur *Ministre Hell, Programme What,* de René Audain.

AUGUSTE, Jules

DOUYON, Ernest, voir LA VIOLETTE, Jean.

0758
LA VIOLETTE, Jean (pseud. de DOUYON, Ernest), "*Parfums créoles,* poésies de Jules Auguste", *Haïti littéraire et sociale,* Port-au-Prince, 16, 5 septembre 1905, 391-394.

AZOR, Joseph D.

0759
VICTOR, René, "Le Roman de Joseph D. Azor *Danielle Désormeaux*", *Le Nouveau Monde,* Port-au-Prince, 28-29 août 1982.

BAGUIDY, Joseph D.

0760
BERNARD, Regnor C., "En marge d'un livre nouveau : *Sous les futaies,* de Joseph D. Baguidy", *Psyché,* Port-au-Prince, 26 août 1938.

BAUDUY, Robert

0761
GREFFIN, Georges, "Robert Bauduy : Vers un nouvel indigénisme ou vers une poésie de l'authentique et du libertaire", *Le Nouvelliste,* Port-au-Prince, 2 août 1979.

BEAUBRUN, Théodore

Voir LANGUICHATTE

BÉLANCE, René

0762
ANON., "René Bélance, poète unique entre tous", *Dialogue,* Port-au-Prince, 40, juillet 1984, 24-25.

0763
ARISTIDE, Achille, "Sur le lyrisme de René Bélance", *Le Nouvelliste,* Port-au-Prince, 6 janvier 1941.

0764
BRUTUS, Edner, "*Pour célébrer l'absence,* de René Bélance", *Haïti-Journal,* Port-au-Prince, 20 janvier 1945.

0765
CHARLES, Christophe, "Parution de *Nul ailleurs,* de René Bélance", *Le Nouveau Monde,* Port-au-Prince, 12 mars 1984.

0766
DORSINVILLE, Roger, "*Pour célébrer l'absence,* de René Bélance", *Haïti-Journal,* Port-au-Prince, 15 janvier 1945.

0767
GONZALEZ, José Emilio, "René Bélance, un poète haïtien à Porto-Rico", *Le Nouvelliste,* Port-au-Prince, 27, 28 et 30 juillet 1960.

0768
REY, Ulrich, "*Luminaires,* de René Bélance", *Le Nouvelliste,* Port-au-Prince, 13 septembre 1941.

0769
SAINT-AMAND, Edris, "*Épaule d'ombre,* de René Bélance", *Le Nouvelliste,* Port-au-Prince, 13 et 14 septembre 1945.

0770
VERNA, Paul, "René Bélance : *Pour célébrer l'absence*", *Conjonction,* Port-au-Prince, 12, décembre 1947, 63.

BENOÎT, Clément

0771
DEPESTRE, René, "À propos de *Rythmes nègres,* de Clément Benoît", *La Ruche,* Port-au-Prince, 30 mars 1946.

0772
GOURAIGE, Ghislain, "Nous à vous : les livres nouveaux", *Le Soir,* Port-au-Prince, 16 mars 1946.
Sur *Rythmes nègres,* de Clément Benoît.

BERGEAUD, Émeric

0773
CHEVRY, Aurèle, "*Stella,* par Émeric Bergeaud", *Le Moniteur,* Port-au-Prince, 21 février 1874.

Aussi in *Haïti littéraire et sociale,* Port-au-Prince, 10, 5 juin 1905, 233-235.

0774
DORSINVILLE, Hénec, "Romans et romanciers haïtiens : *Stella,* par Émeric Bergeaud", *L'Essor,* Port-au-Prince, 15 juin 1914, 611-614.

Aussi in *La Trouée,* Port-au-Prince, 6, 24 décembre 1927.

0775
HOFFMANN, Léon-François, "En marge du premier roman haïtien, *Stella,* d'Émeric Bergeaud", *Conjonction,* Port-au-Prince, 131, novembre 1976, 75-102.

Aussi en version anglaise, sous le titre "The First Haitian Novel, Émeric Bergeaud's *Stella*", in idem, *Essays on Haitian Literature,* Three Continents Press, Washington, D.C., 1984, 109-122.

0776
POUILH, Duraciné, "Souvenirs littéraires : Émeric Bergeaud", *La Ronde,* Port-au-Prince, 15 février 1901.

0777
VAVAL, Duraciné, "Émeric Bergeaud, romancier", *La Nouvelle Revue,* Cap-Haïtien, 1, 12, août 1908.

BERNARD, Regnor C.

0778
BRIERRE, Jean F., "Regnor C. Bernard : *Nègre*", *Conjonction,* Port-au-Prince, 10-11, août-octobre 1947, 59.

0779
BRIERRE, Jean F., "Regnor C. Bernard : *Sur les routes qui montent*", *Le Nouvelliste,* Port-au-Prince, 16 juillet 1954.

0780
FOUCHÉ, Franck, "Une heure avec Regnor C. Bernard", *Le Nouvelliste,* Port-au-Prince, 17 et 19 août 1940.

0781
GILBERT, Marcel, "Regnor C. Bernard, un écho inachevé", *Collectif paroles,* Montréal, P.Q., 13, août-septembre 1981, 43-44.

0782
ICART, Alfred, "*Pêche d'étoiles,* de Regnor C. Bernard", *La Nation,* Port-au-Prince, 2 juillet 1943.

0783
LARAQUE, Maurice, "*Le Souvenir demeure,* de Regnor C. Bernard", *Haïti-Journal,* Port-au-Prince, 24 juin 1940.

BONHOMME, Arthur

0784
JEANNOT, Yvan, "*L'Âme du lambi,* de Arthur Bonhomme", *La Relève,* Port-au-Prince, octobre 1937, 13-14.

0785
WERLEIGH, Christian, "*L'Âme du lambi,* de Arthur Bonhomme", *Le Temps revue,* Port-au-Prince, 13 octobre 1937.

BOURAND, Étienne

0786
ANON., "*L'Éternel adolescent,* poèmes par Étienne Bourand", *L'Essor quotidien,* Port-au-Prince, 14 janvier 1929.

BRIERRE, Jean F.

0787
ANON., "Jean F. Brierre : *Cantique à trois voix pour une poupée d'ébène*", *Le Nouvelliste,* Port-au-Prince, 1-2 mars 1960.

0788
ANON., "A Man's Poet : Jean F. Brierre", *Le Nouveau Monde,* Port-au-Prince, 27 avril 1958.
Dans la section anglaise du journal.

0789
ANON., "*Nous garderons le Dieu,* de Jean F. Brierre", *Le Nouvelliste,* Port-au-Prince, 23 août 1945.

0790
BALMIR, Lucien, "Autour de *Province,* de Jean F. Brierre", *Le Matin,* Port-au-Prince, 22 février 1952.

0791
BATAILLE, Frantz, "Jean F. Brierre : un exil royal", *Le Petit Samedi soir,* Port-au-Prince, 542, 11-17 août 1984, 7-8.

0792
BERNARD, Regnor C., "Une heure avec Jean F. Brierre", *Maintenant,* Port-au-Prince, 15 février 1937.

0793
BOSTICK, Herman F., "Poetic Encounters : An Interview with Jean F. Brierre", *College Language Association Journal,* Baltimore, Maryland, 26, 3, March, 1983, 277-287.

0794
BOURGUIGNON, Paul-Henri, "La Poésie noire : *Black Soul,* de Jean F. Brierre", *Haïti-Journal,* Port-au-Prince, 8 juillet 1947.
Reproduction d'un article de l'hebdomadaire belge *Le Phare* du 29 juin 1947.

0795
BRIERRE, Jean F., "Réponse", *L'Action nationale,* Port-au-Prince, 5 août 1933.
Réponse au compte-rendu de *Chansons secrètes* signé PIQUION, René.

0796
BROUARD, Carl, "Jean Brierre", *La Bataille,* Port-au-Prince, 7 mai 1933.
Aussi in *Haïti-Journal,* Port-au-Prince, 28 juillet 1933.

0797
C., "*Le Drapeau de demain,* de Jean F. Brierre", *La Petite Revue,* Port-au-Prince, 15 mai 1932, 56-57.

0798
CHARLES, Christophe, "Deux mots pour Jean F. Brierre", *Le Nouveau Monde,* Port-au-Prince, 6-8 octobre 1984.

0799
CONSTANT, Richard, "Paroles d'aîné", *La Relève,* Port-au-Prince, 2, 2, 1er août 1933, 9-14.

0800
DESROSIERS, Toussaint, "Jean F. Brierre et son temps", *Le Nouvelliste*, Port-au-Prince, 3 octobre 1984.

0801
DESTIN, Marie-Laurette, "Jean F. Brierre : l'exil du drapeau noir", *Le Petit Samedi soir*, Port-au-Prince, 550, 6-12 octobre 1984, 20-22.

0802
DIAQUOI, Louis, "*Le Drapeau de demain,* de Jean F. Brierre", *Le Nouvelliste*, Port-au-Prince, 6 et 7 novembre 1931.

0803
DOMINIQUE, Max, "Itinéraire thématique de Jean Brierre", *Collectif paroles*, Montréal, P.Q., 29-30, novembre-décembre 1984, 38-44.

0804
DORSINVILLE, Roger, "Hommage à Jean F. Brierre, une figure de proue", *Africa*, Dakar, 166, octobre 1984.

0805
DORSINVILLE, Roger, "*Un Noël pour Gorée,* de Jean F. Brierre", *Africa*, Dakar, 126, octobre 1980.

0806
DURAND, Michel, "Notes sur *Province,* de Jean F. Brierre", *Le Nouvelliste*, Port-au-Prince, 7 mars 1952.

0807
ÉTIENNE, Gérard, "Ma Lanterne : Hommage à Jean F. Brierre", *Le Nouvelliste*, Port-au-Prince, 31 mai 1961.

0808
GAILLARD, Roger, "Jean F. Brierre, ou la récompense de l'effort", *Le Matin*, Port-au-Prince, 24-25 janvier 1960.

0809
ICART, Alfred, "*Province,* le roman d'une génération, de Jean F. Brierre", *Haïti-Journal,* Port-au-Prince, 18-19 février 1952.

0810
J. B., "*Chansons secrètes,* de Jean F. Brierre", *La Relève*, Port-au-Prince, 2, 3, 1ᵉʳ septembre 1933, 30-31.

0811
J. C., "L'Idéologie et Jean F. Brierre", *La Presse,* Port-au-Prince, 10 juin 1930.

0812
KING, Carolyn J., "Brierre's *Découvertes* : The Mural of Mankind", *The Claffin College Review,* Orangeburg, South Carolina, 1, 2, May, 1977, 50-62.

0813
KNIGHT, Vere, "Jean Brierre", *Black Images,* Toronto, Ontario, 4, 3-4, Autumn-Winter, 1975, 30-43.

0814
LAMOTHE, Louis, "Jean Brierre", in idem, *Los mayores poetas latinoamericanos de 1850-1950,* Libros Mex, México, D.F., 1959, 277-283.

0815
LANDO, Simon, "Hommage à Jean F. Brierre", *Conjonction,* Port-au-Prince, 36, décembre 1951, 33-34.

0816
LE SEMAINIER, A., "À propos de *Province,* de Jean F. Brierre", *Haïti-Journal,* Port-au-Prince, 22 mars 1952.

0817

LUBIN, Maurice A., "Jean F. Brierre and his Work", *Black World,* Chicago, Illinois, 22, 3, January, 1973, 36-48.

0818

LUBIN, Maurice A., "Jean F. Brierre, Haitian Poet", *Américas,* Washington, D.C., 26, 10, October, 1974, 34-40.

0819

MONTAS, Lucien, "Le Drame d'une génération : *Province,* de Jean F. Brierre", *Le Nouvelliste,* Port-au-Prince, 19 avril 1952.

0820

MORISSEAU-LEROY, Félix, "*L'Adieu à la Marseillaise,* de Jean F. Brierre", *Le Réveil,* Port-au-Prince, 6 août 1940.

0821

MORISSEAU-LEROY, Félix, "*Province,* de Jean F. Brierre", *Le Matin,* Port-au-Prince, 9 février 1952.

0822

MORISSEAU-LEROY, Félix, "Signature d'un livre de Jean F. Brierre : *Province*", *Le Matin,* Port-au-Prince, 14 février 1952.

0823

NORTH, Philippe, "*Black Soul,* de Jean F. Brierre", *Conjonction,* Port-au-Prince, 9, juin 1947, 31-33.
   Aussi in *Le Matin,* Port-au-Prince, 16 août 1947.

0824

PHAREAUX, Lallier C., "*L'Adieu à la Marseillaise,* de Jean F. Brierre", *Le Nouvelliste,* Port-au-Prince, 7 août 1940.

0825

PIQUION, René, "*Chansons secrètes,* de Jean F. Brierre", *L'Action nationale,* Port-au-Prince, 5 août 1933.
   Voir la Réponse de Jean F. Brierre.

0826

PRESSOIR, Catts, "*Les Horizons sans ciel,* de Jean F. Brierre", *Le Nouvelliste,* Port-au-Prince, 11 octobre 1952.

0827

VILLEDROUIN, Luc, "Les *Chansons secrètes,* de Jean F. Brierre", *Maintenant,* Port-au-Prince, 18 juillet 1936.

0828

WILLIAMS, Eric, "Four Poets of the Greater Antilles", *Caribbean Quarterly,* Mona, Jamaïque, 2, 4, 1950, 8-19.
   Sur Nicolás Guillén, ROUMAIN, Jacques, Jean F. Brierre et Luis Palés Matos. Aussi in idem, 8, 1, 1962, 4-12.

BROUARD, Carl

0829

ABDERRHAMAN (pseud. de DUVALIER, François), "*Bric-à-brac,* de Carl Brouard", *L'Action nationale,* Port-au-Prince, 2 juillet 1934.

0830

BERROU, Frère Raphaël, "Les Deux Visages de Carl Brouard", *Conjonction,* Port-au-Prince, 101, avril 1966, 5-18.

0831
BERROU, Frère Raphaël, et POMPILUS, Pradel, *Deux poètes indigénistes, Carl Brouard et Émile Roumer,* Caraïbes, Port-au-Prince, et L'École, Paris, 1974, 128.

0832
BRUTUS, Edner, "Carl Brouard", *Papyrus,* Port-au-Prince, 21 décembre 1935.

0833
BRUTUS, Edner, "Carl Brouard, fol du cœur", *La Relève,* Port-au-Prince, 6, 3, septembre 1937, 32.

0834
BRUTUS, Edner, "Carl Brouard, mystique", *L'Action nationale,* Port-au-Prince, décembre 1934.

0835
BRUTUS, Edner, "Carl Brouard, vu de dos", *La Relève,* Port-au-Prince, 1, 2, 1er août 1932, 3-8.

0836
DAMBREVILLE, Raymond, "Carl Brouard", *Le Matin,* Port-au-Prince, 4 février 1953.

0837
DORSINVILLE, Max, "Carl Brouard", *La Relève,* Port-au-Prince, 6, 3, septembre 1937, 4-6.

0838
DUVALIER, François, "Carl Brouard", *L'Action nationale,* Port-au-Prince, 23 décembre 1935.

DUVALIER, François, voir ABDERRHAMAN.

0839
DUWIQUET, Maurice, "Pour célébrer un poète et saluer un critique", *Le Nouvelliste,* Port-au-Prince, 29 mai 1966.
Sur *La Destinée de Carl Brouard,* de GAILLARD, Roger.

0840
FARDIN, Dieudonné, "Carl Brouard", *Le Nouvelliste,* Port-au-Prince, 4 décembre 1969.

0841
FERTIN, Pierre, "À la recherche de Carl Brouard parmi les *Pages retrouvées*", *Le Nouvelliste,* Port-au-Prince, 17 décembre 1963.

FIÈVRE, Justin O., voir JEAN, Eddy A.

0842
FOUCHÉ, Franck, "Y a-t-il un "cas" Brouard dans la littérature haïtienne ?", *Le Nouvelliste,* Port-au-Prince, 1er juillet 1965.

0843
GAILLARD, Roger, *La Destinée de Carl Brouard,* H. Deschamps, Port-au-Prince, 1966, 89 p.

0844
GAILLARD, Roger, "Pour tresser des lauriers à un poète, *Le Nouvelliste,* Port-au-Prince, 12 décembre 1962.

GAILLARD, Roger, voir MAGLOIRE, Nadine.

0845
JEAN, Eddy A. et FIÈVRE, Justin O., *Carl Brouard, cet immortel,* s. éd., Port-au-Prince, 1973, 67 p.

0846
KNIGHT, Vere, "Carl Brouard, a Haitian *poète maudit*", *Black Images,* Toronto, Ontario, 4, 3-4, Autumn-Winter, 1975, 20-29.

0847
LAPIERRE, Alix, "Carl Brouard, le mal aimé", *Le Matin,* Port-au-Prince, 20 et 21-22 mars 1976.

0848
LOUIS, Ernst, "Une certaine idée de Carl Brouard", *Le Nouveau Monde,* Port-au-Prince, 17-18 janvier 1981.

0849
LUBIN, Maurice A., "Carl Brouard", *Présence francophone,* Sherbrooke, P.Q., 12, printemps 1976, 141-148.

0850
MAGLOIRE, Nadine, "Autour d'une singulière destinée", *Le Nouvelliste,* Port-au-Prince, 9 mai 1966.
Dialogue avec GAILLARD, Roger, sur Carl Brouard.

0851
PAPAILLER, Hubert, "Carl Brouard, The Poet of Humble Love", *College Language Association Journal,* Baltimore, Maryland, 21, 2, December, 1977, 312-320.

0852
POMPILUS, Pradel, "Carl Brouard est mort", *Conjonction,* Port-au-Prince, 100, 1965, 21.

POMPILUS, Pradel, voir BERROU, Frère Raphaël.

0853
R. G., "Visage d'un poète", *Semences,* Port-au-Prince, 1, 3, juillet-août 1962.

0854
ROCHE, Lucien, "Du manque d'idéal de Carl Brouard", *Le Matin,* Port-au-Prince, 28 juin 1966.

0855
ROUSSEAU, Christian A., "Esquisse photographique de Carl Brouard", *Le Nouvelliste,* Port-au-Prince, 14 juillet 1981.

0856
SAINT-JEAN, Serge, "Lettre à Carl Brouard", *Le Nouvelliste,* Port-au-Prince, 1ᵉʳ décembre 1965.
Article nécrologique.

0857
VIAUD, Léonce, "Adieu à Carl Brouard", *Le Nouveau Monde,* Port-au-Prince, 5 décembre 1965.

BRUN, Amédée

0858
BELLEGARDE, Dantès, "Amédée Brun", *La Ronde,* Port-au-Prince, 5 juin 1898.
Aussi in *Le Temps,* Port-au-Prince, 16 octobre 1937.

0859
LHÉRISSON, Justin, "Amédée Brun", in idem, *Portraitins,* 1ʳᵉ série, Imp. H. Ambard, Port-au-Prince, 1894, 44 p.

BURR-REYNAUD, Frédéric

0860
ANON., "*Anathèmes*, de Frédéric Burr-Reynaud", *L'Action*, Port-au-Prince,
  20 mai 1930.

0861
ANON., "*Poèmes indiens*, par Frédéric Burr-Reynaud", *Le Temps*, Port-au-
  Prince, 6 novembre 1926.

0862
BELLANDE, Édouard, "Frédéric Burr-Reynaud - In Memoriam", *La Phalange*,
  Port-au-Prince, 3 février 1948.

0863
BROUARD, Carl, "Frédéric Burr-Reynaud", *Haïti-Journal*, Port-au-Prince,
  25 février 1932.

0864
CINÉAS, Jean-Baptiste, "Une mort héroïque", *La Forge*, Port-au-Prince,
  7 février 1946.

0865
GÉROME, Claude, "Frédéric Burr-Reynaud, une lumière", *La Forge*, Port-au-
  Prince, 7 février 1946.

0866
GRIMARD, Luc, "Adieu à Frédéric Burr-Reynaud", *La Phalange*, Port-au-
  Prince, 6 février 1946.

0867
GRIMARD, Luc, "L'Adieu de *La Phalange*", *La Forge*, Port-au-Prince, 7 février
  1946.

0868
GRIMARD, Luc, "Frédéric Burr-Reynaud", *La Phalange*, Port-au-Prince,
  3 février 1949.

0869
HIPPOLYTE, D., "Un grand citoyen, Frédéric Burr-Reynaud", *La Forge*, Port-
  au-Prince, 7 février 1946.

0870
LUX, "*Au fil de l'heure tendre*, par Frédéric Burr-Reynaud", *La Presse*, Port-au-
  Prince, 30 novembre 1929.

0871
PERRIER, Joseph, "Ultima Verba", *La Forge*, Port-au-Prince, 7 février 1946.
  Discours nécrologique sur la tombe de Frédéric Burr-Reynaud.

0872
ROUSSEAU, Christian, "Une étoile a disparu : Frédéric Burr-Reynaud", *Le
  Matin*, Port-au-Prince, 12 février 1946.

CAMILLE, Roussan

0873
ANON., "Le Retour du poète Roussan Camille", *Le Nouveau Monde*, Port-au-
  Prince, 31 décembre 1975.

0874
AUDET, Noël, "Poésie haïtienne au Québec", *Le Devoir*, Montréal, P.Q.,
  5 juillet 1980.
  Sur *La Multiple Présence*, de Roussan Camille, *Entre deux pays*, de CIVIL,
  Jean et *La Bélière caraïbe*, de PHELPS, Anthony.

0875

AUGUSTE, Yves, "*Assaut à la nuit,* de Roussan Camille", *Haïti-Journal,* Port-au-Prince, 6 décembre 1947.

0876

BRUTUS, Edner, "Nassour-Roussan Camille", *La Relève,* Port-au-Prince, 5, 1, juillet 1936, 2-3.

0877

BRUTUS, Edner, "Roussan Camille", *Le Papyrus,* Port-au-Prince, 8 août 1936.

BRUTUS, Edner, voir SEDINE.

0878

DORSINVILLE, Roger, "Un poète mort trop tôt, *La Multiple Présence,* de Roussan Camille", *Africa,* Dakar, 110, août 1979.

0879

ELIZÉE, Carlo, "Le Livre de Roussan Camille *L'Assaut à la nuit*", *Le Nouvelliste,* Port-au-Prince, 25 janvier 1941.

0880

FOUCHARD, Jean, "Épingle à la gerbe de deux amis", in idem, *Trois discours,* Impr. de l'État, Port-au-Prince, 1962, 31-48.
Sur TROUILLOT, Hénock et Roussan Camille.

0881

GUILLÉN, Nicolás, "Roussan Camille en La Habana", *Hoy,* La Habana, 30 mayo 1943.
Traduction française in *Haïti-Journal,* Port-au-Prince, 15 juin 1943.

0882

LALEAU, Léon, "Pour bienvenir un poète d'envergure, Roussan Camille", *Le Temps revue,* Port-au-Prince, 18 janvier 1941.

0883

LAPIERRE, Alix, "Roussan Camille, cet enfant malade de la poésie", *Le Matin,* Port-au-Prince, 17 et 18 mars 1976.

0884

LARAQUE, Maurice, "*Assaut à la nuit,* de Roussan Camille", *Haïti-Journal,* Port-au-Prince, 11 janvier 1941.

0885

MAYARD, Pierre, "*Assaut à la nuit,* de Roussan Camille", *Haïti-Journal,* Port-au-Prince, 4 janvier 1941.

0886

MORAVIA, Louis, "Écho d'une race", *Le Nouvelliste,* Port-au-Prince, 8 janvier 1941.
Sur *Assaut à la nuit,* de Roussan Camille.

0887

POSY, Bonnard, *Roussan Camille, le poète d'*Assaut à la nuit, Imp. des Antilles, Port-au-Prince, 1963, 39 p.

0888

SEDINE (pseud. de BRUTUS, Edner), "Roussan Camille", *Maintenant,* Port-au-Prince, 26 mars 1936.

0889

SÉIDE, Marc, "*Assaut à la nuit,* de Roussan Camille", *Le Réveil,* Port-au-Prince, 23 janvier 1941.

0890
THOBY-MARCELIN, Philippe, "*Assaut à la nuit,* de Roussan Camille", *Haïti-Journal,* Port-au-Prince, 15 janvier 1941.

0891
TROUILLOT, Hénock, "*Assaut à la nuit,* de Roussan Camille", *Le Nouvelliste,* Port-au-Prince, 17 janvier 1972.

0892
TROUILLOT, Hénock, "Qu'est-ce que c'est, *Multiple Présence,* de Roussan Camille ?", *Le Nouvelliste,* Port-au-Prince, 19 janvier 1972.

CARRÉNARD, Adrien

0893
ANON., "*Les Pervenches,* d'Adrien Carrénard", *Le Matin,* Port-au-Prince, 14 juin 1917.

0894
ANON., "*Les Pervenches,* d'Adrien Carrénard", *Le Nouvelliste,* Port-au-Prince, 15 juin 1917.

0895
AUGUSTE, E.T., "*Les Pervenches,* d'Adrien Carrénard", *Le Nouvelliste,* Port-au-Prince, 6 juillet 1917.

CARRIÉ, Pierre

0896
ADAM, Michel, "À propos de *Bonjour New York,* de Pierre Carrié", *Étincelles,* Montréal, P.Q., 6, août-septembre 1983, 24.

0897
CORVINGTON, Serge, "*Crépuscule,* un roman sentimental de Pierre Carrié", *Haïti-Journal,* Port-au-Prince, 31 mars 1948.

0898
LAROSE, Richard, "*Crépuscule,* de Pierre Carrié", *Haïti-Journal,* Port-au-Prince, 8 mars 1948.

0899
TROUILLOT, Hénock, "*Crépuscule,* de Pierre Carrié", *Haïti-Journal,* Port-au-Prince, 12 octobre 1948.

CASSÉUS, Maurice

0900
ANON., "*Mambo,* de Maurice Casséus, et la jeunesse d'aujourd'hui", *Haïti-Journal,* Port-au-Prince, 6 novembre 1949.

0901
BENOIT, Clément, "En marge de *Viejo,* de Maurice Casséus", *Le Nouvelliste,* Port-au-Prince, 2 septembre 1935.

0902
BERNARD, Regnor C., "En marge de *Mambo,* de Maurice Casséus", *Voix de l'U.N.I.H.,* Port-au-Prince, 30 décembre 1949.

0903
BERTHOUMIEUX, Bertho, "En marge d'*Entre les lignes,* de Maurice Casséus", *Haïti-Journal,* Port-au-Prince, 20 octobre 1932.

0904
BRIERRE, Jean F., "Maurice Casséus", *Le Nouvelliste,* Port-au-Prince, 23 septembre 1953.

0905
BROUARD, Carl, "*Entre les lignes,* de Maurice Casséus", *Le Peuple,* Port-au-Prince, 30 juillet 1932.

0906
BROUARD, Carl, "Maurice Casséus", *L'Action nationale,* Port-au-Prince, 6 juin 1934.

0907
BROUARD, Carl, "*Viejo,* de Maurice Casséus", *L'Action nationale,* Port-au-Prince, 6-9 septembre 1935.

0908
BRUTUS, Edner, "Entre les lignes de *Viejo,* de Maurice Casséus", *L'Action nationale,* Port-au-Prince, 16 août 1935.
Aussi in *La Relève,* Port-au-Prince, 4, 5, novembre 1935, 9-13.

0909
CHALMERS, Max, "Autour de *Viejo,* de Maurice Casséus", *Le Matin,* Port-au-Prince, 20 juillet 1935.

0910
DENIS, Lorimer, "En marge de Maurice Casséus", *L'Action nationale,* Port-au-Prince, 1-3 septembre 1932.

0911
DÉSINOR, Clovis M., "*Viejo,* de Maurice Casséus", *Le Nouvelliste,* Port-au-Prince, 19 septembre 1935.

0912
HEURTELOU, Daniel, "Nouvelle fantaisie en la ... mineur", *La Relève,* Port-au-Prince, 1, 5, 1ᵉʳ novembre 1932, 18-24.
Sur *Entre les lignes,* de Maurice Casséus.

0913
ICART, Alfred, "*Mambo,* de Maurice Casséus", *Haïti-Journal,* Port-au-Prince, 3 novembre 1949.

0914
JEANNOT, Yvan, "*Viejo,* roman de Maurice Casséus", *La Relève,* Port-au-Prince, 4, 3, septembre 1935, 24-25.

0915
PHAREAUX, Lallier C., "*Mambo,* de Maurice Casséus, et éducation civique", *Haïti-Journal,* Port-au-Prince, 27 avril 1949.

0916
PRICE-MARS, Jean, "Préface à *Viejo,* de Maurice Casséus", *La Presse,* Port-au-Prince, 1935, vii-x.

0917
SAADI, Jane Habib, "Maurice Casséus", *Le Nouvelliste,* Port-au-Prince, 24 décembre 1935.

0918
SAVAIN, Roger E., "Une esquisse de *Mambo,* de Maurice Casséus", *Haïti-Journal,* Port-au-Prince, 22 janvier 1949.

CASTERA, Georges

0919
BALMIR, Lucien, "*La Route du Départ,* à propos de poèmes de Georges Castera", *Le Nouvelliste,* Port-au-Prince, 10-11 mai 1956.

0920
LAMOTHE, Louis, "Georges Castera", in idem, *Los mayores poetas latinoamericanos de 1850-1950,* Libros Mex, México, D.F., 1959, 293-296.

0921
LAVENTURE, Jules, "Lecture en désordre de *Kombelann,* de Georges Castera", *Lakansièl,* Brooklyn, New York, 6, août 1976, 24-25.

CAVÉ, Syto

0922
A. J., "*Kavalyé Polka,* de Syto Cavé", *Le Nouvelliste,* Port-au-Prince, 10-11 novembre 1984.

0923
BEAULIEU, Jacques, "*Kavalyé Polka,* de Syto Cavé, ou l'épopée de la solitude", *Le Nouveau Monde,* Port-au-Prince, 9 novembre 1984.

0924
DAMBREVILLE, Claude, "Nouveau triomphe de *Kavalyé Polka,* de Syto Cavé", *Le Nouveau Monde,* Port-au-Prince, 17-19 novembre 1984.

0925
DUMAS, Pierre Raymond, "*Kavalyé Polka,* de Syto Cavé", *Le Nouvelliste,* Port-au-Prince, 21 novembre 1984.

0926
TROUILLOT, Lyonel, "*Kavalyé Polka,* de Syto Cavé, ou l'opéra du pauvre", *Le Nouvelliste,* Port-au-Prince, 18 décembre 1984.

CHARLES, Carmin

0927
DOLCÉ, Jacquelin, "*Contes des Tropiques,* de Carmin Charles", *Le Petit Samedi soir,* Port-au-Prince, 128, 10-16 janvier 1976, 13.

CHARLES, Christophe

0928
BAMBOU, Pierre (pseud. de MIRVILLE, Ernst), "*Cicatrices, Boulpik et Lakoua,* de Christophe Charles", *Le Nouvelliste,* Port-au-Prince, 19 février 1979.

0929
BELL, Nelson, "*Le Cycle de la parole,* de Christophe Charles", *Le Nouveau Monde,* Port-au-Prince, 4 janvier 1974.

0930
CLITANDRE, Pierre, "La Poésie dans le désastre", *Le Petit Samedi soir,* Port-au-Prince, 101, 14-20 juin 1975, 18-19.
Sur l'œuvre de Christophe Charles.

0931
DÉSINOR, Carlo, "*Le Cycle de la parole,* de Christophe Charles", *Le Nouvelliste,* Port-au-Prince, 21 octobre 1974.

0932
GUITEAU, Carl-Henri, "*Désastre,* de Christophe Charles", *Le Petit Samedi soir,* Port-au-Prince, 3, 99, 31 mai-6 juin 1975, 11-12.

0933
JEAN-BAPTISTE, Ernst, "La Parole de Christophe Charles", *Le Nouvelliste*, Port-au-Prince, 15 mars 1974.
Sur *Le Cycle de la Parole*, de Christophe Charles.

0934
LAHENS, Wéber, "Pour présenter *L'Ardent sanglot*, de Christophe Charles", *Le Nouvelliste*, Port-au-Prince, 9 juin 1978.

0935
LARGE, Camille, "*Le Cycle de la parole*, de Christophe Charles", *Le Nouvelliste*, Port-au-Prince, 7 janvier 1974.

0936
MÉGALOS, Hérodote, "Le Droit de publier son amour", *Le Petit Samedi soir*, Port-au-Prince, 45, 16-22 février 1974, 11.
Sur *Le Cycle de la parole*, de Christophe Charles.

0937
MERCERON, Gérald, "Lettre ouverte à Christophe Charles", *Le Nouvelliste*, Port-au-Prince, 29-30 juillet 1978.
Sur *Désastre*, de Christophe Charles.

0938
MERCERON, Gérald, "Lettre ouverte à Christophe Charles", *Le Nouvelliste*, Port-au-Prince, 5-6 mai 1979.
Sur *Cicatrices*, de Christophe Charles.

0939
MIRVILLE, Ernst, "Christophe Charles, un poète guédé", *Le Nouvelliste*, Port-au-Prince, 22-23 et 25 juillet 1978.

MIRVILLE, Ernst, voir BAMBOU, Pierre.

CHARLES, Jean-Claude

0940
GOUSSE, Edgard, "*De si jolies petites plages*, de Jean-Claude Charles", *Étincelles*, Montréal, P.Q., 3, janvier-février 1983, 25.

0941
PÉAN, Leslie, "Journal de voyage de Jean-Claude Charles chez les Boat People", *Collectif paroles*, Montréal, P.Q., 19, septembre-octobre 1982, 21-24.
Sur *De si jolies petites plages*, de Jean-Claude Charles.

0942
RIPAULT, Ghislain, "*De si jolies petites plages*, de Jean-Claude Charles", *Mot pour mot*, Vitry, France, 11, juillet 1983, 25-27.

0943
SHAPIRO, Norman R., "*Négociations*, de Jean-Claude Charles", *Books Abroad*, Norman, Oklahoma, 47, 4, Autumn, 1973, 815-816.

0944
DORSINVILLE, Roger, "*Sainte Dérive des cochons*, de Jean-Claude Charles", *Africa*, Dakar, 99, mars 1978.

CHASSAGNE, Raymond

0945
PAUL, Cauvin L., "Une poésie de l'absence : *Mots de passe*, de Raymond Chassagne", *Lakansièl*, New York, 6, août 1976, 26.

CHASSAGNE, Roland

0946
BERNARD, Regnor C., "*Le Tambourin voilé*, de Roland Chassagne", *Psyché*,
Port-au-Prince, 24 décembre 1937.

0947
BRIERRE, Jean F., "*Le Tambourin voilé*, de Roland Chassagne", *Le Nouvelliste*,
Port-au-Prince, 4 et 5 avril 1933.

0948
BRUTUS, Edner, "Roland Chassagne", *La Relève*, Port-au-Prince, 3, 9,
mars 1935, 20-32.
Aussi in *L'Action nationale*, Port-au-Prince, 23 décembre 1935.

0949
DENIS, Lorimer, "Roland Chassagne", *L'Action nationale*, Port-au-Prince,
11-17 avril 1933.

0950
DUMAS, Pierre Raymond, "Roland Chassagne poète", *Le Nouvelliste*, Port-au-
Prince, 29 décembre et 30 décembre 1983-1er janvier 1984.

0951
GRIMARD, Luc, "*Le Tambourin voilé*, de Roland Chassagne", *Le Temps Revue*,
Port-au-Prince, 8 avril 1933, 24-25.

0952
ROUMER, Émile, "*Le Tambourin voilé*, de Roland Chassagne", *Le Matin*, Port-
au-Prince, 7 avril 1933.

0953
THOBY-MARCELIN, Philippe, "Pour Roland Chassagne", *Haïti-Journal*,
Port-au-Prince, 13 mai 1933.

0954
TRIBIÉ, Roger, "*Le Tambourin voilé*, par Roland Chassagne", *L'Action
nationale*, Port-au-Prince, 22 décembre 1937.
Aussi in *Psyché*, Port-au-Prince, 24 décembre 1937.

0955
VILLEDROUIN, Luc, "Roland Chassagne", *L'Action nationale*, Port-au-Prince,
4 et 8 juillet 1935.

0956
VILLEDROUIN, Luc, "*Le Tambourin voilé*, de Roland Chassagne",
Maintenant, Port-au-Prince, 9 mai 1936.

CHAUVET, Marie Vieux Charlier

0957
A. M., "*Fille d'Haïti*, de Marie Chauvet", *Conjonction*, Port-au-Prince, 53,
octobre 1954, 52-53.

0958
ANON., "*La Danse sur le volcan*, de Marie Chauvet", *Notre Pays*, Port-au-Prince,
24 novembre 1957.

0959
ANON., "*La Danse sur le volcan*, de Marie Chauvet, aux U.S.A.", *Le Nouvelliste*,
Port-au-Prince, 31 mars 1959.
Extraits de comptes rendus de la traduction anglaise.

0960
ANON., "*La Danse sur le volcan*, de Marie Chauvet, sera-t-il un best seller ?", *Le Nouvelliste*, Port-au-Prince, 9 janvier 1957.

0961
ANON., "Entrevue avec Marie Chauvet", *Le Nouvelliste*, Port-au-Prince, 11 avril 1953.

0962
ANON., "Marie Chauvet, Simone de Beauvoir et la maison Gallimard", *Le Nouvelliste*, Port-au-Prince, 5 février 1968.

0963
ANON., "Le Premier Roman de Marie Chauvet paraît en septembre", *Le Nouvelliste*, Port-au-Prince, 16 mai 1968.
Avec une lettre de Claude Gallimard à Marie Chauvet.

0964
ANON., "La Première de *La Légende des fleurs*, de Marie Vieux Charlier [Chauvet]", *La Nation*, Port-au-Prince, 29 janvier 1947.

0965
ANON., "La Presse britannique et *La Danse sur le volcan*, de Marie Chauvet", *Le Nouvelliste*, Port-au-Prince, 10 septembre 1959.

0966
BOISVERT, Jocelyne, "À propos de Marie Chauvet", *Collectif paroles*, Montréal, P.Q., 3, janvier-février 1980, 37-39.
Sur *Amour, Colère et Folie*, de Marie Chauvet..

0967
BOSQUET, Alain, "*Amour, Colère et Folie*, de Marie Chauvet", *Combat*, Paris, 10 octobre 1968.

0968
CARRIÉ, Pierre, "Marie Vieux [Chauvet] et nous", *Le Nouvelliste*, Port-au-Prince, 31 janvier 1948.

0969
COGDELL-TRAVIS, Joyce Marie, *A Translation of Marie Chauvet's « Amour »,with a Critical Introduction : Haiti from a Woman's Point of View*, Thèse de Ph.D., University Microfilm International, Ann Arbor, Michigan, 1980, 268 p.

0970
COTTENET-HAGE, Madeleine, "Violence libératoire / violence mutilatoire dans *Amour*, de Marie Chauvet", *Francofonia*, Bologna, Italie, 4, 6, primavera 1984, 17-28.

0971
COURTOIS, Félix, "*La Danse sur le volcan*, de Marie Chauvet", *Le Nouvelliste*, Port-au-Prince, 27 novembre 1957.

0972
FABRE, A., "*Amour, Colère et Folie*, de Marie Chauvet", *Les Lilas,* Paris, juin 1969.

0973
GARDINER, Madeleine, "Marie Chauvet", in idem, *Visages de femmes, portraits d'écrivains*, Deschamps, Port-au-Prince, 1981, 9-112.

0974
LACROIX, Colette, "Marie Chauvet, une soif d'absolu", *Bingo*, Dakar, 231, avril 1972, 54-56.

0975
LAFERRIÈRE, Dany, "*Amour, Colère et Folie*, de Marie Chauvet", *Mot pour mot,* Vitry, France, 11, juillet 1983, 7-10.
Aussi in *Le Nouvelliste,* Port-au-Prince, 19 juin 1984.

0976
LAFERRIÈRE, Dany, "La Tête de Marie Chauvet", *Le Petit Samedi soir,* Port-au-Prince, 327, 1-7 mars 1980, 28-30.
Sur l'œuvre de Marie Chauvet.

0977
LARAQUE, Franck, "Marie Chauvet (1916-1973)", *La Nouvelle Haïti Tribune,* New York, 16-23 juin 1982.
Notice biographique et littéraire.

0978
LARAQUE, Franck, "Violence et sexualité dans *Colère,* de Marie Chauvet", *Présence haïtienne,* New York, septembre 1975, 53-56.

0979
LAROCHE, Maximilien, *Trois études sur « Folie », de Marie Chauvet,* GRELCA, Université Laval, Québec, P.Q., 1984, 70 p.

0980
LATORTUE, Régine, "*Fonds des Nègres*, de Marie Chauvet", *Zirkus,* The Yale Literary Calhoun Review, New Haven, Conn., 2, 1, Spring, 1978, 15-16.

0981
LECHAUD, Thomas H., "À propos de *Fonds des Nègres*, de Marie Chauvet", *Le Nouvelliste,* Port-au-Prince, 6 juillet 1961.

0982
LECHAUD, Thomas H., "Autour de [*Sambas*] la nouvelle pièce de Marie Vieux [Chauvet]", *Le Nouvelliste,* Port-au-Prince, 19 décembre 1947.

0983
MARTINI, Magda, "*Amour, Colère et Folie*, de Marie Chauvet", *Les Nouvelles littéraires,* Paris, 12 septembre 1968.

0984
PLUMMER ADAMSON, Ginette, "Marie Vieux [Chauvet]", *Le Nouvelliste,* Port-au-Prince, 11 janvier 1974.

0985
SERVAL, Pierre, "*Amour, Colère et Folie*, de Marie Chauvet", *Marie Claire,* Paris, décembre 1968.

0986
SMET, Michel de, "*Amour, Colère et Folie*, de Marie Chauvet", *Le Soir,* Bruxelles, 23 octobre 1968.

0987
THÉVENIN, Joseph, "L'Auteur de *Fonds des Nègres*, Marie Chauvet", *Le Nouvelliste,* Port-au-Prince, 15 juillet 1961.

0988
VIATTE, Auguste, "Marie Chauvet", *La Croix,* Paris, 24 février 1969.
Aussi in *Culture française,* Paris, printemps 1969.

0989
VIVES, B., "Marie Chauvet", *Livres et lectures,* Paris, décembre 1968.

CHENÊT, Gérard

0990
ALMEIDA, Fernando d', "Gérard Chenêt face à la parole problématique",
  L'Afrique littéraire et artistique, Paris, 45, 1977, 48-53.

0991
BONNEAU, Richard, "Un Haïtien puise aux sources africaines : *El Hadj Omar,*
  de Gérard Chenêt", *L'Afrique littéraire et artistique,* Paris, 31, 1974, 76-80.

0992
KANE, Mohammadou, "*El Hadj Omar,* de Gérard Chenêt", *Dakar-Matin,*
  Dakar, 8 février 1969.
  Aussi in CORNEVIN, Robert, *Le Théâtre haïtien,* 232-238.

CHENÊT, Jean-Baptiste

0993
ANON., "*Études poétiques, ou chants du barde,* de Jean-Baptiste Chenêt", *La
  Feuille du commerce,* Port-au-Prince, 5 août 1849.

CHEVALLIER, André

0994
ANON., "Le Livre du jour, *Bakoulou,* de André Chevallier et Luc Grimard", *La
  Phalange,* Port-au-Prince, 18 avril 1950.

0995
ANON., "*Mon petit Kodak,* d'André Chevallier", *Stella,* Cap-Haïtien, 5, 42,
  juillet 1930, 929-931.

0996
CONSTANT, Richard, "Vient de paraître : *Bakoulou,* de André Chevallier et
  Luc Grimard", *Haïti-Journal,* Port-au-Prince, 10 mars 1950.

DORSINVILLE, Héneck, voir HÉDOR.

0997
HÉDOR (pseud. de DORSINVILLE, Héneck), "*Mon petit Kodak,* d'André
  Chevallier et Luc Grimard", *Le Nouvelliste,* Port-au-Prince, 9 février 1916.

0998
HENRIQUEZ, Alphonse, "*Mon petit Kodak,* d'André Chevallier et Luc
  Grimard", *La Presse,* Port-au-Prince, 1ᵉʳ et 2 juillet 1930.

0999
LECHAUD, Thomas H., "*Mon petit Kodak,* d'André Chevallier et Luc
  Grimard", *La Presse,* Port-au-Prince, 6 janvier 1931.

1000
MAZE-AUDAIN, Blanche, "André Chevallier et *Mon petit Kodak*", *La Presse,*
  Port-au-Prince, 4 juillet 1930.

Voir MORAVIA, Charles.

CHEVRY, Arsène

1001
LEROY, Fernand, "Arsène Chevry", *Le Nouvelliste,* Port-au-Prince,
  24 février 1915.
  Article nécrologique.

1002
M. C., "*Areytos,* d'Arsène Chevry", *L'Opinion nationale,* Port-au-Prince,
  3 décembre 1892.

CHRISOPHONTE, Prosper

1003
BAUFFREMONT, duc de, "*Rêves et chants*, de Prosper Chrisophonte", *Le Matin,* Port-au-Prince, 28 décembre 1931.

1004
GUY, "*Rêves et chants*, de Prosper Chrisophonte", *Le Matin,* Port-au-Prince, 6 mars 1931.

CINÉAS, Jean-Baptiste

1005
ANON., "Âmes paysannes", *Haïti-Journal*, Port-au-Prince, 25 juillet 1933.
Sur *Le Drame de la terre,* de Jean-Baptiste Cinéas.

1006
ANON., "*L'Héritage sacré*, de Jean-Baptiste Cinéas", *Le Nouvelliste,* Port-au-Prince, 3 avril 1945.

1007
ANON., "Perles du néo-romantisme haïtien", *L'Illustration antillaise,* Port-au-Prince, 3, 108, 1ᵉʳ mai 1945.
Sur *L'Héritage sacré,* de Jean-Baptiste Cinéas.

1008
ANON., "Un grand Haïtien disparaît : la mort de Jean-Baptiste Cinéas", *Le Nouveau Monde,* Port-au-Prince, 13 juillet 1958.

1009
AUGUSTE, Carlet R., "En lisant Cinéas", *Le Nouvelliste,* Port-au-Prince, 22 et 23 mai 1945.

1010
AUGUSTE, Yves, "En lisant *Le Choc en retour,* de Jean-Baptiste Cinéas", *La Phalange,* Port-au-Prince, 13, 14 et 15 janvier 1949.

1011
BENNETT, Ernest, "Jean-Baptiste Cinéas, Marc Verne, le zombi et moi", *Le Nouvelliste,* Port-au-Prince, 4 mai 1979.
Souvenir personnel.

1012
BROUARD, Carl, "Jean-Baptiste Cinéas", *Haïti-Journal,* Port-au-Prince, 21 juillet 1933.

1013
BURR-REYNAUD, Frédéric, "*Le Drame de la terre,* de Jean-Baptiste Cinéas", *Le Temps,* Port-au-Prince, 9 septembre 1933.

1014
C., "*Le Drame de la terre*, de Jean-Baptiste Cinéas", *La Petite Revue,* Port-au-Prince, 10, 252, 1ᵉʳ-15 octobre 1933, 166-169.

1015
CINÉAS, Jean-Baptiste, "Avant-propos au *Drame de la terre*", *L'Information,* Port-au-Prince, 10 novembre 1934.
Malgré son titre, ce texte qui répond aux critiques ne paraît pas dans l'édition du roman.

1016
CINÉAS, Jean-Baptiste, "Encore autour de *L'Héritage sacré*", *La Phalange,* Port-au-Prince, 22 mai 1945.
Réponse à l'article de FOISSET, père Jean, "Un roman paysan... à proscrire".

1017
CINÉAS, Jean-Baptiste, "La Querelle de *L'Héritage sacré*", *La Phalange,* Port-au-Prince, 12-14 mai 1945.

Réponse à l'article de FOISSET, Père Jean, *Réplique à M. J.-B. Cinéas.*

1018
COURTOIS, Félix, "Hommage à Jean-Baptiste Cinéas", *Le Nouveau Monde,* Port-au-Prince, 20 juillet 1958.

1019
DAVID, Odnell, "Un livre de M. Jean-Baptiste Cinéas", *Le Nouvelliste,* Port-au-Prince, 10 janvier 1941.

Sur *La Vengeance de la terre,* de Jean-Baptiste Cinéas.

1020
DOLCÉ, Jacquelin, "*Le Choc en retour,* de Jean-Baptiste Cinéas", *Le Petit Samedi soir,* Port-au-Prince, 346, 20-26 décembre 1980, 20.

1021
DORSINVILLE, Max H., "*Le Drame de la terre,* de Jean-Baptiste Cinéas", *La Relève,* Port-au-Prince, 2, 3, 1ᵉʳ septembre 1933, 26-30.

1022
FAREAU, Marc, "*La Vengeance de la terre,* de Jean-Baptiste Cinéas", *Le Nouvelliste,* Port-au-Prince, 25 et 26 mars 1941.

1023
FOISSET, Père Jean, "Réplique à M. J.-B. Cinéas", *La Phalange,* Port-au-Prince, 17 mai 1945.

Réponse à Jean-Baptiste Cinéas, *La Querelle de L'Héritage sacré.*

1024
FOISSET, Père Jean, "Un roman paysan... à proscrire", *La Phalange,* Port-au-Prince, 5 et 6-7 mai 1945.

Sur *L'Héritage sacré,* de Jean-Baptiste Cinéas.

1025
GEORGES-JACOB, Kléber, "*L'Héritage sacré,* de Jean-Baptiste Cinéas, un roman haïtien", *Haïti-Journal,* Port-au-Prince, 26 mai 1945.

1026
LATAILLADE, Nerva, "En marge de *Le Drame de la terre,* de Jean-Baptiste Cinéas", *Le Temps,* Port-au-Prince, 27 janvier 1940.

1027
LATAILLADE, Nerva, "Jean-Baptiste Cinéas", *Le Temps revue,* Port-au-Prince, 10 mai 1939.

1028
LECHAUD, Thomas H., "Introduction à *L'Héritage sacré,* de Jean-Baptiste Cinéas", *Le Soir,* Port-au-Prince, 22 mars 1945.

1029
LESCOUFLAIR, Arthur, "*Le Drame de la terre,* de Jean-Baptiste Cinéas", *Le Temps revue,* Port-au-Prince, 21 mars 1934.

1030
MAYARD, Pierre, "*La Vengeance de la terre,* de Jean-Baptiste Cinéas", *Haïti-Journal,* Port-au-Prince, 19 décembre 1940.

1031
PIERRE-LOUIS, Rossini, "Autour du livre *Le Choc en retour,* de Jean-Baptiste Cinéas", *Le Nouvelliste,* Port-au-Prince, 17 janvier 1949.

1032
PRICE-MARS, Jean, "*L'Héritage sacré,* de Jean-Baptiste Cinéas, un livre à lire",
   Haïti-Journal, Port-au-Prince, 15 mai 1945.

1033
PRICE-MARS, Jean, Préface à *Le Drame de la terre,* de Jean-Baptiste Cinéas,
   Imp. Adventiste, Port-au-Prince, 1934, v-vi.

1034
TROUILLOT, Hénock, "*Le Choc en retour,* de Jean-Baptiste Cinéas", *Les
   Griots,* Port-au-Prince, 1er et 7 juillet 1949.

1035
TROUILLOT, Hénock, "En marge du roman de Jean-Baptiste Cinéas
   L'Héritage sacré", *Le Matin,* Port-au-Prince, 18-19 et 20-21 mai 1945.

CIVIL Jean

1036
AUDET, Noël, "Poésie haïtienne au Québec", *Le Devoir,* Montréal, P.Q.,
   5 juillet 1980.
   Sur *La Multiple présence,* de CAMILLE, Roussan, *Entre deux pays,* de Jean
   Civil et *La Bélière caraïbe,* de PHELPS, Anthony.

CLITANDRE, Pierre

1037
DUMAS, Pierre Raymond, "*Cathédrale du mois d'août,* de Pierre Clitandre, ou
   le roman de la race des déracinés", *Le Nouvelliste,* Port-au-Prince,
   8 septembre 1983.

1038
ESSARTS, Michèle des, "Réflexions sur le premier roman de Pierre Clitandre",
   Le Nouveau Monde, Port-au-Prince, 16 mai 1980.

1039
FERJUSTE, Marie Marcelle, "L'Odeur du sexe dans *Cathédrale du mois d'août,*
   de Pierre Clitandre", *Inter Jeunes,* Port-au-Prince, 2, 16, juillet 1980, 8-9.

1040
GARDY, Ady Jean, "Pierre Clitandre dans les sillons du roman fantastique", *Le
   Petit Samedi soir,* Port-au-Prince, 335, 3-9 mai 1980, 20-22.
   Sur *Cathédrale du mois d'août,* de Pierre Clitandre.

1041
KIRKUP, James, "*Cathédrale du mois d'août,* by Pierre Clitandre", *Times
   Literary Supplement,* London, 9 July, 1982.

1042
LAFERRIÈRE, Dany, "Lettre ouverte à Pierre Clitandre", *Le Petit Samedi soir,*
   Port-au-Prince, 348, 16-22 août 1980, 29.

1043
LINDOR, Fresnel, "Rencontre avec Pierre Clitandre", *Le Nouvelliste,* Port-au-
   Prince, 28 avril 1980.

1044
MAGNIER, Bernard, "*Cathédrale du mois d'août,* de Pierre Clitandre", *Notre
   Librairie,* Paris, 68, 1983, 105-106.

1045
MILLET, Richard, "Terre convulsée d'Haïti", *La Quinzaine littéraire,* Paris,
   373, 16-30 juin 1982, 10 et 16.
   Sur *Cathédrale du mois d'août,* de Pierre Clitandre, et *Compère Général
   Soleil,* d'ALEXIS, Jacques-Stéphen.

1046

RIPAULT, Ghislain, "*Cathédrale du mois d'août,* de Pierre Clitandre", *Mot pour mot,* Vitry, France, 11, juillet 1983, 27-28.

1047

THADAL, Roland, "Pierre Clitandre, un romancier de notre temps", *Le Nouveau Monde,* Port-au-Prince, 13 juin 1980.

1048

WYLIE, Hal, "*Cathédrale du mois d'août,* by Pierre Clitandre", *World Literature Today,* Norman, Oklahoma, 57, 1, Spring, 1983, 338.

COICOU, Massillon

1049

ANON., "Le Drame de Massillon Coicou : *Liberté,* représenté à Paris au théâtre de Cluny", *Le Pacificateur,* Port-au-Prince, 10 février 1904.

Extraits de comptes rendus des journaux parisiens *Le Gil Blas, La Presse, La Petite République* et *La Patrie.*

1050

ANON., "Massillon Coicou", *Le Nouvelliste,* Port-au-Prince, 16 mars 1931.

1051

ANON., "*Saint Vincent de Paul,* drame en 4 actes de Massillon Coicou", *Le Pacificateur,* Port-au-Prince, 28 juin 1907.

1052

ANON., "Théâtre haïtien", *Le Nouvelliste,* Port-au-Prince, 11 septembre 1905.

1053

AUGUSTE, Granville Bonaparte, "Petits croquis : Massillon Coicou", *Le Nouvelliste,* Port-au-Prince, 18 mars 1909.

1054

BELLEGARDE, Dantès, "Massillon Coicou, martyr", *La Phalange,* Port-au-Prince, 16 mars 1944.

1055

BERROU, Frère Raphaël, "Impressions, de Massillon Coicou, ou un poète de l'inquiétude religieuse", *Conjonction,* Port-au-Prince, 105, octobre 1967, 69-73.

1056

BRISSON, Adolphe, "*Poésies nationales,* par Massillon Coicou", *Les Annales politiques et littéraires,* Paris, 20, 1 007, 12 octobre 1902, 236.

1057

CASSÉUS, Maurice, "En hommage à Massillon Coicou", *Haïti-Journal,* Port-au-Prince, 17 et 19 mars 1949.

1058

CHARLES, Emmanuel Pierre, "Massillon Coicou", *Le Temps revue,* Port-au-Prince, 2, 107, 14 mars 1934, 4-5.

1059

CHARMANT, Rodolphe, "Massillon Coicou, Souvenirs", *Le Nouvelliste,* Port-au-Prince, 13 mars 1909.

1060

CHARMANT, Rodolphe, "Pour Massillon Coicou", *La Phalange,* Port-au-Prince, 25 mars 1949.

1061
CHRISPHONTE, Prosper, *L'Après-guerre,* Imp. N. Telhomme, Port-au-Prince, 1946, 175 p.
Sur Massillon Coicou et ses contemporains.

1062
CHRISPHONTE, Prosper, *Un écrivain par les textes : Massillon Coicou,* Imp. du Séminaire adventiste, Port-au-Prince, 1954, 106 p.

1063
DALENCOUR, François, "Massillon Coicou et Alexandre Pétion", *Le Nouvelliste,* Port-au-Prince, 22 janvier 1955.

1064
DELBEAU, Victor, "Discours pour Massillon Coicou", *L'Essor quotidien,* Port-au-Prince, 6, 7, 8 et 9 avril 1921.

1065
DUCASSE, Jules, "L'Empereur Dessalines, pièce de Massillon Coicou", *Le Petit Haïtien,* Cap-Haïtien, 1, 7 et 8, novembre et décembre 1906.

1066
E. T., "Le Souvenir de Massillon Coicou", *Le Nouveau Monde,* Port-au-Prince, 11 octobre 1967.

1067
FERNANDEZ MARTINEZ, "Impressions théâtrales : *L'Alphabet,* de Massillon Coicou", *Haïti littéraire et sociale,* Port-au-Prince, 10, 5 juin 1905, 240-242.

1068
GOURGUE, Gérard, "Massillon Coicou, poète et homme d'action", *Les Griots,* Port-au-Prince, 7 et 14 mai 1948.

1069
J. S., "Massillon Coicou, l'apôtre", *Le Nouvelliste,* Port-au-Prince, 15 mars 1909.

1070
LARGE, Camille, "Un drame de Massillon Coicou : Saint Vincent de Paul", *Le Nouvelliste,* Port-au-Prince, 7-8, 9 et 16 août 1957.

1071
LEBRUN MONDÉ, J.H., "Souvenirs d'Outre-Tombe : Massillon Coicou", *Le Nouvelliste,* Port-au-Prince, 2 et 3 septembre 1913.

1072
LEROY, Fernand, "Massillon Coicou : Impressions et souvenirs", *Les Nouvelles,* Port-au-Prince, 9 mai 1922.
Aussi in *Le Nouvelliste,* Port-au-Prince, 15 mars 1935.

1073
LUBIN, Maurice A., "Massillon Coicou : Étude biographique", *Conjonction,* Port-au-Prince, 105, octobre 1967, 53-59.
Aussi in *Le Nouvelliste,* Port-au-Prince, 11 décembre 1967.

1074
MANIGAT, Leslie F., "Une valeur s'en est allée : Massillon Coicou", *Le Nouvelliste,* Port-au-Prince, 29 mai 1962.

1075
NEMO, "Théâtre haïtien : Massillon Coicou", *Le Nouvelliste,* Port-au-Prince, 31 mai 1905.

1076
PIERRE-LOUIS, Ulysse, "Massillon Coicou, le bûcher ardent", *Le National magazine,* Port-au-Prince, 3 janvier 1954.
Aussi in idem, *Esquisses littéraires et critiques,* Imp. de l'État, Port-au-Prince, 1959, 149-168.

1077
POMPILUS, Pradel, "Massillon Coicou poète", *Conjonction,* Port-au-Prince, 105, octobre 1967, 60-68.

1078
TOUSSAINT-NOËL, V., *Le Ferminisme en canevas,* Imp. Guex, Paris, 1908, 39 p.
Renseignements sur Massillon Coicou ; extraits de la presse parisienne lors de son exécution par ordre du président Nord Alexis.

1079
TROUILLOT, Hénock, "Massillon Coicou, barde national", *Le Nouveau Monde,* Port-au-Prince, 23 février 1973.

1080
X., "Massillon Coicou", *L'Essor quotidien,* Port-au-Prince, 15 mars 1917.

COLIMON-HALL, Marie-Thérèse

1081
COURTOIS, Félix, "Lettre à Marie-Thérèse Colimon-Hall à propos de *Fils de misère*", *Le Nouvelliste,* Port-au-Prince, 30 mai 1975.

1082
DORET, Michel R., "Marie-Thérèse Colimon-Hall et le réveil du pipirite chantant", *Le Nouvelliste,* Port-au-Prince, 19 octobre 1984.

1083
FARDIN, Dieudonné, "Tendresse et mélancolie d'une poétesse : Marie-Thérèse Colimon-Hall", *Le Petit Samedi soir,* Port-au-Prince, 38, 17-23 novembre 1973, 8.

1084
GAILLARD, Hedwig, "Le Roman de Marie-Thérèse Colimon-Hall *Fils de misère*", *Le Nouveau Monde,* Port-au-Prince, 5 février 1975.

1085
GARDINER, Madeleine, "Marie-Thérèse Colimon-Hall", in idem, *Visages de femmes, portraits d'écrivains,* Deschamps, Port-au-Prince, 1981, 113-138.

1086
SOUKAR, Michel, "*Fils de misère,* de Marie-Thérèse Colimon-Hall", *Le Petit Samedi soir,* Port-au-Prince, 3, 83, 1-7 février 1975, 12-13.

1087
ST. VICTOR, Henriette, "*Fils de Misère,* de Marie-Thérèse Colimon-Hall", *Lakansièl,* Brooklyn, New York, 3, septembre 1975, 29.

CONDÉ, Franck

BRUTUS, Edner, voir SEDINE.

1088
SEDINE (pseud. de BRUTUS, Edner), "*Le Voile de satin,* de Franck Condé", *Maintenant,* Port-au-Prince, 20 février 1936.

COURTOIS, Félix

1089
BATAILLE, F., "Mais fidèle était le désenchantement", *Le Nouvelliste,* Port-au-Prince, 17 septembre 1975.
Sur *Scènes de la vie port-au-princienne,* de Félix Courtois.

1090
BAZILE, Charles Max, "D'un entretien avec Félix Courtois", *Le Nouveau Monde,* Port-au-Prince, 16 novembre 1984.

1091
BERROU, Frère Raphaël, "Le Dernier roman de Félix Courtois, *Durin Belmour*", *Le Nouvelliste,* Port-au-Prince, 26 janvier 1978.

1092
BERROU, Frère Raphaël, "*Scènes de la vie port-au-princienne,* de Félix Courtois", *Le Nouvelliste,* Port-au-Prince, 29 juillet 1975.

1093
CORVINGTON, Georges, "*Durin Belmour,* de Félix Courtois, ou la vengeance des mythes", *Le Nouvelliste,* Port-au-Prince, 16 février 1978.

1094
DAMOUR, Alix, "Hommage à Félix Courtois à l'occasion de ses 91 ans", *Le Matin,* Port-au-Prince, 2 février 1983.

1095
DARMONT, Roger, "*Deux pauvres petites filles,* de Félix Courtois", *L'Essor quotidien,* Port-au-Prince, 3 et 4 février 1921.

1096
DESROSIERS, Andral, "Le Triste Roman de Durin Belmour, de Félix Courtois", *Le Nouveau Monde,* Port-au-Prince, 23 mars 1981.

1097
DUMAS, Pierre Raymond, "*Durin Belmour,* de Félix Courtois, ou le portrait haut en couleur d'une société", *Le Nouvelliste,* Port-au-Prince, 15 novembre 1984.

1098
FOMBRUN, Wilfrid, "Félix Courtois", *Le Nouvelliste,* Port-au-Prince, 1er mars 1971.

1099
FOMBRUN, Wilfrid, "Le Plus Grand Romancier haïtien vivant : Félix Courtois", *Le Nouvelliste,* Port-au-Prince, 23 mars 1979.

1100
GAILLARD, Roger, "Sur un roman de Félix Courtois : *Scènes de la vie port-au-princienne*", *Le Nouveau Monde,* Port-au-Prince, 22, 23-24, 25-26 et 27 octobre 1975.

1101
GUITEAU, Carl-Henri, "Félix Courtois : le procès d'un passé", *Le Petit Samedi soir,* Port-au-Prince, 108, 2-8 août 1975, 10-11.
Sur *Scènes de la vie port-au-princienne,* de Félix Courtois.

1102
JEAN, Antoine L., "Félix Courtois", *Le Nouveau Monde,* Port-au-Prince, 13-14 avril 1981.

1103
JEAN, Antoine L., "Félix Courtois", *Le Nouveau Monde,* Port-au-Prince, 16 novembre 1984.
Article nécrologique.

1104
JOLIBOIS, Gérard, "Le Nouveau Roman de Félix Courtois : *Durin Belmour*", *Le Nouvelliste,* Port-au-Prince, 18-19 mars 1978.

1105
LAHENS, Wéber, "Oraison funèbre de Félix Courtois", *Le Nouvelliste,* Port-au-Prince, 26 novembre 1984.

1106
LARGE, Camille, "À propos des *Scènes de la vie port-au-princienne,* de Félix Courtois", *Le Nouvelliste,* Port-au-Prince, 4 septembre 1975.

1107
LECHAUD, Thomas H., "*Deux pauvres petites filles,* de Félix Courtois", *L'Essor quotidien,* Port-au-Prince, 19 janvier 1921.

1108
LOUIS, Ernst, "En pensant à Félix Courtois", *Le Nouveau Monde,* Port-au-Prince, 21 novembre 1984.

1109
LOUIS, Ernst, "Un maître nommé Félix Courtois", *Le Nouveau Monde,* Port-au-Prince, 14 mai 1982.

1110
PAUL, Édouard C., "*Durin Belmour,* de Félix Courtois, ou le roman de la vie et mort d'un homme", *Le Nouvelliste,* Port-au-Prince, 2 mars 1978.

1111
PHAREAUX, Lallier C., "Appréciations sur *Scènes de la vie port-au-princienne,* de Félix Courtois", *Le Nouvelliste,* Port-au-Prince, 8 septembre 1976.

1112
PHAREAUX, Lallier C., "La Portée d'un beau roman : *Durin Belmour,* de Félix Courtois", *Le Nouvelliste,* Port-au-Prince, 28 décembre 1978.

1113
PHILOCTÈTE, René, "Le Dernier roman de M. Félix Courtois", *Le Petit Samedi soir,* Port-au-Prince, 112-113, 13-19 septembre 1975, 10-11. Sur *Scènes de la vie port-au-princienne,* de Félix Courtois.

1114
POMPILUS, Pradel, "Félix Courtois, aimable, enjoué et cruel", *Le Nouvelliste,* Port-au-Prince, 6-7 septembre 1975.

1115
SAINT-LOUIS, Carlos, "Contes et nouvelles de Félix Courtois", *Le Nouveau Monde,* Port-au-Prince, 7 janvier 1982.

1116
THADAL, Roland, "La Cigale chante toujours", *Le Nouveau Monde,* Port-au-Prince, 11 janvier 1982.

1117
THADAL, Roland, "Le Dernier des Esthètes, Félix Courtois", *Le Nouveau Monde,* Port-au-Prince, 22 novembre 1984.
Article nécrologique.

1118
THADAL, Roland, "Félix Courtois, ou le vaillant récompensé", *Le Nouveau Monde,* Port-au-Prince, 12 février 1980.

1119
THADAL, Roland, "Félix Courtois, un élégant conteur", *Le Nouveau Monde,* Port-au-Prince, 10 novembre 1983.

CYPRIEN, Anatole

1120
THÉVENIN, Joseph, "*Coup de tonnerre,* d'Anatole Cyprien", *Le Nouvelliste,* Port-au-Prince, 22 novembre 1966.

DAMBREVILLE, Claude

1121
PAUL, Édouard C., "*Un goût de fiel,* de Claude Dambreville, un témoignage attachant", *Le Nouveau Monde,* Port-au-Prince, 5 janvier 1984.

1122
VICTOR, René, "*Un goût de fiel,* de Claude Dambreville", *Le Nouveau Monde,* Port-au-Prince, 6 janvier 1984.

DAMOUR, Alix

1123
KAUSS, Saint-John, "Alix Damour, et cette quête de l'existence", *Le Nouveau Monde,* Port-au-Prince, 12 octobre 1982.

DARLY, Muriel

1124
BRUTUS, Edner, "En marge de *La Famille Émeraude,* de Muriel Darly", *Le Nouvelliste,* Port-au-Prince, 8 janvier 1944.

1125
GRIMARD, Luc, "Muriel Darly et son *Idole de bronze*", *La Phalange,* Port-au-Prince, 21 avril 1942.

1126
JOLIBOIS, Gérard, "Muriel Darly", *Le Nouveau Monde,* Port-au-Prince, 14 mars 1974.

1127
L'AMI, "*La Famille Émeraude,* de Muriel Darly", *La Phalange,* Port-au-Prince, 11 février 1944.

1128
MAYARD, Pierre, "*L'Idole de bronze,* de Muriel Darly", *Haïti-Journal,* Port-au-Prince, 20 avril 1943.

1129
PIQUION, René, "*La Famille Émeraude,* de Muriel Darly", *Haïti-Journal,* Port-au-Prince, 7 janvier 1944.

DAUPHIN, Marcel

1130
ALFRED, Serge N., "Quand un poète chante son pays", *Le Nouvelliste,* Port-au-Prince, 6 juillet 1963.

1131
ANON., "*Flammèches,* de Marcel Dauphin, un chant nouveau", *Le Nouvelliste,* Port-au-Prince, 24-25 avril 1976.

1132
CLERVEAUX, Julien, "Éloge funèbre du poète Marcel Dauphin", *Le Nouvelliste,* Port-au-Prince, 16 décembre 1982.

1133
CLITANDRE, Pierre, "*Flammèches,* de Marcel Dauphin", *Le Petit Samedi soir,* Port-au-Prince, 137, 13-19 mars 1976, 11-12.

1134
COURTOIS, Félix, "*Cœurs en écharpe,* de Marcel Dauphin", *Le Matin,* Port-au-Prince, 2-4 septembre 1979.

1135
DAUPHIN, Normil, "Notice biographique de Marcel Dauphin", *Le Petit Samedi soir,* Port-au-Prince, 137, 13-19 mars 1976, 3.

1136
DORET, Michel R., "La Trajectoire de Marcel Dauphin, écrivain d'Haïti", *Le Nouvelliste,* Port-au-Prince, 15 novembre 1984.

1137
GOURAIGE, Ghislain, "Nous à vous : les livres nouveaux", *Le Soir,* Port-au-Prince, 16 mars 1946.
Sur *La Sérénade des opprimés,* de Marcel Dauphin.

1138
ICART, Alfred, "Autour de *Cantilènes tropicales,* de Marcel Dauphin", *Le Nouvelliste,* Port-au-Prince, 23 mars 1942.

1139
JOLIBOIS, Gérard, "Marcel Dauphin", *Le Nouvelliste,* Port-au-Prince, 15 décembre 1982.
Article nécrologique.

1140
LAHENS, Wéber, "*Cœurs en écharpe,* de Marcel Dauphin", *Le Nouvelliste,* Port-au-Prince, 16 août 1979.

1141
LAHENS, Wéber, "*Flammèches,* de Marcel Dauphin", *Le Nouvelliste,* Port-au-Prince, 27-28 mars 1976.

1142
LINDOR, Fresnel, "Ces cœurs qui souffrent, de Marcel Dauphin", *Le Nouvelliste,* Port-au-Prince, 27-28 octobre 1979.
Sur *Cœurs en écharpe,* de Marcel Dauphin.

1143
LIZAIRE, Paul, "*Pierre Sully,* de Marcel Dauphin", *Le Nouvelliste,* Port-au-Prince, 21 mai 1960.

1144
PIERRE, Ronal, "Marcel Dauphin : Flammèches ou flammeroles ?", *Le Petit Samedi soir,* Port-au-Prince, 137, 13-19 mars 1976, 10.

1145
TARDIEU, Édouard, "Pour dire adieu à un poète, Marcel Dauphin", *Le Nouvelliste,* Port-au-Prince, 16 décembre 1982.

1146
VERRET, Alexandre, "Autour de *Cantilènes tropicales,* de Marcel Dauphin", *Le Nouvelliste,* Port-au-Prince, 4 février 1941.

DAVERTIGE (pseud. de DENIS, Villard)

1147
ADOLPHE, Armand, "Une entrevue avec Davertige", *Le Nouvelliste,* Port-au-Prince, 17 février 1962.

1148
BEAULIEU, Michel, "*Idem,* de Davertige", *Estuaire,* Montréal, P.Q., 29, automne 1983, 70-71.

1149

BIBLIOPHILE, "Qui êtes-vous, Villard Denis ?", *Conjonction,* Port-au-Prince, 92-93, 1964, 5-10.

1150

BOSQUET, Alain, "Davertige, auteur de *Idem*", *Le Monde,* Paris, 17 août 1963. Aussi in *Le Nouvelliste,* Port-au-Prince, 22 août 1963.

1151

CHARLES, Christophe, "Villar Denis, un grand poète", *Le Nouvelliste,* Port-au-Prince, 1ᵉʳ avril 1971.

1152

KAUSS, Saint-John, "Un si beau livre qui a vingt ans", *Le Nouveau Monde,* Port-au-Prince, 28 février 1984.
Sur *Idem,* de Davertige.

1153

P. F., "Un événement littéraire : *Idem,* de Davertige", *Rond-point,* Port-au-Prince, 10, octobre 1963, 30-33.

1154

PHILOCTÈTE, René, "Trois poètes de Haïti littéraire : Davertige, Anthony Phelps et Roland Morisseau", *Semences,* Port-au-Prince, 1, 2, mai 1962.

DAY, Martial

1155

BRIERRE, Jean F., "Martial Day", *Le Nouvelliste,* Port-au-Prince, 17 septembre 1953.

1156

H. B., "*L'Héritage,* de Martial Day", *Le Nouvelliste,* Port-au-Prince, 4 avril 1945.

1157

MERCERON, Gérald, "Lettre ouverte à Martial Day", *Le Nouvelliste,* Port-au-Prince, 20-21 décembre 1980.
Sur *L'Héritage* et *L'Arriviste,* de Martial Day.

1158

SAVAIN, Paul, "*L'Arriviste,* pièce de Martial Day", *Haïti-Journal,* Port-au-Prince, 11 février 1942.

DEFAY, Francis

1159

TROUILLOT, Hénock, "*L'Histoire d'un divorce,* de Francis Defay", *Haïti-Journal,* Port-au-Prince, 11 août 1949.

DÉITA (pseud. de GUIGNARD, Mercédès)

1160

ANON., "*Nanchon,* de Déita", *Le Nouvelliste,* Port-au-Prince, 21-22 janvier 1984.

1161

DUMAS, Pierre Raymond, "Déita, la passion du théâtre", *Le Nouvelliste,* Port-au-Prince, 26 janvier 1984.

DELMAS, René

1162
DOLCÉ, Jacquelin, "L'Épopée burlesque d'Émile", *Le Petit Samedi soir,* Port-au-Prince, 276, 9-16 février 1979.
Sur *Les Aventures d'Émile,* de René Delmas.

1163
DOLCÉ, Jacquelin, "Le Romancier René Delmas : *La Canneraie du diable,* le reportage du siècle", *Le Petit Samedi soir,* Port-au-Prince, 482, 4-10 juin 1983.

1164
DORVAL, Gérald, "*Ma fiancée des Orangers,* de René Delmas", *Le Petit Samedi soir,* Port-au-Prince, 231, 4-10 mars 1978, 12-15.

1165
GARDY, Ady Jean, "*Le Pont,* de René Delmas : des relents indigénistes", *Le Petit Samedi soir,* Port-au-Prince, 350, 30 août-5 septembre 1980, 30.

DELORME, Demesvar

1166
AGATHON (pseud. de ALEXIS, Stéphen), "Mon miroir", *La Presse,* Port-au-Prince, 10 février 1931.

ALEXIS, Stéphen, voir AGATHON.

1167
ANON., "Jean Demesvar Delorme", *Haïti-Journal,* Port-au-Prince, 10 février 1931.

1168
ANON., "Jean Demesvar Delorme", *La Presse,* Port-au-Prince, 10 février 1931.
Article nécrologique.

1169
ARTY, Daniel, "Demesvar Delorme victime d'un injuste oubli", *Reflets d'Haïti,* Port-au-Prince, 1, 10, 3 décembre 1955.

1170
AUGUSTE, J. Adhémar, "Jean Demesvar Delorme", *La Lanterne,* Cap-Haïtien, 31 octobre 1936.

BERROU, Frère Raphaël, voir POMPILUS, Pradel.

1171
DEPESTRE, Édouard, "Demesvar Delorme", *La Presse,* Port-au-Prince, 28 octobre 1929.

1172
DURAND, Oswald, "Demesvar Delorme", *Le Démocrate,* Port-au-Prince, 28 juillet 1877.

1173
DURAND, Oswald, "Demesvar Delorme", *Revue générale,* Port-au-Prince, 1, 15-16, 21 mai 1898.
Conférence prononcée en 1896.

1174
DUVAL, Amilcar, "À propos de Demesvar Delorme", *Haïti-Journal,* Port-au-Prince, 10 février 1931.

1175
ÉLIE, L. Em., "Demesvar Delorme", *Le Justicier,* Port-au-Prince, 6 juin 1904.

1176
FIRMIN, Anténor, "Sur Demesvar Delorme", *La Presse,* Port-au-Prince,
10 février 1931.
Extrait de idem, *L'Égalité des races.*

1177
GAILLARD, Roger, "Demesvar Delorme, ou la vénération de l'intelligence", *Le Nouveau Monde,* Port-au-Prince, 27 septembre 1968.

1178
GAILLARD, Roger, "Demesvar Delorme, sagace doctrinaire ou rhéteur étincelant ?", *Le Nouveau Monde,* Port-au-Prince, 19 septembre 1968.

1179
HECTOR, Nathan, "Demesvar Delorme", *Le Petit Haïtien,* Cap-Haïtien, 2, 16-19, août-novembre 1907.

1180
JEAN, Eddy-A., "Demesvar Delorme, un théoricien bourgeois", *Quisqueya,* Paris, 1 s.d. [1977 ?], 3-14.
Sur *Les Théoriciens au pouvoir* et *Réflexions diverses sur Haïti,* de Demesvar Delorme.

1181
JÉRÉMIE, Joseph, "Demesvar Delorme", *La Presse,* Port-au-Prince, 10 février 1931.

1182
LAMBERT, Jean M., "Demesvar Delorme", *La Phalange,* Port-au-Prince, 29 décembre 1943.

1183
LARAQUE, Maurice, "Demesvar Delorme", *Cahiers d'Haïti,* Port-au-Prince, 2, 7, février 1945, 35-39.

1184
LARAQUE, Maurice, "Demesvar Delorme", *Haïti-Journal,* Port-au-Prince, 26, 27 et 28 février et 1ᵉʳ et 2 mars 1945.

1185
LE DANNO, "Jean Demesvar Delorme", *Haïti-Journal,* Port-au-Prince, 10 février 1931.

1186
LECHAUD, Charles, "Le Roman chez Demesvar Delorme", *La Ronde,* Port-au-Prince, 1, 1, 5 mai 1898.

1187
LECONTE, Verniaud, "Discours à l'occasion du centenaire de Demesvar Delorme", *L'Action nationale,* Port-au-Prince, 13-14 décembre 1934.

1188
LECORPS, Marceau, "Demesvar Delorme", *Les Variétés,* Port-au-Prince, 20 janvier 1905.

1189
LESPÈS, P., "Bibliographie de Demesvar Delorme", *Conjonction,* Port-au-Prince, 25, 2, 1970, 53-55.

1190
LESPÈS, P., "*Les Théoriciens au pouvoir,* de Demesvar Delorme", *Le Civilisateur,* Port-au-Prince, 13 octobre 1870.

1191
MARCELIN, Émile, "Demesvar Delorme écrivain", *Haïti-Journal,* Port-au-Prince, 10 février 1931.
Extrait de idem, *Médaillons littéraires.*

1192
MARCELIN, Émile, "Demesvar Delorme", *Le Moniteur,* Port-au-Prince, 23 janvier 1924.

1193
MARCELIN, Frédéric, "Demesvar Delorme", in idem, *Le Passé,* Kugelmann, Paris, 1902, 72-80.
Aussi in *Le Nouvelliste,* Port-au-Prince, 27 décembre 1910.

1194
POMPILUS, Pradel, "Le Centenaire d'un grand livre", *Conjonction,* Port-au-Prince, 25, 2, 1970, 3-10.
Sur *Les Théoriciens au pouvoir,* de Demesvar Delorme.

1195
POMPILUS, Pradel, et BERROU, Frère Raphaël, "Demesvar Delorme", *Conjonction,* Port-au-Prince, 25, 2, 1970, 11-52.

1196
PRICE-MARS, Jean, "Demesvar Delorme, la fin d'une carrière", *Le Temps,* Port-au-Prince, 23 février 1935.
Aussi in *Le National,* Port-au-Prince, 28 juillet 1954.

1197
PRICE-MARS, Jean, "Méditation sur *La Misère au sein des richesses,* de Demesvar Delorme", *Les Griots,* Port-au-Prince, 1, 1, juillet-septembre 1938, 24-63.

1198
PRICE-MARS, Jean, "Souvenirs de Demesvar Delorme", *Le Matin,* Port-au-Prince, 15 juin 1948.
Reproduction d'un article publié en 1931, sans autres références.

1199
RIGAUD, Candelon, "Le Grand Demesvar Delorme", *Haïti-Journal,* Port-au-Prince, 4 février 1931.

1200
SANNON, H. Pauléus, "Demesvar Delorme", *Le Temps revue,* Port-au-Prince, 25 et 29 juin et 2 juillet 1938.

1201
TROUILLOT, Ernst, "Demesvar Delorme", *La Phalange,* Port-au-Prince, 9-10 février 1958.

1202
TROUILLOT, Ernst, "Demesvar Delorme dans le journalisme", *Le Nouveau Monde,* Port-au-Prince, 4 juin 1967.

1203
TROUILLOT, Ernst, *Demesvar Delorme, le journaliste, le diplomate,* Imp. Théodore, Port-au-Prince, 1958, 160 p.

1204
TROUILLOT, Hénock, "Demesvar Delorme : Grandeur et contradictions d'un Haïtien", *Le Nouvelliste,* Port-au-Prince, 23, 24 et 25 novembre 1966.

1205
TROUILLOT, Hénock, *Demesvar Delorme, ou introduction à une sociologie de la littérature haïtienne,* Imp. des Antilles, Port-au-Prince, 1968, 37 p.

1206
VAVAL, Duraciné, "Demesvar Delorme, ou l'homme de lettres", *La Presse,* Port-au-Prince, 10 février 1931.

1207
WERLEIGH, Christian, "Demesvar Delorme", *Le Temps,* Port-au-Prince, 18 janvier 1933.

DENIS, Villard
Voir DAVERTIGE.

DEPESTRE, René

1208
ACHOUR, Christiane et AZIBI, Idir, "L'Intertextualité comme indicateur de changement de Roumain à René Depestre", *Peuples noirs. Peuples africains,* Paris, 38, mars-avril 1984, 59-68.

1209
ANON., "L'Odysée de René Depestre à La Havane", *Haïti Observateur,* New York, 25 juin-2 juillet, 2-9 et 9-16 juillet 1982.

1210
ANON., "*A Rainbow for the Christian West,* by René Depestre", *Choice,* Middletown, Connecticut, 14, 1 365, December, 1977.
Sur la traduction anglaise de *Un arc-en-ciel pour l'occident chrétien,* de René Depestre.

1211
AUGUSTE, Yves, "En lisant *Étincelles* de René Depestre", *Haïti-Journal,* Port-au-Prince, 10, 11 et 12 janvier 1949.

AZIBI, Idir, voir ACHOUR, Christiane.

1212
BAROCHE, Christiane, "*Alléluia pour une femme-jardin,* de René Depestre", *Sud,* Marseille, France, 43, 1982, 185-187.

1213
BENELLI, Graziano, "René Depestre : L'Érotisme comme carrefour culturel", in coll., *Actes du congrès mondial des littératures de langue française,* Universitá degli studi, Padova, Italie, 1984, 295-298.

1214
BONNEFOY, Claude, "René Depestre, le "zombie de la liberté"", *Les Nouvelles littéraires,* Paris, 2 703, 13 septembre 1979.
Sur *Le Mât de cocagne,* de René Depestre.

1215
BOSQUET, Alain, "René Depestre, poète engagé", *Le Magazine littéraire,* Paris, 116, septembre 1976, 63.
Sur *Poète à Cuba,* de René Depestre.

1216
BRUNER, Charlotte, "Haitian Poets Cross Swords", *The Gar,* Austin, Texas, 33, February, 1974, 22 -24.
Sur la présence de René Depestre dans la poésie de PHELPS, Anthony.

1217
CAILLER, Bernadette, "L'Efficacité poétique du vaudou dans *Un arc-en-ciel pour l'Occcident chrétien,* de René Depestre", *The French Review,* Champaign, Illinois, 53, 1, October, 1979, 47-59.

1218
CARRABINO, Victor, "*Alléluia pour une femme-jardin,* de René Depestre",
World Literature Today, Norman, Oklahoma, 57, 1, Winter, 1983,
158-159.

1219
CHEVRIER, Jacques, "*Alléluia pour une femme-jardin,* de René Depestre",
Notre Librairie, Paris, 65, juillet-septembre 1982, 92-93.

1220
CONDÉ, Maryse, "L'Exil dans sa propre maison", *Notre Librairie,* Paris, 51,
52 décembre 1979, 55-59 et 95-99.
Entretien avec René Depestre.

1221
CORTANZE, Gérard de, "La Solitude du poète de fonds", *Le Nouvel
Observateur,* Paris, 844, 12 janvier 1981, 49.

1222
DASH, J. Michael, "René Depestre and the Haitian Generation of 1946", *Le
Français au Nigéria,* Benin City, Nigeria, 10, 2, septembre 1975, 24-29.

1223
DAYAN, Joan, *René Depestre, "A Rainbow for the Christian West",* University of
Massachusetts Press, Amherst, Massachusetts, 1977, 258 p.
Traduction d'*Un arc-en-ciel pour l'Occident chrétien,* de René Depestre,
précédé d'une étude du texte, 1-106.

1224
DAYAN, Joan, "René Depestre and the Symbiosis of Poetry and Revolution",
Modern Language Studies, Kingston, Rhode Island, 10, 1, Winter,
1979 1980, 75-81.

1225
DECOCK, Jean, "*Le Mât de cocagne,* de René Depestre", *The French Review,*
Champaign, Illinois, 54, 3, February, 1981, 502-504.

1226
DEGRAS, Priska, "Le Bestiaire fabuleux dans *Un arc-en-ciel pour l'Occident
chrétien,* de René Depestre", *Itinéraires et contacts de cultures,* L'Harmattan,
Paris, vol. 3, 1983, 67-81.

1227
DETREZ, Conrad, "*Le Mât de cocagne,* de René Depestre", *Le Magazine
littéraire,* Paris, 153, octobre 1979, 44-45.

1228
DOBZYNSKI, Charles, "*Alléluia pour une femme-jardin,* de René Depestre",
Europe, Paris, 365, mars 1982, 251.

1229
DORSINVILLE, Roger, "*Étincelles,* de René Depestre", *Haïti-Journal,* Port-au-
Prince, 25 juillet 1945.

1230
FABRE-LUCE, Anne, "Les Noces du désir et de l'amour", *La Quinzaine
littéraire,* Paris, 361, 16 décembre 1981, 9.
Sur *Alléluia pour une femme-jardin,* de René Depestre.

1231
GAILLARD, Roger, "René Depestre : *Gerbes de sang*", *Conjonction,* Port-au-
Prince, 6, décembre 1946, 21-23.

1232
GAMARRA, Pierre, "*Le Mât de cocagne,* de René Depestre", *Europe,* Paris, 612, avril 1980, 211-213.

1233
GLÉMAUD, Marie-Josée, "Fiction et narration dans *Le Mât de Cocagne,* de René Depestre", *Collectif paroles,* Montréal, P.Q., 5, avril-mai 1980, 30-32.

1234
GOUSSE, Edgard, "René Depestre méritait-il la bourse Goncourt ?", *Étincelles,* Montréal, P.Q., 2, octobre-novembre 1982, 14 -15.

1235
GWENAEL, Annick, "L'Érotisme est le dernier refuge du sacré", *Les Nouvelles littéraires,* Paris, 2 813, 19 novembre 1981.

1236
HALE, Thomas A., "*Rainbow for the Christian West*", *Library Journal,* Whitinsville, Massachusetts, 102, 1 April, 1977, 815.
Sur la traduction anglaise de *Un arc-en-ciel pour l'occident chrétien,* de René Depestre.

1237
JONES, Bridget, "Comrade Eros : The Erotic Vein in the Writing of René Depestre", *Caribbean Quarterly,* Mona, Jamaïque, 27, 4, December, 1981, 21-30.

1238
KIESEL, Debra Kay, "Feu comme rédempteur de l'humanité dans *Un arc-en-ciel pour l'Occident chrétien,* de René Depestre", *The Griot,* Houston, Texas, 3, 1, Winter, 1984, 1-8.

1239
LALEAU, Léon, "Pour accueillir un jeune poète", *Le Nouvelliste,* Port-au-Prince, 30 juin 1945.

1240
LAUDE, André, "Aujourd'hui Depestre et Métellus", *Les Nouvelles littéraires,* Paris, 14-21 avril 1952.

1241
LAUDE, André, "René Depestre, un poète sous le vent", *Les Nouvelles littéraires,* Paris, 2547, 26 août 1976.

1242
LEINER, Jacqueline, "Il surrealismo haitiano di René Depestre", *Il lettore di provincia,* Ravenna, Italie, 14, 54, settembre 1983, 14-24.

1243
LEINER, Jacqueline, "René Depestre, ou du surréalisme comme moyen d'accès à l'identité haïtienne", *Romanische Forschungen,* Erlangen, Allemagne, 89, 1, 1977, 37-50.
Aussi in coll., *Imaginaire, langage, identité culturelle, négritude,* Narr, Tübingen, Allemagne, et Place, Paris, 1980, 75-85.

1244
LEROY, Frantz C., "Diop et René Depestre, phares noirs", *Le Nouveau Monde,* Port-au-Prince, 14 février 1984.

1245
LEVILAIN, Guy Viet, *Cultural Identity, Negritude and Decolonization. The Social Humanism of Jacques Roumain and René Depestre,* American Institute for Marxist Studies, New York and San Jose, California, Occasional Paper 29, 1978, 60 p.

1246
MAGNIER, Bernard, "*Alléluia pour une femme-jardin,* de René Depestre", *Notre Librairie,* Paris, 65, juillet-septembre 1982, 91-92.

1247
MAGNIER, Bernard, "*Le Mât de cocagne,* de René Depestre", *Notre Librairie,* Paris, 53, mai-juin 1980, 15-16.

1248
MÉTELLUS, Jean, "La Négritude et le vaudou", *La Quinzaine littéraire,* Paris, 311, 16-31 octobre 1979, 12.
Sur *Le Mât de cocagne,* de René Depestre.

1249
MICHEL, Jean-Claude, "René Depestre, Poésie de la révolte et merveilleux vaudou", in idem, *Les Écrivains noirs et le surréalisme,* Naaman, Sherbrooke, P.Q., 1982, 184 p.

1250
MONTAS, Lucien, "René Depestre et les problèmes de la poésie nationale", *Optique,* Port-au-Prince, 18, août 1955, 45-48.

1251
MUDIMBÉ, Valentin, "Un goût de la parole : le *Journal d'un animal marin,* de René Depestre", *Présence africaine,* Paris, 79, 1971, 85-95.

1252
OLLIVIER, Émile, "J'ai rencontré un humaniste heureux, ou lettre ouverte à René Depestre", *Collectif paroles,* Montréal, P.Q., 10, février-mars 1981, 20-21.

1253
PELEGRIN, Benito, "*Le Mât de cocagne,* de René Depestre", *Sud,* Marseilles, France, 10, 31, 1980, 177-178.

1254
PHELPS, Anthony, "*Le Mât de Cocagne,* de René Depestre, ou le roman-exorcisme", *Collectif paroles,* Montréal, P.Q., 3, janvier-février 1980, 41.

1255
RENAUDOT, Patrick, "Antilles et Haïti", *Le Magazine littéraire,* Paris, 189, novembre 1982.
Sur *Alléluia pour une femme-jardin,* de René Depestre et *La Famille Vortex,* de MÉTELLUS, Jean.

1256
SALATI, Ugo, "René Depestre, Poeta a Cuba", *Studio e Antologia,* Edizioni Academia, Milano, Italie, 1973.

1257
SOUFFRANT, Claude, "L'Éclatement de la négritude sous le choc du développement. Jacques Roumain et Jacques-Stéphen Alexis entre René Depestre et Léopold Sédar Senghor", in coll. *Hommage à Léopold Sédar Senghor, Homme de culture,* Présence africaine, Paris, 1976, 374-393.

1258
TORRES FIERRO, Danubio, "La revolución, la poesía", *Ya,* Montevideo, 15 octubre 1970.
Article résumé dans *Casa de las Américas,* La Habana, 65-66, marzo 1971, 176.

1259
TROUILLOT, Hénock, "Le Verbe est action", *Flambeau,* Port-au-Prince, 7 décembre 1946.
Sur *Gerbe de sang,* de René Depestre.

1260
VERNET, Jean D., "Y a-t-il un cas Depestre ?", *Haïti Nouvelle Indépendance,* Brooklyn, New York, 3 mai 1983, 20-21.

1261
WARNER, Keith Q., "René Depestre, the not so Terrible "Enfant Terrible"", *Black Images,* Toronto, Ontario, 3, 1, Spring, 1974, 46-54.

1262
WYLIE, Hal, "Creative Exile : Dennis Brutus and René Depestre", in Carolyn A. Parker et al., eds, *When the Drumbeat Changes,* Three Continents Press, Washington, D.C., 1981, 279-293.

1263
WYLIE, Hal, "*Le Mât de cocagne,* by René Depestre", *World Literature Today,* Norman, Oklahoma, 55, 1, Winter, 1981, 164.

1264
WYLIE, Hal, "*Poète à Cuba,* de René Depestre", *The French Review,* Champaign, Illinois, 51, December, 1977-January, 1978, 327-328.

1265
WYLIE, Hal, "La Réception de René Depestre", *Œuvres et critiques,* Paris, 3, 2 et 4, 1, automne 1979, 133-141.

1266
WYLIE, Hal, "René Depestre Speaks of Negritude, Cuba, Socialist Writing, Communist Eros and his Most Recent Work", *The Gar,* Austin, Texas, 33, February, 1979, 14-15 and 18-21.

1267
ZIMRA, Clarisse, "*Alléluia pour une femme-jardin,* de René Depestre", *The French Review,* Champaign, Illinois, 56, 4, March, 1983, 662-663.

DESMARATTES, Lyonel

1268
LEROY, H.R., "*Mouché Défas,* de Lyonel Desmarattes", *Le Nouveau Monde,* Port-au-Prince, 9 janvier 1984.

1269
SUCCARD, Raymond, "Tartuffe... à l'haïtienne", *Le Nouvelliste,* Port-au-Prince, 3 juin 1982.
Sur *Mouché Déface,* de Lyonel Desmarattes.

1270
THADAL, Roland, "Lyonel Desmarattes, le mousquetaire du rire", *Le Nouveau Monde,* Port-au-Prince, 29 avril 1982.
Sur *Mouché Déface,* de Lyonel Desmarattes.

DESROSIERS, Toussaint

1271
JEAN, Rodrigue, "Un poète nous donne un bonjour", *Le Nouvelliste,* Port-au-Prince, 9 février 1967.

DESROSIERS, Jules E.

1272
MARC, Jules-André, "Auteurs contemporains : Jules E. Desrosiers, *Au rythme du tam-tam*", *Le Nouvelliste,* Port-au-Prince, 10 décembre 1968.

DESROY, Annie

1273
ANON., "Mme Annie Desroy, *Et l'amour vint*", *L'Essor quotidien,* Port-au-Prince, 5 décembre 1921.

1274
BISSAINTHE, Max, "Propos du chemineau", *Maintenant,* Port-au-Prince, 25 juillet 1936.
Sur *Le Joug,* d'Annie Desroy.

1275
CHALMERS, Max, "Un brin de critique : *Le Joug,* d'Annie Desroy", *Le Nouvelliste,* Port-au-Prince, 15 juin 1934.

1276
GINDINE-TARDIEU-FELDMAN, Yvette, "Une romancière haïtienne méconnue : Annie Desroy", *Conjonction,* Port-au-Prince, 124, août 1974, 35-51.

1277
VILMENAY, Thomas, "*Le Joug,* par Annie Desroy", *L'Autre Cloche,* Port-au-Prince, 25 mai 1934.

DESTIN, Marie-Laurette

1278
LINDOR, Fresnel, "*Le Sang de l'aurore,* de Marie-Laurette Destin", *Le Nouvelliste,* Port-au-Prince, 3 décembre 1979.

DEVIEUX-DEHOUX, Liliane

1279
GARDINER, Madeleine, "Liliane Devieux-Dehoux", in idem, *Visages de femmes, portraits d'écrivains,* Deschamps, Port-au-Prince, 1981, 183-194.

1280
LECTEUR, "*L'Amour, oui… la mort, non,* de Liliane Devieux-Dehoux", *Le Nouvelliste,* Port-au-Prince, 9 septembre 1976.

DOMINGUE, Jules

1281
VILMENAY, Thomas, "*Les Deux amours d'Adrien,* de Jules Domingue", *Le Moment,* Port-au-Prince, 20 mai 1905.

DOMINIQUE, Jan J.

1282
DESTIN, Marie Laurette, "Gigi Dominique, une femme pour 1984", *Le Petit Samedi soir,* Port-au-Prince, 534, 16-22 juin 1984, 20.
Sur *Mémoire d'une amnésique,* de Jan J. Dominique.

DORISMOND, Jacques

1283
ICART, Alfred, "*La Terre qui s'ouvre,* de Jacques Dorismond", *Haïti-Journal,* Port-au-Prince, 7 novembre 1950.

1284
PIERRE-LOUIS, Ulysse, "Pour saluer un poète, Jacques Dorismond", in idem, *Esquisses littéraires et sociales,* Imp. de l'État, Port-au-Prince, 1959, 59-69.

DORSINVILLE, Roger

ALEXIS, Jacques-Stéphen, voir MONTAS, Lucien.

1285
ANON., "*Barrières,* de Roger Dorsinville", *L'Illustration antillaise,* Port-au-Prince, 4, 127, 12 décembre 1945.

1286
ANON., "Écrivain haïtien exilé au Sénégal, Roger Dorsinville poétise le réel", *Cameroun tribune,* Yaoundé, octobre 1974.

1287
ANON., "Femelle châtrée et abus de pouvoir", *Bingo,* Dakar, 336, janvier 1981.
Sur *Renaître à Dendé,* de Roger Dorsinville.

1288
ANON., "Mourir pour Haïti, de Roger Dorsinville", *Haïti-Observateur,* Brooklyn, New York, 11, 11, 13-20 mars 1981, 9.

1289
ANON., "Tant qu'il y aura des hommes", *Le Soleil,* Dakar, décembre 1978.
Différentes recensions de *Gens de Dakar,* de Roger Dorsinville.

1290
B. B., "À propos des mutilations rituelles", *Afrique nouvelle,* Dakar, 26, novembre-décembre 1980.
Sur *Renaître à Dendé,* de Roger Dorsinville.

1291
BANISADER, Abol Hassan, "Une grande fille", *Revue Afrique,* Paris, 1-2, juin 1980.
Sur *Renaître à Dendé,* de Roger Dorsinville.

1292
BRIERRE, Jean F., "L'Amazone est morte", *Afrique nouvelle,* Dakar, octobre 1980.
Sur *Mourir pour Haïti,* de Roger Dorsinville.

1293
BRIERRE, Jean F., "*Mourir pour Haïti,* de Roger Dorsinville", *Afrique nouvelle,* Dakar, avril 1981.

CHALENDAR, Gérard, voir CHALENDAR, Pierrette.

1294
CHALENDAR, Pierrette et Gérard, "*Renaître à Dendé,* de Roger Dorsinville", *Éthiopiques,* Dakar, 24, octobre 1980.

1295
CHARLIER, Ghislaine, "Roger Dorsinville : un romancier haïtien à l'écoute de l'Afrique", *Collectif paroles,* Montréal, P.Q., 8, septembre-novembre 1980, 27-28.

1296
CONDÉ, Maryse, "Entretien avec Roger Dorsainville [sic]", *Archipelago,* Paris, 3-4, juin 1983, 136-140.

1297
DECRAEN, Philippe, "Entretien avec l'écrivain Roger Dorsinville", *Le Monde,* Paris, 15 février 1969.

1298
DIÉDHIOU, Djib, "La Divinité ne reconnaît plus les siens", *Le Soleil,* Dakar, octobre 1981.
Sur *Renaître à Dendé,* de Roger Dorsinville.

1299

DORSINVILLE, Max, "Roger Dorsinville ou le langage des commencements", postface à Roger Dorsinville, *Marche arrière,* Collectif paroles, Montréal, P.Q., 1986, 196-216.

1300

DORSINVILLE, Roger, "Plaidoyer pro domo nostra", *Haïti-Journal,* Port-au-Prince, 9 août 1946.

À propos de sa pièce *Barrières.*

1301

GAILLARD, Roger, "*L'Afrique des rois,* de Roger Dorsinville", *Conjonction,* Port-au-Prince, 130, septembre 1976, 73-80.

1302

GLÉMAUD, Marie-Josée, "De Roger Dorsinville au Turc Nedim Gürsel : le long cri des peuples enmurés", *Collectif paroles,* Montréal, P.Q., 10, février-mars 1981, 19-20.

Sur *Mourir pour Haïti,* de Roger Dorsinville.

1303

GOURAIGE, Ghislain, "*Kimby,* de Roger Dorsinville", *Lakansièl,* Brooklyn, New York, 2, juillet 1975, 29.

1304

GOURAIGE, Ghislain, "Roger Dorsinville : la naissance d'un grand romancier", *Haïti-Observateur,* Brooklyn, New York, 7 février 1976.

Sur *L'Afrique des rois* et *Un homme en trois morceaux,* de Roger Dorsinville. Aussi in *L'Afrique littéraire et artistique,* Paris, 40, 1976.

1305

IBOU, Ibrahima Seye, "Planter les jardins du souvenir", *Africa,* Dakar, 126, novembre-décembre 1980.

Sur *Mourir pour Haïti,* de Roger Dorsinville.

1306

ICART, Alfred, "*Pour célébrer la terre,* de Roger Dorsinville", *Le National magazine,* Port-au-Prince, 9 octobre 1955.

1307

JAY, Salim, "Un écrivain en deux titres vengeurs : Roger Dorsinville", *L'Afrique littéraire et artistique,* Paris, 38, 1975, 55-56.

Sur *L'Afrique des rois* et *Un homme en trois morceaux,* de Roger Dorsinville.

1308

KAKOU, Hyacinthe, "*Gens de Dakar,* de Roger Dorsinville", *Fraternité matin,* Dakar, juillet 1979.

1309

LABARRÈRE, André Z., "Entre le gâteau et la galette", *Jeune Afrique,* Paris, 776, 21 novembre 1975, 48.

Sur *L'Afrique des rois* et *Un homme en trois morceaux,* de Roger Dorsinville.

1310

MAX, Jehan, "*Barrières,* de Roger Dorsinville", *Le Nouvelliste,* Port-au-Prince, 7 décembre 1945.

1311

MONTAS, Lucien, "Les Discussions autour du poème de Roger Dorsinville *Pour célébrer la terre*", *Optique,* Port-au-Prince, 20, octobre 1955, 41-47.

Avec la participation d'ALEXIS, Jacques-Stéphen.

1312
MORISSEAU-LEROY, Félix, "À propos de deux romans de Roger Dorsinville",
L'Afrique littéraire et artistique, Paris, 39, 1975, 33-36.
Sur *L'Afrique des rois* et *Un homme en trois morceaux,* de Roger Dorsinville.

1313
MORISSEAU-LEROY, Félix, "*Mourir pour Haïti,* de Roger Dorsinville", *Le
Soleil,* Dakar, décembre 1980.

1314
ORVILLE, Xavier, "*Mourir pour Haïti,* de Roger Dorsinville", *Éthiopiques,*
Dakar, 27, juillet 1981.

REY-CHARLIER, Ghislaine, voir CHARLIER, Ghislaine.

1315
SALNAVE, Marcel, "*Pour célébrer la terre,* de Roger Dorsinville", *Haïti-Journal,*
Port-au-Prince, 16 janvier 1956.

1316
SEYDOU, Adan, "Lecture anthropologique du texte oral", *Le Soleil,* Dakar,
mai 1981.
Sur *Mourir pour Haïti,* de Roger Dorsinville.

1317
TOULAMANCHE, Karl, "Critique de trois romans de Roger Dorsinville",
Lakansièl, Brooklyn, New York, 5, mai 1976, 10.
Sur *L'Afrique des rois, Un homme en trois morceaux* et *La Loi de Niang,* de
Roger Dorsinville.

DORVAL, Gérald

1318
BOUTARG, "*Ma Terre en bleu,* de Gérald Dorval, une œuvre qui fera tache
d'huile", *Le Petit Samedi soir,* Port-au-Prince, 3, 96, 10-16 mai 1975, 18 et
23.

1319
DOLCÉ, Jacquelin, "*Dans la mêlée,* de Gérald Dorval : un roman qui
témoigne", *Le Nouvelliste,* Port-au-Prince, 12 février 1971.

1320
FARDIN, Dieudonné, "Gérald Dorval romancier", *Le Petit Samedi soir,* Port-
au-Prince, 3, 89, 15-21 mars 1975, 7.

1321
FARDIN, Dieudonné, "Une saison avec *Les Pouilleux,* roman de Gérald
Dorval", *Le Petit Samedi soir,* Port-au-Prince, 47, 2-8 mars 1974, 12-13.

1322
PAUL, Édouard C., "Gérald Dorval et la mimésis littéraire", *Le Nouvelliste,*
Port-au-Prince, 6 janvier 1976.

1323
ROUMER, Émile, "*Les Pouilleux,* de Gérald Dorval", *Le Petit Samedi soir,* Port-
au-Prince, 50, 23-29 mars 1974, 15-17.

1324
STERLIN, Henri Robert, "Une interview du romancier Gérald Dorval", *Le
Nouvelliste,* Port-au-Prince, 5 mars 1975.

1325
TOULAMANCHE, Karl, "*Ma terre en bleu,* de Gérald Dorval", *Lakansièl,*
Brooklyn, New York, 4, janvier 1976, 32.

1326
TOUSSAINT, Fechner, "*Dans la mêlée,* de Gérald Dorval : pour un roman d'un nouveau genre", *Le Nouvelliste,* Port-au-Prince, 25 février 1971.

DUC, Gérard

1327
ANON., "*Terre en Gésine,* de Gérard Duc", *L'Indépendance,* Port-au-Prince, 18 juillet 1955.

1328
DORVAL, Gérald, "*L'Île damnée,* de Gérard Duc, en question", *Le Nouvelliste,* Port-au-Prince, 11 août 1972.

1329
DORVAL, Gérald, "*L'Île damnée,* de Gérard Duc, un roman peu connu", *Le Petit Samedi soir,* Port-au-Prince, 147, 29 mai-4 juin 1976, 7-11.

1330
HENRIQUEZ, Wooley, "*Terre en gésine,* le roman mort-né de Gérard Duc", *Semences,* Port-au-Prince, 1, 3, juillet-août 1962.

1331
TROUILLOT, Hénock, "*Terre en gésine,* de Gérard Duc", *Le National,* Port-au-Prince, 11 juillet 1955.

DUCASSE, Vendenesse

1332
INOFFENSIF, "*La Dixième,* drame en prose de Vendenesse Ducasse", *Le Soir,* Port-au-Prince, 7 août 1900.

DUPLESSIS, Jean-François Fénelon

1333
ARCHIN-LAY, Luce, "Jean-François Fénelon Duplessis", *L'Essor quotidien,* Port-au-Prince, 16-17 janvier 1920.

1334
SYLVAIN, Georges, "Chants et poèmes de Jean-François Fénelon Duplessis", *Revue de la société de législation,* Port-au-Prince, janvier 1909, 153.

DUPLESSIS, Louis

1335
LALEAU, Léon, "Je dénonce un poète, Louis Duplessis", *Le Nouvelliste,* Port-au-Prince, 11 et 12 mai 1944.

1336
LALEAU, Léon, "Profil de poète, Louis Duplessis", in idem, *Apothéoses,* Deschamps, Port-au-Prince, 1952, 91-99.

DUPRÉ

1337
SAINT-RÉMY, "Esquisse sur les hommes de lettres d'Haïti : Dupré", *Revue des colonies,* Paris, 3, 11, mai 1837, 469-472.

DURAND, Louis Henry

1338
ANON., "*Cléopâtre,* pièce de Louis Henry Durand", *L'Essor quotidien,* Port-au-Prince, 26 juin 1917.

1339
BROUARD, Carl, "*Les Roses rouges,* de Louis Henry Durand", *L'Action nationale,* Port-au-Prince, 2 février 1932.

1340
CORIOLAN, "*Les Roses rouges,* de Louis Henry Durand", *Haïti-Journal,* Port-au-Prince, 17 juillet 1930.

1341
ÉLIZÉE, Carlo, "Louis Henry Durand poète", *Le Matin,* Port-au-Prince, 19-20 juillet 1953.

1342
GRIMARD, Luc, "Louis-Henry Durand", *Cahiers d'Haïti,* Port-au-Prince, 2, 1, août 1944, 24-27.

1343
LALEAU, Léon, "Des troubles de l'amour au calme de la mort, Louis Henry Durand", in idem, *Apothéoses,* Deschamps, Port-au-Prince, 1952, 133-140.

1344
LECHAUD, Thomas H., "Louis-Henry Durand", *L'Essor quotidien,* Port-au-Prince, 14 juin 1917.

LIAUTAUD, André, voir THOBY-MARCELIN, Philippe.

1345
THOBY-MARCELIN, Philippe et LIAUTAUD, André, "Louis Henry Durand, *Les Roses rouges*", *La Nouvelle Ronde,* Port-au-Prince, 1, 2, juillet 1924, 31-32.

DURAND, Oswald

1346
ANON., "La Muse créole", *L'Œil,* Port-au-Prince, 17 janvier 1885.
Sur les poésies créoles d'Oswald Durand.

1347
ANON., "Oswald Durand", in VIARD, Félix, 48-49.
Reproduction d'un article du *Pacificateur,* Port-au-Prince.

1348
BAMBOU, Pierre (pseud. de MIRVILLE, Ernst), "Oswald Durand a-t-il été aussi un romancier ?", *Le Nouvelliste,* Port-au-Prince, 29-30 juin 1974.

1349
BEAULIEU, Raymond, "Le Poète Oswald Durand et le président Salomon", *Le Nouvelliste,* Port-au-Prince, 23-24 décembre 1967.

1350
BRUN, Maurice, "Charles Alexis Oswald Durand : souvenirs", *Haïti littéraire et sociale,* Port-au-Prince, 2,3, 32, 5 mai 1906, 777-778.
Aussi in VIARD, Félix, 64-66.

1351
BURR-REYNAUD, Frédéric, "Discours sur la tombe d'Oswald Durand", in VIARD, Félix, 60-63.

1352
BURR-REYNAUD, Frédéric, "Oswald, la femme et Bizoton", in VIARD, Félix, 106-108.

1353
CARRÉ, René, "D'Homère à Oswald Durand", *Conjonction,* Port-au-Prince, 33, juin 1951, 42-47.

1354
COBB, Martha K., "French Romanticism in a Haitian Setting : the Poetry of Oswald Durand", *College Language Association Journal,* Baltimore, Maryland, 16, March, 1973, 302-311.

1355
CONSTANT, Richard, "À l'ombre d'Oswald Durand", *Le Nouveau Monde,* Port-au-Prince, 3 avril 1966.

1356
CONSTANT, Richard, "Le Dernier Péché d'Oswald Durand", *Flambeau,* Port-au-Prince, 24 décembre 1947.

1357
DAUMEC, Lucien, "Oswald Durand", *Haïti-Journal,* Port-au-Prince, 23 avril 1942.

1358
DOUYON, Ernest, *L'Année d'Oswald,* Imp. de l'Abeille, Port-au-Prince, 1906, 99 p.

1359
DOUYON, Ernest, "Oswald Durand", *Haïti Littéraire et sociale,* Port-au-Prince, 2, 3, 34, 5 juin 1906, 830-832.
Aussi in VIARD, Félix, 98-102.

1360
DRICE, Mirabbo, "Oswald Durand et l'esprit haïtien", *La Jeune Haïti,* Port-au-Prince, octobre 1894.

1361
FIGNOLÉ, Jean-Claude, *Oswald Durand,* Imp. Les Presses port-au-princiennes, Port-au-Prince, 1968, 78 p.

1362
GRIMARD, Luc, "Autour de *Choucoune,* d'Oswald Durand", *Conjonction,* Port-au-Prince, 25-26, février-avril 1950, 57-59.

1363
GRIMARD, Luc, "Oswald Durand, un poète complet", *Le Temps revue,* Port-au-Prince, 28 septembre 1940, 3-8.

1364
JANVIER, Louis-Joseph, "Discours sur la tombe d'Oswald Durand", *Haïti littéraire et sociale,* Port-au-Prince, 2, 3, 32, 5 mai 1906, 778-780.
Aussi in VIARD, Félix, 53-59.

1365
LAFOREST, Antoine, "Oswald Durand", *Haïti littéraire et sociale,* Port-au-Prince, 15, 20 août 1905, 354-355.

LAFOREST, Edmond, voir LAFORÊT NOIRE.

1366
LAFORÊT NOIRE, (pseud de LAFOREST, Edmond), "Indifférence nationale", *Haïti littéraire et sociale,* Port-au-Prince, 2, 3, 32, 5 mai 1906, 785-787.
Aussi in VIARD, Félix, 40-44.

1367
LANIER, Clément, "La Dernière Fête d'Oswald Durand à Saint-Marc", *Le Temps revue,* Port-au-Prince, 2 novembre 1940.

1368
LATAILLADE, Nerva, "Causerie", *Le Temps,* Port-au-Prince, 12 décembre 1934.

1369
LECORPS, Marceau, "Oswald Durand", *Haïti-Journal,* Port-au-Prince, 6 et
      30 octobre et 19 novembre 1938.

1370
LECORPS, Marceau, "Oswald Durand", *Les Variétés,* Cap-Haïtien, 2, 12 et 13,
      25 mai et 25 juin 1906.
      Aussi in VIARD, Félix, 116-136.

1371
MARCELIN, Émile, "Oswald Durand", *Haïti littéraire et sociale,* Port-au-
      Prince, 2, 3, 32, 5 mai 1906, 783-785.
      Aussi in VIARD, Félix, 84-89.

1372
MERCIER, Louis, "Le Centenaire d'Oswald Durand", *La Lanterne,* Cap-
      Haïtien, 21 septembre 1940.

MIRVILLE, Ernst, voir BAMBOU, Pierre.

1373
MORISSEAU, Roland, "Oswald Durand et le romantisme haïtien", *Semences,*
      Port-au-Prince, 1, 2, mai 1962.

1374
NAZAIRE, J.M., "Oswald Durand", *Maintenant,* Port-au-Prince, 29 mai 1937.

1375
PHAREAUX, Lallier C., "Oswald Durand, l'homme et son œuvre", *Le
      Nouvelliste,* Port-au-Prince, 14 septembre 1940.

1376
PIERRE-LOUIS, Ulysse, "Oswald Durand", *Le Réveil,* Port-au-Prince, 14,
   ·   1 207-1 216, 1ᵉʳ-11 mars 1944.

1377
POMPILUS, Pradel, *Oswald Durand,* Imp. des Antilles, Port-au-Prince, 1964,
      88 p.
      Avec un choix de poèmes.

1378
RICOURT, Volvick, "Oswald Durand", *Le Temps revue,* Port-au-Prince, 11,
      18 et 25 janvier 1941.

1379
SAINT-JUSTE, Laurore, "Oswald Durand", *Haïti-Journal,* Port-au-Prince,
      22 avril 1944.

1380
SERGILE, Louis, "Le Poète des *Rires et pleurs*", *Haïti littéraire et sociale,* Port-
      au-Prince, 2, 3, 32, 5 mai 1906, 782-783.

1381
SON, Jomi, "Deuil", in VIARD, Félix, 37-38.

1382
SYLVAIN, Georges, "Oswald Durand", *Haïti-Journal,* Port-au-Prince,
      17 septembre 1940.

1383
SYLVAIN, Georges, "Oswald Durand", *Le Soir,* Port-au-Prince, 26 avril 1906.
      Des extraits de cet article ont également paru in *Haïti littéraire et sociale,*
      Port-au-Prince, 3, 2, 32, 5 mai 1906, 781-782.

1384
THOBY-MARCELIN, Philippe, "*Choucoune,* d'Oswald Durand", *La Trouée,* Port-au-Prince, 1ᵉʳ août 1927, 50-53.

1385
TROUILLOT, Ernst, "Oswald Durand journaliste", *Le Nouveau Monde,* Port-au-Prince, 21 mai 1967.

1386
TROUILLOT, Hénock, "Oswald Durand, cet inconnu", *Le Nouveau Monde,* Port-au-Prince, 1ᵉʳ février 1974.

1387
TROUILLOT, Hénock, "Quelques lettres inédites au sujet d'Oswald Durand", *Le Nouveau Monde,* Port-au-Prince, 1ᵉʳ mars 1973.

1388
VIARD, Félix, *La Dernière Étape : Oswald Durand et ses admirateurs,* Édition des Nouvelles Annales, Montpellier, France, 1906, 150 p.
Recueil d'articles, d'oraisons funèbres, de souvenirs d'Oswald Durand par divers auteurs.

1389
VIAU, Alfred, "L'Art d'Oswald Durand", *Le Nouvelliste,* Port-au-Prince, 23 décembre 1940.
Aussi in *Haïti-Journal,* Port-au-Prince, 15 mai 1948.

1390
VIAU, Alfred, "Oswald Durand, le Victor Hugo de la littérature haïtienne", *Le Nouvelliste,* Port-au-Prince, 23 décembre 1940.

1391
VICTOR, René, *"Choucoune" d'Oswald Durand ou le destin d'un beau poème,* Fardin, Port-au-Prince, 1976.

1392
VILMENAY, Thomas A., "Oswald Durand", *Le Moment,* Port-au-Prince, 2 août 1905.

1393
XAVIER, François, "Oswald anecdotique", *Haïti littéraire et sociale,* Port-au-Prince, 2, 3, 32, 5 mai 1906, 796.
Aussi in VIARD, Félix, 109-111.

DUVALIER, François

1394
GEORGES-JACOB, Kléber, "François Duvalier vu dans les lettres haïtiennes", *Le Matin,* Port-au-Prince, 25 décembre 1935.

ÉTHÉARD, Liautaud

1395
A. G., "Quelques mots sur les *Miscellanées* de Liautaud Éthéard", *La Feuille du commerce,* Port-au-Prince, 26 juillet 1856.

1396
CHAUVIN, Victor, "*Les Essais dramatiques,* de Liautaud Éthéard", *Revue de l'instruction publique,* Port-au-Prince, 18 avril 1861.
Aussi in *L'Opinion nationale,* Port-au-Prince, 8 juin 1861.

1397
CHAUVIN, Victor, "Le Théâtre de Liautaud Éthéard", *L'Opinion nationale,* Port-au-Prince, 8 juillet 1861.

ÉTIENNE, Franck

Voir FRANKÉTIENNE.

ÉTIENNE, Gérard

1398
ALFRED, Serge N., "Gérard Étienne, poète de l'amour", *Le Nouvelliste,* Port-au-Prince, 20 janvier 1962.

1399
BEAULIEU, Michel, "Cri pour ne pas crever de honte, de Gérard Étienne", *Estuaire,* Montréal, P.Q., 29, automne 1983, 70-71.

1400
BERNARDIN, Arnold, "Pour l'histoire littéraire", *Le Nouvelliste,* Port-au-Prince, 25-26 décembre 1977.
Entrevue avec Gérard Étienne.

CHARLIER, Ghislaine Rey, voir REY CHARLIER, Ghislaine.

1401
DODARD, Antoine, "*Le Nègre crucifié,* de Gérard Étienne, en procès", *Présence haïtienne,* New York, 4, novembre-décembre 1975, 31-35.

1402
F. R., "Gladys, poème de Gérard Étienne", *Le Nouvelliste,* Port-au-Prince, 17-19 mai 1963.

1403
FARDIN, Dieudonné, "Vision et volupté interrompues dans l'œuvre du poète Gérard Étienne", *Le Petit Samedi soir,* Port-au-Prince, 21, 7 juillet 1973, 6-11.

1404
LAïDAOUI, Hamid, "*Une femme muette,* de Gérard Étienne", *Étincelles,* Montréal, P.Q., 8-9, mai-juin 1984, 25.

1405
LALEAU, Léon, "Gérard Étienne", *Le Nouvelliste,* Port-au-Prince, 9 mai 1963.

1406
LARAQUE, Franck, "Gérard Étienne, ou le nègre crucifié", *UM, Revue de l'Université de Moncton,* Moncton, New Brunswick, 3, décembre 1977, 139-144.

1407
MORISSEAU, Roland, "Considérations sur la poésie de Gérard Étienne", *Le Nouvelliste,* Port-au-Prince, 15 juillet 1960.

1408
P. R., "Le Dernier Poème de Gérard Étienne", *Le Nouvelliste,* Port-au-Prince, 4-5 juillet 1966.

1409
PARATTE, Henri Dominique, "*Un ambassadeur macoute à Montréal,* de Gérard Étienne", *Présence francophone,* Sherbrooke, P.Q., 20, printemps 1980, 188-192.

1410
REY CHARLIER, Ghislaine, "*Un ambassadeur macoute à Montréal,* de Gérard Étienne", *Collectif paroles,* Montréal, P.Q., 6, juin 1980, 33-34.

1411
RIPAULT, Ghislain, "Haïti via le Québec", *Mot pour mot,* Vitry, France, 15, juillet 1984, 61-64.
Sur *Une femme muette,* de Gérard Étienne.

1412

RIVARD, Jacques, "Après *Une femme muette,* de Gérard Étienne", *Haïti Observateur,* New York, 17-24 août 1984.

1413

RIVARD, Michel, "*Dialogue avec mon ombre,* de Gérard Étienne", *Présence francophone,* Sherbrooke, P.Q., 8, printemps 1974, 161-162.

1414

TALBOT, Émile, "*Un ambassadeur macoute à Montréal,* de Gérard Étienne", *World Literature Today,* Norman, Oklahoma, 55, 1, Winter, 1981, 164-165.

1415

THÉNOR, Auguste, "*Au milieu des larmes,* de Gérard Étienne", *Le Nouvelliste,* Port-au-Prince, 24 mai 1960.

FABRY, Claude

1416

CARRÉ, Hubert, "*L'Âme du lambi,* de Claude Fabry", *Le Matin,* Port-au-Prince, 25-26 juillet 1937.

1417

GEORGES-JACOB, Kléber, "*L'Âme du lambi,* de Claude Fabry", *Le Nouvelliste,* Port-au-Prince, 21 juillet 1937.

1418

JEANNOT, Yvan, "*L'Âme du lambi,* de Claude Fabry", *Le Nouvelliste,* Port-au-Prince, 25 octobre 1937.
Aussi in *La Relève,* Port-au-Prince, 4, 4, octobre 1937, 13-14.

1419

MORISSEAU-LEROY, Félix, "Un recueil de vers libres : *L'Âme du lambi,* de Claude Fabry", *Le Nouvelliste,* Port-au-Prince, 28 août 1937.

1420

RICOURT, Volvick, "*L'Âme du lambi,* de Claude Fabry", *Le Matin,* Port-au-Prince, 22 juillet 1932.

1421

TRIBIÉ, Roger, "*L'Âme du lambi,* de Claude Fabry", *Psyché,* Port-au-Prince, 10 septembre 1937.

FARDIN, Dieudonné

1422

FOMBRUN, Wilfrid, "*Mon poème de chair,* de Dieudonné Fardin", *Le Nouvelliste,* Port-au-Prince, 22-23 juillet 1972.

FAUBERT, Ida Fine

1423

ANON., "Les Contes d'Ida Fine Faubert", *Le Nouvelliste,* Port-au-Prince, 18-19 février 1967.

1424

BRUTUS, Edner, "Fine Faubert", *La Relève,* Port-au-Prince, 4, 1-2, juillet-août 1935, 12-24.

1425

FIUMI, Lionello, "Poésie d'Haïti : Ida Fine Faubert", *Le Nouvelliste,* Port-au-Prince, 12 février 1949.

1426
GARDINER, Madeleine, *Sonate pour Ida,* Deschamps, Port-au-Prince, 1984,
126 p.

1427
LALEAU, Léon, "Ida Faubert", in coll., Ligue féminine d'action sociale, *Femmes
haïtiennes,* Imp. Henri Deschamps, Port-au-Prince, 1953, 247-254.

1428
LARAQUE, Maurice, "Ida Faubert", *Optique,* Port-au-Prince, 23, janvier 1956,
5-22.

1429
PIERRE-LOUIS, Ulysse, "Ida Fine Faubert, chantre du cœur des îles", *Le
National magazine,* Port-au-Prince, 16 octobre 1955, 11.

FERRY, Alibée

1430
ANON., "Un poète homme d'épée : le général Alibée Ferry", *Le Ralliement,*
Port-au-Prince, 1, 19, 21 décembre 1887.

1431
TARGÈTE, Jean D., "Les Essais littéraires du général Alibée Ferry", *Le
Nouvelliste,* Port-au-Prince, 7-8 septembre 1953.

FIGARO, Georges

1432
ANON., "*Le Coffret de cèdre,* de Georges Figaro", *Le Matin,* Port-au-Prince,
28 décembre 1972.

1433
DORSINVILLE, Roger, "*Dialogue avec une ombre,* de Georges Figaro", *Haïti-
Journal,* Port-au-Prince, 25 juillet 1945.

FLEURY-BATTIER, Alcibiade

1434
CHEVRY, Arsène, "Alcibiade Fleury-Battier", *Haïti illustrée,* Port-au-Prince, 1,
26, 6 novembre 1890.

1435
COICOU, Clément A., "Alcibiade Fleury-Battier", *Le Nouvelliste,* Port-au-
Prince, 22 octobre 1941.

1436
PRICE-MARS, Jean, "Alcibiade Fleury-Battier 1841-1883", *La Semeuse,* Port-
au-Prince, 1er juillet 1940.

1437
VAVAL, Duraciné, "*Sous les bambous,* d'Alcibiade Fleury-Battier", *La Nouvelle
Revue,* Cap-Haïtien, 1, 5 janvier 1905.

FORBIN, Victor

1438
VINCENT, Sténio, "*Le Pensionnaire,* de Victor Forbin", *L'Écho d'Haïti,* Cap-
Haïtien, 4 juin 1895.

FOUCHÉ, Franck

1439
BERNARD, Regnor C., "*Méssages,* de Franck Fouché", *La Forge,* Port-au-
Prince, 30 mars 1946.

1440
DUPONT, Édouard G., "Autour de *L'École des mères,* de Franck Fouché", *Le
National magazine,* Port-au-Prince, 29 mai 1955, 5 -6.

1441
DUPONT, Édouard G., "*Œdipe-roi,* de Franck Fouché", *Le National magazine,*
Port-au-Prince, 2 août 1953.

1442
ÉTIENNE, Gérard, "Sur la vie et l'œuvre de Franck Fouché", *Présence
francophone,* Sherbrooke, P.Q., 16, printemps 1978, 191-200.

1443
FOUCHÉ, Franck, "Pour présenter *Yerma* créole", *Optique,* Port-au-Prince, 21,
novembre 1955, 32-34.
Présentation de sa version créole de la pièce de García Lorca.

1444
GAILLARD, Roger, "Une pièce jeune jouée par des jeunes, *Feux verts dans la
nuit,* de Franck Fouché", *Le Matin,* Port-au-Prince, 18-19 juillet 1965.

1445
JEAN, Antonio Louis, "*Feux verts dans la nuit,* pièce de Franck Fouché", *Le
Nouvelliste,* Port-au-Prince, 21 juillet 1965.

1446
JEAN, Rodrigue, "À propos de *Feux verts dans la nuit,* pièce de Franck Fouché",
Le Nouvelliste, Port-au-Prince, 29 juillet 1965.

1447
LAFERRIÈRE, Dany, "Hommage à Franck Fouché", *Le Petit Samedi soir,* Port-
au-Prince, 227, 4-10 février 1978, 16-17.

1448
LE PETIT SAMEDI SOIR, "Hommage à Franck Fouché", *Le Petit Samedi soir,*
Port-au-Prince, 223, 7-13 janvier 1978, 3 et 26.

FRANKÉTIENNE

1449
ACCIMÉ, Almaque, "En lisant *Dézafi,* de Frankétienne", *Le Petit Samedi soir,*
Port-au-Prince, 124, 6-12 décembre 1975, 7.

1450
ANON., "Comment dire Franck à Étienne ?", *Le Nouvelliste,* Port-au-Prince,
19 et 20 mai 1984.
Sur *Bobomasouri,* de Frankétienne..

1451
ANON., "Commentaire d'un compatriote autour de *Pélin Tèt,* de Frankétienne",
Démocratie nouvelle, Brooklyn, New York, 5, 32, avril 1978.

1452
ANON., "L'Itinéraire de Frankétienne", *Le Nouvelliste,* Port-au-Prince,
26 avril 1984.

1453
ANON., "Le Sel pour la liberté : *Dézafi,* de Frankétienne", *Le Petit Samedi soir,*
Port-au-Prince, 117, 11-17 octobre 1975, 11-14.

1454
BAMBOU, Pierre (pseud. de MIRVILLE, Ernst), "Frankétienne encore à l'affiche pour *Pélin Tèt*", *Le Nouvelliste,* Port-au-Prince, 5 juillet 1978.

1455
BERROU, Frère Raphaël, "*Ultravocal,* ou Frankétienne par lui-même", *Le Nouvelliste,* Port-au-Prince, 15 janvier 1973.

1456
BOURAOUI, Hédi, "Écriture-mitrailleuse et réveil des consciences dans *Les Affres d'un défi,* de Frankétienne", *Conjonction,* Port-au-Prince, 147, mars 1980, 93-97.

1457
BOURAOUI, Hédi, "L'Œuvre romanesque de Frankétienne : nouveau tournant de la littérature haïtienne", *Mot pour mot,* Vitry, France, 11, juillet 1983, 11-18.

1458
BUTEAU, Emmanuel, "Une expérience qui peut être vôtre", *Le Nouvelliste,* Port-au-Prince, 9 janvier 1973.
Sur *Ultravocal,* de Frankétienne.

1459
CANTAVE, Etzer, "Ma perception de *Trou-Forban,* de Frankétienne", *Le Nouvelliste,* Port-au-Prince, 1ᵉʳ février 1978.

1460
CARLO, "Frankétienne, le blanc du Bel-Air", *Le Nouvelliste,* Port-au-Prince, 22-23 juillet 1978.
Entrevue avec Frankétienne.

1461
CHARLES, Christophe, "Frankétienne, ou l'angoisse d'être", *Le Nouvelliste,* Port-au-Prince, 4 décembre 1972.
Sur *Ultravocal,* de Frankétienne.

1462
CLITANDRE, Pierre, "Architecture lyrique d'un langage littéraire", *Le Petit Samedi soir,* Port-au-Prince, 268, 9-15 décembre 1978, 25-26.
Sur *Pélin Tèt,* de Frankétienne.

1463
CLITANDRE, Pierre, "*Dézafi,* de Frankétienne : une charge baroque", *Le Petit Samedi soir,* Port-au-Prince, 114, 20-26 septembre 1975, 10 et 13.

1464
CLITANDRE, Pierre et LAFERRIÈRE, Dany, "Frankétienne ou le dialogue spiraliste", *Le Petit Samedi soir,* Port-au-Prince, 3, 77, 14-20 décembre 1974, 4-5.

1465
CLITANDRE, Pierre, "Procès", *Le Petit Samedi soir,* Port-au-Prince, 249, 22-28 juillet 1978, 23-24.
Sur l'œuvre de Frankétienne.

1466
CLITANDRE, Pierre, "*Trou Forban,* de Frankétienne, la tragédie d'une histoire", *Le Petit Samedi soir,* Port-au-Prince, 222, 1-5 décembre 1977, 33-36.

1467
CLITANDRE, Pierre, "Le Spiralisme survivra-t-il ?", *Le Petit Samedi soir,* Port-au-Prince, 293, 23-29 juin 1979, 28-29.
Sur *Les Affres d'un défi,* de Frankétienne.

1468
CLITANDRE, Pierre, "*Trou Forban* : le langage de Franketienne, expression d'une langue brute ou reflet d'une situation politique ?", *Le Petit Samedi soir,* Port-au-Prince, 237, 29 avril-5 mai 1978, 24 et 30.

1469
DASH, J. Michael, "Franketienne : Defiance and Dread", *Bim,* Christchurch, Barbade, 17, 66-67, June 1983, 116-120.

1470
DESTIN, Marie Laurette, "Franketienne est de retour : *Bobomasouri*", *Le Petit Samedi soir,* Port-au-Prince, 527, 28 avril-4 mai 1984, 18.

1471
DORVAL, Gérald, "La Parole et la crève", *Le Nouvelliste,* Port-au-Prince, 12 février 1969.
Sur *Mûr à crever,* de Franketienne.

1472
DORVAL, Gérald, "Sans dimensions et sans frontières", *Le Nouvelliste,* Port-au-Prince, 26 et 27 décembre 1972.
Sur *Ultravocal,* de Franketienne.

1473
DORVAL, Gérald, "*Ultravocal,* cette immense déchirure", *Le Petit Samedi soir,* Port-au-Prince, 3, 95 et 96, 3-9 et 10-16 mai 1975, 26-30 et 25-28.

1474
DUMAS, Pierre Raymond, "*Bobomasouri,* de Franketienne : multiplicité de registres et figures du réel", *Le Nouvelliste,* Port-au-Prince, 30 avril-1er mai 1984.

1475
DUMAS, Pierre Raymond, "Littérature et peinture : notes sur Franketienne ; quelques constantes thématiques", *Le Nouvelliste,* Port-au-Prince, 28 mars 1983.

1476
DUMAS, Pierre Raymond, "Le Plus Terrifiant Constat de la littérature haïtienne de ce siècle : *Les Affres d'un défi,* de Franketienne", *Le Nouvelliste,* Port-au-Prince, 3 mai 1983.

1477
DUMAS, Pierre Raymond, "*Ultravocal,* de Franketienne, livre-somme et livre-almanach", *Le Nouvelliste,* Port-au-Prince, 20-21 avril 1983.

1478
DUWIQUET, Maurice, "À propos des *Affres d'un défi,* de Franketienne", *Le Nouvelliste,* Port-au-Prince, 27 juillet 1979.

1479
ESSARTS, Michèle des, "*Bobomasouri,* de Franketienne : les sens cachés", *Le Nouveau Monde,* Port-au-Prince, 4 mai 1984.

1480
FARDIN, Dieudonné, "Pour lire et comprendre *Ultravocal,* de Franketienne", *Le Petit Samedi soir,* Port-au-Prince, 13, 9 décembre 1972.

1481
FARDIN, Dieudonné, "*Ultravocal,* de Franketienne, une œuvre étrange", *Le Petit Samedi soir,* Port-au-Prince, 13, 9 décembre 1972, 7-8.

1482
FAUSTIN, Raphaël, "Franketienne : *Les Affres d'un défi*", *Collectif paroles,* Montréal, P.Q., 16, février-mars 1982, 45-47.

1483
FIGNOLÉ, Jean-Claude, "*Pélin Tèt,* de Frankétienne : sur qui se referme le piège ?", *Le Petit Samedi soir,* Port-au-Prince, 252, 12-18 août 1978, 28-30.

1484
FLEISCHMANN, Ulrich, "Entrevue avec Frankétienne sur son roman *Dézafi*", *Dérives,* Montréal, P.Q., 7, 1977. 17-25.

1485
GAILLARD, Roger, "Frankétienne, créateur et voyant", *Le Nouveau Monde,* Port-au-Prince, 3 octobre 1975.
Aussi in *Le Petit Samedi soir,* Port-au-Prince, 118, 18-24 octobre 1975, 10-12.

1486
GAILLARD, Roger, "Frankétienne, ou l'extermination des cloportes", *Le Nouveau Monde,* Port-au-Prince, 6 décembre 1972.

1487
GARDY, Ady Jean, "Comprendre *Bobomasouri,* de Frankétienne", *Le Nouvelliste,* Port-au-Prince, 27 avril 1984.

1488
GERDY (pseud. de HÉRARD, Huguette), "*Bobomasouri,* de Frankétienne, ou le sursaut poétique", *Le Petit Samedi soir,* Port-au-Prince, 529, 12-18 mai 1984, 19, 22.

1489
GERDY (pseud. de HÉRARD, Huguette), "Une écoute : le *Zago Loray* de Frankétienne", *Le Petit Samedi soir,* Port-au-Prince, 519, 10-16 mars 1984, 20-22.

1490
GUITEAU, Carl-Henri, "*Dézafi,* de Frankétienne : un fleuve impérieux", *Le Petit Samedi soir,* Port-au-Prince, 115, 27 septembre-3 octobre 1975, 7-8.

HÉRARD, Huguette, voir GERDY.

1491
JEAN, Eddy A., "À propos de *Ultravocal,* de Frankétienne", *Le Nouvelliste,* Port-au-Prince, 15 décembre 1972.
Aussi in *Le Petit Samedi soir,* Port-au-Prince, 17, 10 et 24 février 1973, 35-36.

LAFERRIÈRE, Dany, voir CLITANDRE, Pierre.

1492
LAHENS, Wéber, "Boba' m ma di ou", *Le Nouvelliste,* Port-au-Prince, 4 mai 1984.
Sur *Bobomasouri,* de Frankétienne..

1493
LAHENS, Wéber, "*Dézafi,* de Frankétienne", *Le Nouvelliste,* Port-au-Prince, 10-11 avril 1976.

1494
LAHENS, Wéber, "*Trou-Forban,* de Frankétienne, ou la machine infernale en pièces", *Le Nouvelliste,* Port-au-Prince, 12 décembre 1977.

1495
LAMARRE, Joseph M., "*Dézafi,* de Frankétienne, le premier roman créole de la littérature haïtienne", *Présence francophone,* Sherbrooke, P.Q., 21, automne 1980, 137-154.

1496
LAROCHE, Maximilien, "*Dézafi,* de Frankétienne, un tournant de la littérature
  haïtienne", *Conjonction,* Port-au-Prince, 131, novembre 1976, 107-119.
  Aussi in *Le Petit Samedi soir,* Port-au-Prince, 175, 25 décembre 1976-
  7 janvier 1977, 23-32 et in idem, *L'Image comme écho,* Nouvelle Optique,
  Montréal, P.Q., 1978, 107-119.

1497
LEROY, Frantz C., « En marge de *Mûr à crever,* de Frankétienne", *Le
  Nouvelliste,* Port-au-Prince, 22 octobre 1968.

1498
MARC, Jules-André, "Auteurs contemporains : Frankétienne", *Le Nouvelliste,*
  Port-au-Prince, 19 novembre 1968.

1499
MAUNICK, Édouard J., "Frankétienne : la passion d'Haïti", *Demain l'Afrique,*
  Paris, 30, 2 juillet 1979, 75-78.

1500
MOUTEAUD, Yves, "*Ultravocal,* de Frankétienne", *Conjonction,* Port-au-
  Prince, 119, février-mars 1973, 94-95.

1501
PAILLIÈRE, Madeleine, "Verbe et dynamisme dans une géographie
  intellectuelle", *Le Petit Samedi soir,* Port-au-Prince, 17, 10 et
  24 février 1973, 7-17.
  Sur *Ultravocal,* de Frankétienne.

1502
PHILOCTÈTE, Raymond, "Interview de Frankétienne", *Le Petit Samedi soir,*
  Port-au-Prince, 9 décembre 1972.

1503
PHILOCTÈTE, René, "*Pélin Tèt,* de Frankétienne", *Le Petit Samedi soir,* Port-
  au-Prince, 249, 22-28 juillet 1978, 22-23.

1504
PIERRE, Eddy B., "*Pélin Tèt,* de Frankétienne : une impasse", *Le Petit Samedi
  soir,* Port-au-Prince, 254, 2-8 septembre 1978, 24-26.

1505
ROMÉUS, Wilhem, "Par les chemins de la douleur, ou *Ultravocal,* de
  Frankétienne", *Le Petit Samedi soir,* Port-au-Prince, 13, 9 décembre 1972,
  10-12.

1506
ROUMER, Émile, "*Dézafi,* de Frankétienne", *Le Petit Samedi soir,* Port-au-
  Prince, 115, 27 septembre-3 octobre 1975, 6.

1507
SAINT-MARTIN, Michel, "*Dézafi,* de Frankétienne", *Le Petit Samedi soir,*
  Port-au-Prince, 135, 28 février-5 mars 1976, 21-28.

1508
SOUKAR, Michel, "*Dézafi,* de Frankétienne : le rêve éveillé de la
  zombification", *Le Petit Samedi soir,* Port-au-Prince, 114,
  20-26 septembre 1975, 9.

1509
VALLÈS, Max, "*Pélin Tèt,* de Frankétienne, théâtre populaire", *Le Petit Samedi
  soir,* Port-au-Prince, 263, 4-10 novembre 1968, 26-27.

GARÇON, Jean D.

1510
PALLISTER, Janis L., "Time, Tense and Tempo in the Poetry of Jean D. Garçon", *L'Esprit créateur,* Lawrence, Kansas, 17, 2, Summer, 1977, 159-167.

GAROUTE, Hamilton

1511
ALEXIS, Jacques-Stéphen, "La Lyre et l'épée, témoignage sur *Jets lucides,* d'Hamilton Garoute", *Cahiers d'Haïti,* Port-au-Prince, 3, 3, octobre 1945, 24-27.

1512
GAILLARD, Roger, "Adhésion", *Le Soir,* Port-au-Prince, 8 octobre 1945.
Sur *Jets lucides,* d'Hamilton Garoute.

GÉDÉON, Max

1513
ANON., "Coups de patte", *Le Papyrus,* Port-au-Prince, 23 mai 1934.
Sur *Le Portefeuille,* de Max Gédéon.

1514
ANON., "*Le Portefeuille,* de Max Gédéon", *Le Matin,* Port-au-Prince, 27-28 mai 1934.

1515
ANON., "*Le Portefeuille,* de Max Gédéon", *Le Nouvelliste,* Port-au-Prince, 19 mai 1934.

1516
BROUARD, Carl, "Un roman attaqué, *Le Portefeuille,* de Max Gédéon", *L'Action nationale,* Port-au-Prince, 25 mai 1934.

1517
BRUTUS, Edner, "*Le Portefeuille,* de Max Gédéon", *L'Action nationale,* Port-au-Prince, 24 mai 1934.

1518
CHRISTOPHE, Prosper, "*Le Portefeuille,* de Max Gédéon", *L'Action nationale,* Port-au-Prince, 1er-2 juin 1934.

1519
DUFRENNE, "*Diagnostics différentiels,* de Max Gédéon", *Haïti-Journal,* Port-au-Prince, 8 janvier 1935.

1520
MAYARD, Pierre, "*Diagnostics différentiels,* de Max Gédéon", *Le Nouvelliste,* Port-au-Prince, 17 janvier 1935.

1521
MAYARD, Pierre, "Max Gédéon", *Le Temps revue,* Port-au-Prince, 3, 145, 28 juillet 1934, 3.

1522
ROSEMOND, René J., "*Le Portefeuille,* de Max Gédéon", *L'Action nationale,* Port-au-Prince, 28 mai 1934.

GRIMARD, Luc

BRUTUS, Edner, voir SEDINE.

1523
CHARMANT, R., "Luc Grimard", *La Phalange,* 28 octobre 1954.
Article nécrologique.

1524
GÉROME, Claude, "Luc Grimard, le chantre de l'éternel matin", *Le Nouvelliste,*
Port-au-Prince, 6 novembre 1964.

1525
GORE H., "Luc Grimard", *La Phalange,* Port-au-Prince, 20-22 février 1955.
Article nécrologique.

1526
LALEAU, Léon, "Hommage à Luc Grimard", *Le Nouvelliste,* Port-au-Prince,
4 novembre 1954.
Aussi in *Conjonction,* Port-au-Prince, 54, décembre 1954, 5-6.

MARS, Louis P., voir PRICE-MARS, Louis.

1527
MARTIN, Adrien, "Luc Grimard, l'homme et l'œuvre", *Conjonction,* Port-au-
Prince, 54, décembre 1954, 7-17.

1528
PRICE-MARS, Louis, "Un certain regard sur Luc Grimard", *Le Nouveau
Monde,* Port-au-Prince, 13 mars 1980.

1529
SEDINE (pseud. de BRUTUS, Edner), "Luc Grimard", *Maintenant,* Port-au-
Prince, 22 février 1936.

1530
SYLVAIN, Edmond, "Hommage à Luc Grimard", *Le Nouvelliste,* Port-au-
Prince, 5 novembre 1954.

1531
TROUILLOT, Ernst, *Hommage à Luc Grimard,* Imp. de l'État, Port-au-Prince,
1955, 61 p.

Voir CHEVALLIER, André.

GUÉRIN, Mona

1532
ANON., "Connaissons nos artistes : Mona Guérin", *Le Nouveau Monde,* Port-
au-Prince, 7 janvier 1982.

1533
ANON., "Hommage à un grand écrivain de chez nous, Mona Guérin", *Le
Nouvelliste,* Port-au-Prince, 9-10 janvier 1982.

1534
BARTHÉLUS, Smith, "Notre rencontre avec Mona Guérin", *Le Nouveau
Monde,* Port-au-Prince, 7-8 avril 1984.

1535
BERNARDIN, Antoine, "La Vérité dans les chroniques de Mona Guérin", *Le
Nouvelliste,* Port-au-Prince, 2 juillet 1980.

1536
CYPRIEN, Anatole, "*La Pieuvre,* de Mona Guérin", *Le Nouvelliste,* Port-au-
Prince, 24 septembre 1970.

1537
DAMBREUILLE, Claude, "Mona Guérin nous parle de *La Pieuvre*", *Le
Nouvelliste,* Port-au-Prince, 14-15 septembre 1970.

1538
DOLCÉ, Jacquelin, "Les Nouvelles de Mona Guérin", *Le Petit Samedi soir,*
    Port-au-Prince, 341, 21-27 juin 1980, 28-30.

1539
DUPRAT, Béatrice, "Mona Guérin : quand l'humour se fait femme", *Le*
    Nouvelliste, Port-au-Prince, 21 mai 1980.
    Interview.

1540
DUPRAT, Béatrice, "*La Pension Vacher,* de Mona Guérin", *Le Nouvelliste,* Port-
    au-Prince, 17 février 1983.

1541
ESSARTS, Michèle des, "L'Image de la femme dans *Mi-figue, mi-raisin,* de
    Mona Guérin", *Le Nouveau Monde,* Port-au-Prince, 7-8 juin 1980.

1542
F., "*La Pieuvre,* de Mona Guérin, ou la Nouvelle école des mères", *Le Nouvelliste,*
    Port-au-Prince, 1ᵉʳ octobre 1970.

1543
GAILLARD, Roger, "Deux pièces de Mona Guérin", *Le Nouveau Monde,* Port-
    au-Prince, 2 juin 1975.
    Sur *Chambre 26* et *Cinq chéris,* de Mona Guérin.

1544
GOURGUES, Philippe, "Vaudeville réussi de Mona Guérin", *Le Nouvelliste,*
    Port-au-Prince, 6 décembre 1976.
    Sur *La Pension Vacher,* de Mona Guérin.

1545
GUITEAU, Carl-Henri, "Mona Guérin, un flirt avec le réel", *Le Petit Samedi*
    soir, Port-au-Prince, 102, 21-27 juin 1975, 10.

1546
LARGE, Jacques, "Une pension qui n'a pas fini de faire rire", *Le Nouvelliste,*
    Port-au-Prince, 15-16 janvier 1977.
    Sur *La Pension Vacher,* de Mona Guérin.

1547
LAURENT, Gérard M., "Ce qui plaît chez Mona Guérin", *Le Nouvelliste,* Port-
    au-Prince, 23 mai 1980.

1548
MALIVERT, Mario, "Quelques notes sur Mona Guérin et *Roy les voilà*", *Le*
    Nouvelliste, Port-au-Prince, 5-6 novembre 1983.

1549
PAILLIÈRE, Madeleine, "*La Pieuvre,* de Mona Guérin, ou la Nouvelle école
    des mères", *Le Nouveau Monde,* Port-au-Prince, 24 septembre 1970.
    Aussi in CORNEVIN, Robert, *Le Théâtre haïtien, des origines à nos jours,*
    153-159.

1550
PHAREAUX, Lallier C., "Enseignement de *La Pieuvre,* de Mona Guérin", *Le*
    Nouvelliste, Port-au-Prince, 28-29 septembre 1970.

1551
SAINT-JUSTE, Laurore, "Mona Guérin, peintre de la société haïtienne", *Le*
    Nouvelliste, Port-au-Prince, 18 juin 1980.

1552
THADAL, Roland, "Mona Guérin, ou le mariage de l'humour et du naturel",
    Le Nouveau Monde, Port-au-Prince, 3 juillet 1980.

GUIGNARD, Mercédès

Voir DÉITA.

GUILBAUD, Tertullien

1553
ANON., "Tertullien Guilbaud", *Les Variétés,* Cap-Haïtien, 1, 4, 20 mars 1905,
      63-64.

1554
ANON., "Tertullien Guilbaud", *Le Temps revue,* Port-au-Prince,
      22 septembre 1937, 11-12.
      Article nécrologique.

1555
CHANCY, Jean-Joseph, "Tertullien Guilbaud", *La Nation,* Port-au-Prince,
      7 octobre 1884.

1556
DRICE, Mirabbo, "Tertullien Guilbaud", *La Jeune Haïti,* Port-au-Prince, 3,
      3-4, 1895, 54-56.

1557
GRIMARD, Luc, "Adieu à Tertullien Guilbaud", *Le Temps revue,* Port-au-
      Prince, 25 septembre 1937, 5-6.

1558
LILAVOIS, Alexandre, "Tertullien Guilbaud", *Le Nouvelliste,* Port-au-Prince,
      22-24 mai 1957.

1559
MADIOU, Fernand A., "Tertullien Guilbaud", *La Phalange,* Port-au-Prince,
      22 mai 1942.

GUY, Georges

1560
ARCHER, Evry, "À propos des poèmes de Georges Guy", *Le Nouvelliste,* Port-
      au-Prince, 28 avril 1964.

1561
FONTUS, Yves, "La Poésie de Georges Guy", *Le Nouvelliste,* Port-au-Prince,
      28 avril 1964.

HALL, Louis D.

1562
BROUARD, Carl, "Louis D. Hall", *L'Action nationale,* Port-au-Prince,
      4 et 7 mai 1937.

1563
DENIS, Lorimer, "*À l'ombre du mapou,* de Louis D. Hall", *L'Action nationale,*
      Port-au-Prince, 18-19 juillet 1932.

1564
LUBIN, Marcel, "*À l'ombre du mapou,* de Louis D. Hall", *Le Nouvelliste,* Port-
      au-Prince, 26 septembre 1931.

1565
THADAL, Roland, "Louis D. Hall, l'humaniste et le poète", *Le Nouveau
      Monde,* Port-au-Prince, 19 janvier 1982.

1566
THOBY-MARCELIN, Philippe, "*À l'ombre du mapou,* de Louis D. Hall",
Haïti-Journal, Port-au-Prince, 4 juillet 1931.

1567
VILLARSON, Emmanuel, "*À l'ombre du mapou,* de Louis D. Hall", *Haïti-
Journal,* Port-au-Prince, 10 et 14 juillet 1931.

HÉRAUX, Edmond

1568
LHÉRISSON, Justin, "*Fleurs des mornes,* de Edmond Héraux", *La Jeune Haïti,*
Port-au-Prince, 2, 7, 24 novembre 1894.

HIBBERT, Fernand

1569
ALEXIS, Stéphen, "Notes sur un romancier haïtien : Fernand Hibbert", *Haïti-
Journal,* Port-au-Prince, 25 et 27 septembre 1937.

1570
ANON., "Biographie de Fernand Hibbert", *Le Nouvelliste,* Port-au-Prince,
8 octobre 1912.

1571
ANON., "Sur *La Réclamation Hopton,* de Fernand Hibbert", *Le Nouvelliste,* Port-
au-Prince, 22 février 1916.

1572
ANON., "Sur *Simulacres,* de Fernand Hibbert", *Le Matin,* Port-au-Prince,
8 septembre 1923.

1573
ANON., "Sur *Une affaire d'honneur,* de Fernand Hibbert", *Le Nouvelliste,* Port-
au-Prince, 31 décembre 1915.

1574
ANON., "Un nouveau roman de Fernand Hibbert, *Romulus*", *Le Matin,* Port-
au-Prince, 1ᵉʳ août 1908.

1575
BARDINAL, Charles, "À propos de *Masques et visages,* de Fernand Hibbert", *Le
Nouvelliste,* Port-au-Prince, 3 août 1910.

1576
BURR-REYNAUD, Frédéric, "*Les Thazar,* de Fernand Hibbert", *Le
Pacificateur,* Port-au-Prince, 17 janvier 1908.

1577
COURTOIS, Félix, "Fernand Hibbert", *Le Matin,* Port-au-Prince,
5 juillet 1979.

1578
D. B. "*Séna,* de Fernand Hibbert", *Bulletin officiel du département de l'instruction
publique,* Port-au-Prince, 5, 11-12, août-septembre 1905, 179-180.

1579
DALENCOUR, François, "Un roman sociologique : *Romulus,* de Fernand
Hibbert", *Le Matin,* Port-au-Prince, 29 novembre et 6, 13 et
20 décembre 1909.

1580
DOMINIQUE, Jean L., "Note de lecture : *Le Manuscrit de mon ami,* de
Fernand Hibbert", *Conjonction,* Port-au-Prince, 133, mars-avril 1977,
101-103.

1581
DOUYON, Ernest et LA VIOLETTE, Jean, (pseud. du même DOUYON, Ernest), "*Séna,* par Fernand Hibbert", *Haïti littéraire et sociale,* Port-au-Prince, 17, 20 septembre 1905, 417-424.

1582
GAILLARD, Roger, "Sexualité des personnages et érotisme du romancier Fernand Hibbert", *Conjonction,* Port-au-Prince, 122-123, 1974, 41-65.

1583
GINDINE-TARDIEU-FELDMAN, Yvette, "De la colonie à l'occupation : les étrangers chez Hibbert", *Conjonction,* Port-au-Prince, 122-123, 1974, 23-38.

LA VIOLETTE, Jean, voir DOUYON, Ernest.

1584
LAHENS, Yannick Jean-Pierre, "Le Paraître féminin, sa structure, sa stratégie dans le roman de Fernand Hibbert *Les Thazar*", *Conjonction,* Port-au-Prince, 136-137, février 1978, 45-55.

1585
LALEAU, Léon, "Monsieur Fernand Hibbert et ses élèves", *Le Matin,* Port-au-Prince, 5 janvier 1929.

1586
LALEAU, Léon, "Profil d'éducateur", in idem, *Apothéoses,* Deschamps, Port-au-Prince, 1952, 115-121.

1587
LATAILLADE, Nerva, "*Masques et visages,* de Fernand Hibbert", *Le Temps revue,* Port-au-Prince, 10 octobre 1936, 5-8.

1588
LECORPS, Marceau, "*Séna,* de Fernand Hibbert", *Les Variétés,* Cap-Haïtien, 1, 7, 15 novembre 1905.

1589
LÉGER, Abel, "Fernand Hibbert", *Le Matin,* Port-au-Prince, 7 janvier 1929.

1590
LELISEUR, Jacques, "À propos du style de Fernand Hibbert", *Le Matin,* Port-au-Prince, 15 juillet 1948.

1591
MAGLOIRE, Auguste, "Une conférence de Boyer-Bazelais inspirée du roman *Romulus,* de Fernand Hibbert", *Le Temps,* Port-au-Prince, 24 et 28 novembre 1934.

1592
MORPEAU, Louis, "*L'Idée qu'on ne comprend pas,* de Fernand Hibbert", *Le Matin,* Port-au-Prince, 4 janvier 1915.

1593
NAU, John Antoine, "*Séna,* de Fernand Hibbert", *Haïti littéraire et scientifique,* Port-au-Prince, 5 août 1912, 383.

1594
NAU, John Antoine, "Un romancier et un poète haïtiens", *Haïti littéraire et sociale,* Port-au-Prince, 5, 20, janvier 1913, 649-652.
Sur Fernand Hibbert et MORAVIA, Charles.

1595
POMPILUS, Pradel, "Fernand Hibbert, Justin Lhérisson et Antoine Innocent, romanciers réalistes", *Conjonction,* Port-au-Prince, 122-123, 1974, 15-18.

1596
RIBIEN, Jean, "*Séna,* de Fernand Hibbert", *Le Nouvelliste,* Port-au-Prince,
31 août et 1ᵉʳ, 2 et 4 septembre 1905.

1597
SANNON, H. Pauléus, "Autour d'une vie : Fernand Hibbert", *Le Temps,* Port-
au-Prince, 16-22 avril 1929.

1598
SMITH, Gérard, "Unité et évolution de l'œuvre de Fernand Hibbert", *Le
National,* Port-au-Prince, 24 août 1954.

1599
THADAL, Roland, "Fernand Hibbert au fil de la lecture", *Le Nouveau Monde,*
Port-au-Prince, 26 mars 1980.

1600
THADAL, Roland, "Fernand Hibbert fait tomber les masques", *Le Nouveau
Monde,* Port-au-Prince, 28-29 mars 1981.

1601
THÉVENIN, Joseph, "Fernand Hibbert a-t-il été un témoin de son temps ?", *Le
Nouvelliste,* Port-au-Prince, 18 juillet 1962.

1602
TROUILLOT, Ernst, "Fernand Hibbert", *Le Nouveau Monde,* Port-au-Prince,
23 septembre 1962.
Bio-bibliographie de Fernand Hibbert.

1603
TROUILLOT, Ernst, "Le Réalisme de Fernand Hibbert", *Conjonction,* Port-au-
Prince, 103, décembre 1966, 63-67.

1604
VILMENAY, Thomas A., "*Séna,* de Fernand Hibbert", *Le Moment,* Port-au-
Prince, 13 septembre 1905.

HIPPOLYTE, Alice

1605
DORVAL, Gérald, "*Ninon, ma sœur,* de Alice Hippolyte", *Le Petit Samedi soir,*
Port-au-Prince, 163, 25 septembre-1ᵉʳ octobre 1976, 3-7.

HIPPOLYTE, Dominique

1606
ANON., "En causant avec un poète, Dominique Hippolyte", *Le Nouvelliste,*
Port-au-Prince, 24-25 novembre 1962.

1607
ANON., "En hommage à Dominique Hippolyte", *Le Nouvelliste,* Port-au-Prince,
11 avril 1967.

1608
ANON., "Mort de Dominique Hippolyte", *Le Nouvelliste,* Port-au-Prince, 9
avril 1967.

1609
BELLEGARDE, Dantès, "Dominique Hippolyte, auteur dramatique", *Le
Temps revue,* Port-au-Prince, 24 mars 1937, 4-5.

1610
BELLEGARDE, Dantès, "Dominique Hippolyte, poète dramatique", *La
Phalange,* Port-au-Prince, 6 mars 1944.

1611
BELLEGARDE, Dantès, "Préface à *Le Forçat,* de Dominique Hippolyte", Jouve et Cie, Paris, 1933, 7-12.

1612
BERROU, Frère Raphaël, "Dominique Hippolyte, un précurseur de l'école indigéniste", *Le Nouvelliste,* Port-au-Prince, 18 avril 1967.

1613
GRIMARD, Luc, "Dominique Hippolyte", *Le Temps revue,* Port-au-Prince, 13 avril 1940, 1-2.

1614
GRIMARD, Luc, "Maître Dominique Hippolyte", *La Phalange,* Port-au-Prince, 10 février 1949.

1615
GRIMARD, Luc, "*Tocaye,* de Dominique Hippolyte", *La Phalange,* Port-au-Prince, 15 mars 1944.

1616
HENRIQUEZ, Alphonse, "*Le Forçat,* de Dominique Hippolyte", *Le Nouvelliste,* Port-au-Prince, 4 juin 1929.

1617
LUBIN, Maurice A., "Une belle figure haïtienne qui disparaît", *Conjonction,* Port-au-Prince, 104, avril 1967, 84.
Article nécrologique sur Dominique Hippolyte.

1618
MORISSEAU-LEROY, Félix, "*Le Torrent,* drame en trois actes de Dominique Hippolyte", *Haïti-Journal,* Port-au-Prince, 20 mai 1940.

1619
PHAREAUX, Lallier C., "*Le Torrent,* de Dominique Hippolyte", *Le Nouvelliste,* Port-au-Prince, 23-24 mai 1940.

1620
PRICE-MARS, Jean, Préface à *Le Baiser de l'aïeul,* de Dominique Hippolyte, Éditions de La Revue mondiale, Paris, 1934, 9-14.

1621
VIEUX, Antonio, "*Le Baiser de l'aïeul,* de Dominique Hippolyte", *La Nouvelle Revue,* Port-au-Prince, 1, 10, 1er Mars 1926, 195-200.

1622
VIEUX, Antonio, "*Le Forçat,* de Dominique Hippolyte", *L'Action,* Port-au-Prince, 1er juin 1929.

INNOCENT, Antoine

1623
ANON., "Sur Antoine Innocent acteur : *La Fête de la Renaissance*", Le Matin, Port-au-Prince, 15 janvier 1918.

1624
ANON., "Sur Antoine Innocent acteur : *Toussaint Louverture au Fort de Joux*", *L'Essor,* Port-au-Prince, 14 janvier 1918.

1625
BELLANTON, L.P., "*Mimola,* de Antoine Innocent", *Le Matin,* Port-au-Prince, 24-25 janvier 1937.

1626
BELLEGARDE, Dantès, "Présentation d'Antoine Innocent", *La Phalange,* Port-au-Prince, 5 septembre 1942.

1627
BROUARD, Carl, "*Mimola,* d'Antoine Innocent", *L'Action nationale,* Port-au-Prince, 16 mars 1932.

1628
DELIENNE, Castera, "*Mimola,* d'Antoine Innocent", *Le Matin,* Port-au-Prince, 15 janvier 1937.

1629
DUVIELLA, Fabius, "*Mimola,* d'Antoine Innocent", *Le Nouvelliste,* Port-au-Prince, 23 mai 1906.

1630
JEAN, Eddy A., "*Mimola,* d'Antoine Innocent", *Le Petit Samedi soir,* Port-au-Prince, 19, avril 1973, 7 et 15.

1631
MONTAS, Edmond, "La Thèse dans *Mimola,* d'Antoine Innocent", *Le Nouvelliste,* Port-au-Prince, 6 juin 1906.
Aussi in *Les Griots,* 20 mai 1949.

1632
POMPILUS, Pradel, "Fernand Hibbert, Justin Lhérisson et Antoine Innocent, romanciers réalistes", *Conjonction,* Port-au-Prince, 122-123, s.d. [1974], 15-18.

1633
PRICE-MARS, Jean, "Antoine Innocent, ethnographe", *Conjonction,* Port-au-Prince, 48, décembre 1953, 37-45.

1634
RÉGULUS, Christian, "*Mimola,* d'Antoine Innocent", *L'Actualité,* Port-au-Prince, 2 juin 1906.
Aussi in *Le Nouvelliste,* Port-au-Prince, 20 et 21 juin 1906.

1635
ROMEUS, Wilhem, "*Mimola,* d'Antoine Innocent, ou la voie vaudouesque de l'haïtianité", *Le Nouvelliste,* Port-au-Prince, 26-30 juin 1976.

1636
SAINT-AUDE, D., "*Mimola,* d'Antoine Innocent", *Le Matin,* Port-au-Prince, 14 et 15 mars 1937.

1637
SAINT-JUSTE, Laurore, "Antoine Innocent, romancier et homme de théâtre", *Le Nouvelliste,* Port-au-Prince, 7 mars 1968.

1638
XAVIER, François, "*Mimola,* d'Antoine Innocent", *Haïti littéraire et sociale,* Port-au-Prince, 35, 20 juin 1906, 863-865.

JADOTTE, Hérard

1639
ÉTIENNE, Gérard V., "Pour présenter un poète, Hérard Jadotte", *Le Nouvelliste,* Port-au-Prince, 1er août 1963.

JANVIER, Louis-Joseph

1640
FOMBRUN, Wilfrid, "Louis-Joseph Janvier", *Le Nouvelliste,* Port-au-Prince, 17 mai 1972.

1641
POMPILUS, Pradel, "Louis-Joseph Janvier par lui-même", *Caraïbes,* Port-au-Prince, 1978, 98 p.

JASTRAM, Gervais

1642
DORSINVILLE, Roger, "*Juvenalia,* de Gervais Jastram", *L'Essor quotidien,* Port-au-Prince, 16 avril 1929.

JEAN, Eddy A.

1643
DOLCÉ, Jacquelin, "*La Dernière Révolte,* roman d'Eddy A. Jean, ou l'agonie d'un romancier", *Le Petit Samedi soir,* Port-au-Prince, 253, 19-25 août 1978, 34.

JEAN-BAPTISTE, Ernst

1644
CHARLES, Christophe, "*Les Heures hallucinées,* d'Ernst Jean-Baptiste", *Le Nouvelliste,* Port-au-Prince, 20 juillet 1972.

JEAN-PIERRE, Julio

1645
GOUSSE, Edgard, "Julio Jean-Pierre : *La Route de la soif*", *Étincelles,* Montréal, P.Q., 3, janvier-février 1983, 25.

JONASSAINT, Jean

1646
CHARLIER, Max, "*La Déchirure du corps,* de Jean Jonassaint", *Étincelles,* Montréal, P.Q., 8-9, mai-juin 1984, 25-26.

1647
RIPAULT, Ghislain, "Haïti via le Québec", *Mot pour mot,* Vitry, France, 15, juillet 1984, 61-64.
Compte-rendu de *La Déchirure du corps,* de Jean Jonassaint.

KAUSS, Saint-John

1648
CHÉRY, Jean-Claude, "*Chants d'homme pour les nuits d'ombre,* de Saint-John Kauss", *Regard,* Port-au-Prince, 6, 21, 28 juin 1979.

1649
DAMOUR, Alix, "Saint-John Kauss : l'autre creuset du surpluréalisme", *Le Nouveau Monde,* Port-au-Prince, 4 novembre 1982.

1650
DOLCÉ, Jacquelin, "La Poésie, instrument de perception", *Le Petit Samedi soir,* Port-au-Prince, 320, 12-18 janvier 1980, 27.
Sur *Autopsie du jour,* de Saint-John Kauss.

1651
LÉONARD, Joseph P., "Une interview du poète Saint-John Kauss", *Le Nouveau Monde,* Port-au-Prince, 30 juillet 1982.

1652
LINDOR, Fresnel, "Saint-John Kauss, ou l'obsession du rêve", *Le Nouvelliste,* Port-au-Prince, 6 juillet 1979.
Sur *Chants d'homme pour les nuits d'ombre,* de Saint-John Kauss.

1653
MERCERON, Gérald, "Lettre ouverte à Saint-John Kauss sur *Autopsie du jour*", *Le Nouvelliste,* Port-au-Prince, 2 décembre 1981.

1654
THADAL, Roland, "Saint-John Kauss, ou le plaisir de l'imagination", *Le Nouveau Monde,* Port-au-Prince, 24 janvier 1980.

LABOSSIÈRE, Abel

1655
L., "*La Princesse adoptive,* par Abel Labossière", *L'Haïtien,* Port-au-Prince, 15 décembre 1927.

LABUCHIN, Rassoul

1656
ALPHONSE, Émile J., "*Trois colliers maldioc,* de Rassoul Labuchin", *Le Nouvelliste,* Port-au-Prince, 26 janvier 1963.

1657
BAUDUY, Robert, "En marge du *Ficus,* de Rassoul Labuchin et Micaëlle Lafontant", *Le Petit Samedi soir,* Port-au-Prince, 35, 20-26 octobre 1973, 5-10.

1658
BRUNO, Michel-Angel, "*Le Ficus,* de Rassoul Labuchin et Micaëlle Lafontant", *Le Nouvelliste,* Port-au-Prince, 29 novembre 1971.

1659
BRUNO, Michel-Angel, "*Le Ficus,* de Rassoul Labuchin et Micaëlle Lafontant", *Le Nouvelliste,* Port-au-Prince, 13-14 novembre 1971.

1660
CHARLES, Christophe, "J'ai lu *Le Ficus,* de Rassoul Labuchin et Micaëlle Lafontant", *Le Nouvelliste,* Port-au-Prince, 29 novembre 1971.

1661
CHARLES, Christophe, "Qui est Rassoul Labuchin ?", *Le Nouvelliste,* Port-au-Prince, 7-8 décembre 1974.

1662
DESCHAMPS, Marguerite (pseud. de LAFONTANT, Micaëlle), "À la découverte de Rassoul Labuchin, poète du réalisme merveilleux", s.éd., s.l.n.d., [Port-au-Prince, 1975], 20 p.

1663
GAILLARD, Roger, "*Le Ficus,* de Rassoul Labuchin et Micaëlle Lafontant", *Le Nouveau Monde,* Port-au-Prince, 24 décembre 1971.

1664
J. P., "*Le Roi Moko,* de Rassoul Labuchin", *Le Nouvelliste,* Port-au-Prince, 31 janvier 1975.

1665
LAFERRIÈRE, Dany, "*Le Ficus,* de Rassoul Labuchin et Micaëlle Lafontant, un conte de chez nous et d'ailleurs", *Le Nouvelliste,* Port-au-Prince, 23 et 24 février 1974.

1666
LAFERRIÈRE, Dany, "*Le Roi Moko,* de Rassoul Labuchin", *Le Petit Samedi soir,* Port-au-Prince, 382, 25-31 janvier 1975, 21.

LAFONTANT, Micaëlle, voir DESCHAMPS, Marguerite.

1667
LALEAU, Léon, "*Le Ficus,* de Rassoul Labuchin et Micaëlle Lafontant"*, Le Nouvelliste,* Port-au-Prince, 3 et 4 février 1973.

1668
LARGE, Camille, "*Le Ficus,* de Rassoul Labuchin et Micaëlle Lafontant"*, Le Nouvelliste,* Port-au-Prince, 23 août 1972.

1669
LAROCHE, Maximilien, "La Figure du sujet dans *Le Roi Moko,* de Rassoul Labuchin"*, Conjonction,* Port-au-Prince, 127-128, décembre 1975, 57-74. Aussi in idem, *L'Image comme écho,* Nouvelle Optique, Montréal, P.Q., 1978, 43-60.

1670
LAROCHE, Maximilien, "*Le Ficus,* de Rassoul Labuchin et Micaëlle Lafontant"*, Études littéraires,* Québec, P.Q., 6, 1, avril 1973, 135-136.

1671
LINDOR, Fresnel, "Rassoul Labuchin, ou la transparence du merveilleux"*, Le Nouvelliste,* Port-au-Prince, 13 novembre 1979.

1672
NOËL, Michel, "*Compère,* de Rassoul Labuchin, une torche d'espoir"*, Le Matin,* Port-au-Prince, 2 mars 1967.

1673
PHILOCTÈTE, Raymond, "*Compère,* de Rassoul Labuchin"*, Le Nouvelliste,* Port-au-Prince, 20 mai 1970.

1674
PHILOCTÈTE, Raymond, "Le Livre d'un compère"*, Le Nouvelliste,* Port-au-Prince, 28 juillet 1966.
Sur *Compère,* de Rassoul Labuchin.

1675
VALLÈS, Max, "*Ti-Crab et Grenadine,* de Rassoul Labuchin"*, Le Petit Samedi soir,* Port-au-Prince, 261, 21-27 octobre 1978, 25-26.

LAFONTANT, Micaëlle

1676
AUBOURG, Roger, "Accolades à la jeune poétesse Micaëlle Lafontant"*, Le Nouvelliste,* Port-au-Prince, 17 juin 1964.
Voir LABUCHIN, Rassoul.

LAFOREST, Edmond

1677
J. S.,"Deuil : Edmond Laforest"*, Le Nouvelliste,* Port-au-Prince, 18 octobre 1915.

1678
LALEAU, Léon, "Edmond Laforest"*, La Relève,* Port-au-Prince, 6, 8 et 9, février-mars 1938, 41 p.

1679
LARGE, Camille, "Edmond Laforest"*, La Phalange,* Port-au-Prince, 3 et 6 octobre 1944.

1680
LASSÈGUE, Frank, "Edmond Laforest"*, Le Temps revue,* Port-au-Prince, 3, 168-169, 20 octobre 1934, 3-4.

1681
LATAILLADE, Nerva, "Edmond Laforest", *Le Temps revue,* Port-au-Prince, 22 mai 1937, 1-2.

1682
LIAUTAUD, André, "*Cendre et flammes,* de Edmond Laforest", *La Nouvelle Ronde,* Port-au-Prince, 1, 7, 1ᵉʳ décembre 1925, 134-138.

1683
MORAVIA, Charles, "Edmond Laforest", *La Plume,* Port-au-Prince, 19 octobre 1915.

1684
MORAVIA, Charles, "Edmond Laforest", *Le Temps revue,* Port-au-Prince, 3, 168-169, 20 octobre 1934, 24-25.

1685
SYLVAIN, Normil, "Le Souvenir d'Edmond Laforest", *La Revue indigène,* Port-au-Prince, 1, 4, octobre 1927, 172-175.

1686
TROUILLOT, Hénock, "Edmond Laforest, un évadé des tropiques", *Le Nouveau Monde,* Port-au-Prince, 8 janvier 1982.

1687
VILAIRE, Jean-Joseph, "*Cendre et flammes,* par Edmond Laforest", *Le Nouvelliste,* Port-au-Prince, 14 août 1913.

LAFOREST, Jean-Richard

1688
CLITANDRE, Pierre, "Diaspora : le poème de l'exil ou l'exil du poème", *Le Petit Samedi soir,* Port-au-Prince, 251, 5-11 juillet 1978, 14-15.
Sur *Textes en croix,* de LEGAGNEUR, Serge, et *Le Divan des alternances,* de Jean-Richard Laforest.

LALEAU, Léon

1689
ANON., "Ce qu'on a dit de *Maurice Rostand intime,* de Léon Laleau", *Le Matin,* Port-au-Prince, 21 février 1927.

1690
ANON., "*Musique nègre,* de Léon Laleau", *L'Élan,* Port-au-Prince, 11 et 12 mars 1932.
Aussi in *Haïti-Journal,* Port-au-Prince, 19 mars 1932.

1691
ANON., "Notre poésie à l'honneur", *Le Nouvelliste,* Port-au-Prince, 16-17 septembre 1967.
À propos de l'attribution à Léon Laleau de la Rose d'or des poètes par la Société des Poètes français.

1692
ANON., "Notre poète Léon Laleau et le poète Maurice Rostand", *Les Annales capoises,* Cap-Haïtien, 5 novembre 1927.
Aussi in *L'Essor quotidien,* Port-au-Prince, 16 novembre 1927.

1693
ANON., "*Le Tremplin,* pièce en un acte de Léon Laleau", *L'Essor quotidien,* Port-au-Prince, 7 novembre 1921.

1694
ANTOINE, Pierre, "Petits Propos", *L'Essor quotidien,* Port-au-Prince, 16 décembre 1919.

A propos de *La Danse des vagues,* de Léon Laleau.

1695
BEAUDUY, Robert, "Léon Laleau, ou le miroir désenchanté", *Le Nouvelliste,* Port-au-Prince, 21 février 1979.

1696
BELLEGARDE, Dantès, "Lettre à Léon Laleau", *Conjonction,* Port-au-Prince, 87-88, 1963, 9.

1697
BERNARDIN, Antoine, "Hommage à Léon Laleau", *Le Nouvelliste,* Port-au-Prince, 18 octobre 1979.

1698
BERROU, Frère Raphaël, "Ce que croyait Léon Laleau", *Conjonction,* Port-au-Prince, 145-146, novembre 1979, 83-100.

1699
BERROU, Frère Raphaël, "*Le Choc,* de Léon Laleau", *Conjonction,* Port-au-Prince, 114, 4ᵉ trimestre 1970, 44-52.

1700
BERROU, Frère Raphaël, "Léon Laleau, poète indigéniste", *Le Nouvelliste,* Port-au-Prince, 22 avril 1970.

1701
BISSAINTHE, Max, "Léon Laleau, de l'Académie Ronsard", *Conjonction,* Port-au-Prince, 87-88, 1963, 58-59.

1702
BLANCHET, Raul, "Voici Léon Laleau", *Le Soir,* Port-au-Prince, 13 octobre 1945.

1703
BROUARD, Carl, "Léon Laleau", *Haïti-Journal,* Port-au-Prince, 7 mars 1932.

1704
CABAN, "*Le Choc,* de Léon Laleau", *La Petite Revue,* Port-au-Prince, 9, 237 et 238, janvier et février 1933, 292-293 et 309-310.

Aussi in *Le Nouvelliste,* Port-au-Prince, 18 février 1933.

1705
CALEB, Jean, "Léon Laleau, témoin de notre cauchemar national", *Le Petit Samedi soir,* Port-au-Prince, 305, 14-28 septembre 1979, 13-14.

1706
CAMPFORT, Gérard, "La Voix d'un poète, Léon Laleau", *Le Nouvelliste,* Port-au-Prince, 27 mai 1970.

1707
CASSÉUS, Maurice, "*Le Choc,* de Léon Laleau", *L'Action nationale,* Port-au-Prince, 20 juillet 1932.

1708
CATALOGNE, Gérard de, "*Apothéoses,* de Léon Laleau", *Le Nouvelliste,* Port-au-Prince, 26 septembre 1952.

1709
CHABANEIX, Philippe, "Un poète des Antilles, Léon Laleau", *Conjonction,* Port-au-Prince, 87-88, 1963, 56-57.

1710
CHANCY-MANIGAT, Marie Lucie, "Un spectacle dans un fauteuil", *Conjonction*, Port-au-Prince, 87-88, 1963, 69-79.

1711
CHANTECLERC (pseud. de FOUCHARD, Jean), *"Ondes courtes,* de Léon Laleau", *La Relève,* Port-au-Prince, 1, 10, 1ᵉʳ avril l933, 7 -9.

1712
CHASSAGNE, Roland, "*Le Choc,* de Léon Laleau", *Le Nouvelliste,* Port-au-Prince, 28 et 29 juillet 1932.

1713
CHASSAGNE, Roland, "Léon Laleau et les Fondateurs de la Patrie", *Conjonction,* Port-au-Prince, 87-88, 1963, 60-63.

1714
CHÉRY, Jean-Claude, "À l'écoute des écrivains : Léon Laleau", *Le Nouveau Monde,* Port-au-Prince, 20 février 1984.

1715
CHONEZ, Claudine, "*Le Choc,* de Léon Laleau", *Les Nouvelles littéraires,* Paris, 7 janvier 1933.
Aussi in *Le Nouvelliste,* Port-au-Prince, 31 janvier 1933.

1716
CLITANDRE, Pierre, "Léon Laleau est mort", *Le Petit Samedi soir,* Port-au-Prince, 305, 14-28 septembre 1979, 10.

1717
CONDÉ, Franck, "*Le Choc,* de Léon Laleau", *Le Temps revue,* Port-au-Prince, 5 janvier 1935, 76-77.

1718
CONDÉ, Franck, "Page de calepin", *Haïti-Journal,* Port-au-Prince, 11 mars 1933.
Sur *Le Choc,* de Léon Laleau.

1719
CONSTANT, Richard, "Léon Laleau", *La Relève,* Port-au-Prince, 2, 12, 1ᵉʳ juin 1934, 8-12.

1720
CORNEVIN, Robert, "Hommage à Léon Laleau à l'Académie des Sciences d'Outre-mer", *Le Nouvelliste,* Port-au-Prince, 20 mars 1979.
Discours de réception à cette Académie.

1721
COURTOIS, Félix, "L'Œuvre poétique de Léon Laleau", *Le Matin,* Port-au-Prince, 26-28 février 1979.

1722
COURTOIS, Félix, "La Mort de Léon Laleau", *Le Matin,* Port-au-Prince, 12 septembre 1979.
Aussi in *Le Petit Samedi soir,* Port-au-Prince, 305, 14-28 septembre 1979, 15-16.

1723
DÉSINOR, Carlo A., "Léon Laleau à partir d'une interview", *Le Nouvelliste,* Port-au-Prince, 9 octobre 1979.

1724
DIAQUOI, Louis, "*Abréviations,* de Léon Laleau", *Le Nouvelliste,* Port-au-Prince, 23 janvier 1930.

1725
DOLCÉ, Jacquelin, "De lucides divagations", *Le Petit Samedi soir,* Port-au-
Prince, 339, 7-13 juin 1980, 29-30.
Sur *Abréviations* et sur *Divagations à propos du chef,* de Léon Laleau.

1726
DORSINVILLE, Hénec, " *Une cause sans effet,* de Léon Laleau", *L'Essor revue,*
Port-au-Prince, août 1916, 138-140.

1727
DUC d'YS, "De-ci de-là : *La Danse des vagues,* de Léon Laleau", *L'Essor,* Port-au-
Prince, 17 décembre 1919.

1728
FALVERT, Pierre de, " *L'Étau,* petite comédie en un acte de Léon Laleau", *Le
Matin,* Port-au-Prince, 13 et 14 mars 1917.

1729
FOMBRUN, Wilfrid, "À propos de l'œuvre poétique de Léon Laleau", *Le
Nouvelliste,* Port-au-Prince, 19 février 1979.

1730
FOMBRUN, Wilfrid, " *Apothéoses,* de Léon Laleau", *Le Nouvelliste,* Port-au-
Prince, 27 juin 1969.

1731
FOMBRUN, Wilfrid, "Léon Laleau est-il précieux ?", *Le Nouvelliste,* Port-au-
Prince, 26-27 juin 1971.

1732
FONTAINAS, André, " *Musique nègre,* de Léon Laleau", *Le Mercure,* Paris,
1er août 1932.
Aussi in *Conjonction,* Port-au-Prince, 87-88, 1963, 64-66.

1733
FOUCHARD, Jean, " *Le Choc,* de Léon Laleau", *La Relève,* Port-au-Prince, 1, 2,
1er août 1932, 21-24.

1734
FOUCHARD, Jean, "Léon Laleau", *Le Nouveau Monde,* Port-au-Prince,
17 mars 1963.
Aussi in *Conjonction,* Port-au-Prince, 87-88, 1963, 15-18.

FOUCHARD, Jean, voir CHANTECLERC.

1735
G. A., "Léon Laleau, le coryphée de la poésie haïtienne", *Le National magazine,*
Port-au-Prince, 22 novembre 1953.

1736
GOURAIGE, Ghislain, "Le Paradis poétique de Monsieur Léon Laleau",
Conjonction, Port-au-Prince, 87-88, 1963, 23-28.

1737
GRIMARD, Luc, "Monsieur Léon Laleau", *La Phalange,* Port-au-Prince,
21-23 décembre 1946.

1738
GUÉGEN, Pierre, " *Musique nègre,* de Léon Laleau", *Les Nouvelles littéraires,*
Paris,16 juillet 1932.

1739
GUÉRIN, Mona, "Avant-propos à l'œuvre poétique de Léon Laleau", *Le
Nouvelliste,* Port-au-Prince, 2 février 1979.

1740
JUNIUS, "Pages de carnet", *L'Essor quotidien,* Port-au-Prince, 20 janvier 1920.

1741
LAHENS, Wéber, "Léon Laleau et le « Deschamps 78 »", *Le Nouvelliste,* Port-au-Prince, 6 juin 1978.
Sur le prix littéraire Deschamps.

1742
LAHENS, Wéber, "Léon Laleau, moraliste", *Le Nouvelliste,* Port-au-Prince, 15-16 janvier 1977.

1743
LAHENS, Wéber, "Léon Laleau par lui même : interview", *Le Nouvelliste,* Port-au-Prince, 6 août 1976.

1744
LAHENS, Wéber, "Témoignages sur Léon Laleau", *Le Nouvelliste,* Port-au-Prince, 10-11 février 1979.

1745
LALEAU, Léon, "Pas trop haut, batraciens !", *Le Nouvelliste,* Port-au-Prince, 2 février 1933.
Réponse à CHONEZ, Claudine.

1746
LAMOTHE, Louis, "Léon Laleau", in idem, *Los mayores poetas latinoamericanos de 1850-1950,* Libros mex, México, D.F., 1959, 285-288.
Sur l'œuvre poétique de Léon Laleau.

1747
LAMOTHE, Louis, "Un grand poète d'Haïti : Léon Laleau, précurseur du surréalisme", *Haïti-Journal,* Port-au-Prince, 28 et 29 juin 1955.

1748
LARAQUE, Maurice, "*Apothéoses,* de Léon Laleau", *Haïti-Journal,* Port-au-Prince, 4-5 août 1952.
Aussi in *Le Nouvelliste,* Port-au-Prince, 4-5 juillet 1970.

1749
LARGE, Camille, "*Le Choc,* de Léon Laleau", *Le Nouveau Monde,* Port-au-Prince, 16 et 17 août 1975.

1750
LE MONOCLE, "Léon Laleau nous parle", *Le Nouvelliste,* Port-au-Prince, 4 août 1962.

1751
LECHAUD, Thomas H., "*À voix basse,* poèmes de Monsieur Léon Laleau", *L'Essor quotidien,* Port-au-Prince, 7 octobre 1920.

1752
LECHAUD, Thomas H., "L'Autre", *Le Nouveau Monde,* Port-au-Prince, 17 mars 1963.
Aussi in *Conjonction,* Port-au-Prince, 87-88, 1963, 10-11.

1753
LEMOINE, Lucien, "Visa de rentrée", *Conjonction,* Port-au-Prince, 87-88, 1963, 80-81.

1754
LINDOR, Fresnel, "Léon Laleau au-delà du silence", *Le Nouvelliste,* Port-au-Prince, 19 octobre 1979.
Article nécrologique.

1755
LIZAIRE, Paul, "Léon Laleau, poète de la génération du *Choc*", *Conjonction,*
Port-au-Prince, 87-88, 1963, 67-68.

1756
MONTAS, Lucien, "Léon Laleau est mort", *Le Nouvelliste,* Port-au-Prince,
8-9 septembre 1979.
Bio-bibliographie de Léon Laleau.

1757
MORAILLE, Yvon, "*Musique nègre,* de Léon Laleau", *La Garde,* Port-au-Prince,
17 avril 1932.
Aussi in *Haïti-Journal,* Port-au-Prince, 23 avril 1932.

1758
MORAILLE, Yvon, "Sur *Ondes courtes,* de Léon Laleau", *Haïti-Journal,* Port-au-
Prince, 25 mars 1933.

1759
LE PETIT SAMEDI SOIR, "Léon Laleau fête ses 80 ans", *Le Petit Samedi soir,*
Port-au-Prince, 4, 29 juillet 1972, 6-70.
Vingt-trois courts articles d'hommage à Léon Laleau.

1760
PHILOCTÈTE, Raymond, "Deux traits de plume sur Léon Laleau", *Le
Nouvelliste,* Port-au-Prince, 23-27 [sic] mars 1967.

1761
POMES, Mathilde, "Léon Laleau", *Conjonction,* Port-au-Prince, 87-88, 1963,
82-85.

1762
POMPILUS, Pradel, "Léon Laleau, ou la résistance aux tentations", *Le Nouveau
Monde,* Port-au-Prince, 17 mars 1963.
Aussi in *Conjonction,* Port-au-Prince, 87-88, 1963, 19-22.

1763
PRICE-MARS, Jean, "Pourquoi j'aime les vers de Léon Laleau", *Conjonction,*
Port-au-Prince, 87-88, 1963, 7-8.

1764
RAT, Maurice, "Léon Laleau, Haïtien et poète français", *La Muse française,*
Paris, 14, 6, 15 juin 1937, 263-264.
Aussi in *Conjonction,* Port-au-Prince, 87-88, 1963, 12-14.

1765
SAJOUS, Ninette Faublas, "Merci, Laleau !", *Le Nouvelliste,* Port-au-Prince,
31 août-1ᵉʳ septembre 1974.

1766
SOUKAR, Michel, "*Le Choc,* de Léon Laleau", *Le Petit Samedi soir,* Port-au-
Prince, 114, 20-26 septembre 1975, 12-13.

1767
SYLVAIN, Franck, "*Le Choc,* de Léon Laleau", *Haïti-Journal,* Port-au-Prince,
22 et 23 juillet 1932.
Aussi in *Le Nouvelliste,* Port-au-Prince, 27 février et 1ᵉʳ mars 1974.

1768
T. H. L., "*Silhouettes de passantes,* de Léon Laleau", *Le Matin,* Port-au-Prince,
7 février 1929.

1769
THADAL, Roland, "Honneur posthume pour Léon Laleau", *Le Nouveau Monde,* Port-au-Prince, 4 janvier 1980.
Sur la création du Prix Léon Laleau.

1770
THADAL, Roland, "Léon Laleau, ou la permanence d'un écrivain", *Le Nouveau Monde,* Port-au-Prince, 12 mai 1982.

1771
THÉARD, Gaston, "*Le Choc,* de Léon Laleau", *Le Nouvelliste,* Port-au-Prince, 28 août 1932.

1772
TROUILLOT, Hénock, "Lettre à Léon Laleau sur *Le Choc*", *Le Nouvelliste,* Port-au-Prince, 9 avril 1976.

1773
VAN ZEEBROECK, Maurice A., "Léon Laleau vu par un critique américain", *Le Nouveau Monde,* Port-au-Prince, 10 avril 1980.

1774
VERGARA ROBLES, Enrique, "Un roman haïtien : *Le Choc,* de Léon Laleau", *Le Temps,* Port-au-Prince, 7 décembre 1935.

1775
VIATTE, Auguste, "Le Livre d'or de la culture française : Léon Laleau", *Le Nouvelliste,* Port-au-Prince, 8-9 septembre 1979.

1776
VIEUX, Antonio, "*À voix basse,* de Léon Laleau", *La Nouvelle Ronde,* Port-au-Prince, 1, 3, août 1925, 52-55.

1777
VIEUX, Antonio, "*Abréviations,* par Léon Laleau", *Haïti-Journal,* Port-au-Prince, 23 janvier 1930.

1778
VILAIRE, Vincent, "En marge de *Musique nègre,* de Léon Laleau", *Le Matin,* Port-au-Prince, 4 et 6 mai 1932.

LAMARRE, Joseph

1779
ARISTIDE, Achille, "*L'Aube rouge,* de Joseph Lamarre", *Haïti-Journal,* Port-au-Prince, 18 décembre 1946.

LANGUICHATTE (pseud. de BEAUBRUN, Théodore)

1780
DAMBREVILLE, Claude, "*Racin Libèté,* de Languichatte", *Le Nouveau Monde,* Port-au-Prince, 27 décembre 1984.

1781
DUMAS, Pierre Raymond, "L'humour et la satire", *Le Nouvelliste,* Port-au-Prince, 27-28 août 1983.

1782
SALOMON, Guy G., "*C'est moi qu'elle aime,* de Languichatte", *Le Matin,* Port-au-Prince, 9 septembre 1966.

1783
SYLLA, Éric, "Languichatte : la machine à faire rire", *Le Matin,* Port-au-Prince, 31 mars 1981.

1784
THADAL, Roland, "*Anna,* de Languichatte", *Le Nouvelliste,* Port-au-Prince, 8 mai 1974.

1785
THADAL, Roland, "*La Famille Languichatte,* de Languichatte", *Le Nouveau Monde,* Port-au-Prince, 11 janvier 1983.

1786
THADAL, Roland, "Languichatte: deux fois vingt ans", *Le Nouveau Monde,* Port-au-Prince, 6 avril 1981.

1787
THADAL, Roland, "Le Phénomène Languichatte", *Le Nouveau Monde,* Port-au-Prince, 14 janvier 1982.

LAPIERRE, Alix

1788
BESSON, Bernest, "*Les Oubliés de Dieu,* d'Alix Lapierre", *Le Matin,* Port-au-Prince, 12-14 septembre 1976.

1789
COURTOIS, Félix, "Lettre à Alix Lapierre à propos des *Oubliés de Dieu*", *Le Matin,* Port-au-Prince, 15 septembre 1976.

1790
DORVAL, Gérald, "*Les Oubliés de Dieu,* d'Alix Lapierre", *Le Petit Samedi soir,* Port-au-Prince, 157, 14-20 août 1976, 22-26.

1791
GREFFIN, Georges, "*Les Oubliés de Dieu,* d'Alix Lapierre", *Le Nouvelliste,* Port-au-Prince, 8 octobre 1976.

1792
PAUL, Édouard C., "*Les Oubliés de Dieu,* d'Alix Lapierre", *Le Nouvelliste,* Port-au-Prince, 5 octobre 1976.

LARAQUE, Paul

1793
ANON., "Le Poète Paul Laraque gagne le prix Casa de las Américas 1979", *L'Ouverture,* Cambria Heights, New York, 1, décembre 1979, 7-8.

1794
MOREJON, Nancy, "Poesía y armas cotidianas de Paul Laraque", *Casa de las Américas,* La Habana, 117, noviembre-diciembre 1979, 212-216.

1795
WIENER, Wanda, "Une heure avec Paul Laraque", *Haïti-Observateur,* New York, 16-23 février 1979.

LARGE, Josaphat

1796
LARGE, Josaphat, "Un vêvê littéraire à même l'espace", *Lakansièl,* Brooklyn, New York, 4 janvier 1976, 44.
Réponse aux critiques de son recueil *Les Nerfs du vent.*

1797
LAVENTURE, Jules, "*Les Nerfs du vent,* de Josaphat Large", *Lakansièl,* Brooklyn, New York, 3, septembre 1975, 28.

1798
PAUL, Cauvin L., "*Les Nerfs du vent,* de Josaphat Large", *Lakansièl,* Brooklyn, New York, 3, septembre 1975, 27.

LASSÈGUE, Franck

1799
CINÉAS, Jean-Baptiste, "*Ciselures,* de Franck Lassègue", *Stella,* Cap-Haïtien, 4, 37, août 1929, 827-830.

1800
KENOL, Justin J., "Franck Lassègue", *Le National magazine,* Port-au-Prince, 5 juin 1955, 9.

LATAILLADE, Nerva

1801
VILLEDROUIN, Luc, "Nerva Lataillade", *L'Action nationale,* Port-au-Prince, 28 mars 1934.

LATAILLADE, Robert

1802
ANON., "Robert Lataillade", *Le Temps revue,* Port-au-Prince, 17 mars 1933.

1803
ANON., "Robert Lataillade", *Haïti-Journal,* Port-au-Prince, 12 octobre 1948.

1804
BALMIR, Lucien, "Robert Lataillade", *Le Matin,* Port-au-Prince, 17-18 février 1952.

1805
BERNARD, Regnor C., "Robert Lataillade, un sage", *Psyché,* Port-au-Prince, 20 et 27 mai 1938.

1806
BERNARD, Regnor C., "Une heure avec Robert Lataillade", *Maintenant,* Port-au-Prince, 20 et 27 juin 1936.

1807
BRIERRE, Jean F., "Un poète mort à vingt ans, Robert Lataillade", *Haïti-Journal,* Port-au-Prince, 12 novembre 1931.

1808
BROUARD, Carl, "Robert Lataillade", *L'Action nationale,* Port-au-Prince, 28 avril 1937.

1809
BRUTUS, Edner, "Robert Lataillade", *La Relève,* Port-au-Prince, 4, 12, juillet 1939, 21-27.

1810
BRUTUS, Edner, "Robert Lataillade intime", *La Relève,* Port-au-Prince, 2, 1, juillet 1933, 27-39.

1811
DENIS, Lorimer, "Robert Lataillade", *L'Action nationale,* Port-au-Prince, 8-10 mars 1933.

1812
LALEAU, Léon, "Guirlandes pour le tombeau d'un jeune poète", *Haïti-Journal,* Port-au-Prince, 25 février 1933.
Sur *L'Urne close,* de Robert Lataillade.

1813
MAGLOIRE SAINT-AUDE, Clément, "*Le Tambourin voilé,* de Robert
  Lataillade", *Haïti-Journal,* Port-au-Prince, 8 avril 1933.
  Signé MAGLOIRE-FILS, Clément.

1814
MAGLOIRE SAINT-AUDE, Clément, "*L'Urne close,* de Robert Lataillade",
  Haïti-Journal, Port-au-Prince, 21 février 1933.
  Signé MAGLOIRE-FILS, Clément.

1815
VILLEDROUIN, Luc, "Robert Lataillade", *L'Action nationale,* Port-au-Prince,
  17 juin 1935.

1816
VILLEDROUIN, Luc, "*L'Urne close,* de Robert Lataillade", *Le Temps revue,*
  Port-au-Prince, 6 novembre 1935.
  Aussi in *Maintenant,* Port-au-Prince, 1ᵉʳ août 1936.

LE SAGE, Aimard

1817
J., "*Les Amazones d'Haïti,* d'Aimard Le Sage", *L'Essor quotidien,* Port-au-Prince,
  8 octobre 1923.

1818
L., "*L'Amant idéal,* d'Aimard Le Sage", *L'Haïtien,* Port-au-Prince,
  23 novembre 1926.

LEBON, Antonio

1819
ICART, Alfred, "*Sous les gouttières de la nuit,* poèmes d'Antonio Lebon", *Le
  National magazine,* Port-au-Prince, 9 août 1953.

LEGAGNEUR, Serge

1820
P., "Textes interdits, de Serge Legagneur", *Nouvelle Optique,* Montréal, P.Q., 1,
  1, janvier 1971, 125-127.

1821
CLITANDRE, Pierre, "Diaspora : le poème de l'exil ou l'exil du poème", *Le
  Petit Samedi soir,* Port-au-Prince, 251, 5-11 juillet 1978, 14-15.
  Sur *Textes en croix,* de Serge Legagneur, et *Le Divan des alternances,* de
  LAFOREST, Jean Richard.

1822
HÉBERT, François, "*Textes en croix,* de Serge Legagneur", *Le Fil d'Ariane,*
  Montréal, P.Q., 7, janvier-février 1979, 17-18.

1823
MOORHEAD, Andrea, "*Textes en croix,* de Serge Legagneur", *The French
  Review,* Champaign, Illinois, 54, 6, May, 1981, 900-901.

1824
PARADIS, Suzanne, "Deux traductions du silence", *Le Devoir,* Montréal, P.Q.,
  16 septembre 1978.
  Sur *Œuvre de la première mort,* du poète québécois Léveillé, et *Textes en
  croix,* de Serge Legagneur,

1825
PARADIS, Suzanne, "*Textes interdits,* de Serge Legagneur, un chant beau, impitoyable", *Le Soleil,* Montréal, P.Q., 8 juillet 1967.

1826
RANCOURT, Jacques, "Du quotidien au sacré", in idem, *Poètes et poèmes contemporains,* Éditions Saint-Germain des Prés, Paris, 1981, 163-170.
Sur la poésie de Serge Legagneur.

1827
THÉBERGE, Jean-Yves, "*Textes interdits,* de Serge Legagneur", *Le Canada français,* Montréal, P.Q., 20 avril 1967.

LEREBOURS, Michel Philippe

1828
CHÉRY, Jean-Claude, "*Le Roi,* de Michel Philippe Lerebours", *Le Nouveau Monde,* Port-au-Prince, 27 décembre 1984.

1829
DUPRAT, Béatrice, "*Le Roi,* ou la Nuit des morts vivants, de Michel Philippe Lerebours", *Le Nouvelliste,* Port-au-Prince, 28 décembre 1984.

1830
GOURAIGE, Ghislain, "*Le Roi,* de Michel Philippe Lerebours", *Lakansièl,* Brooklyn, New York, 1, mars 1975, 30.

1831
POMPILUS, Pradel, "En attendant *Le Roi,* de Michel Philippe Lerebours", *Le Nouvelliste,* Port-au-Prince, 18 décembre 1984.

LESCOUFLAIR, Georges

1832
BROUARD, Carl, "Georges Lescouflair", *L'Action nationale,* Port-au-Prince, 1ᵉʳ avril 1932.

1833
COURTOIS, Félix, "Le Carnet de Georges Lescouflair", *Le Nouveau Monde,* Port-au-Prince, 3 août 1958.
Sur *Mon vieux carnet,* de Georges Lescouflair.

1834
ICART, Alfred, "Un recueil de vers de Georges Lescouflair", *Haïti-Journal,* Port-au-Prince, 2 mars 1953.
Sur *Visages familiers,* de Georges Lescouflair.

LESCOUFLAIR, Rony

1835
PIERRE, Claude, "Notre amour, le temps et les espaces, de Rony Lescouflair", *Mapou,* Ottawa, 1, 1, automne 1977, 17-20.

LESPÈS, Anthony

1836
ANON., "Colère contre les *Semences*", *La Nation,* Port-au-Prince, 25 avril 1949.
Sur l'accueil fait à *Les Semences de la colère,* d'Anthony Lespès.

1837
ANON., "*Les Semences de la colère,* d'Anthony Lespès", *La Nation,* Port-au-Prince, 26 avril 1949.

141

1838

BROUARD, Carl, "Anthony Lespès", *L'Action nationale,* Port-au-Prince, 22 avril 1937.

1839

BRUTUS, Edner, "Anthony Lespès", *La Relève,* Port-au-Prince, 1, 5, 1ᵉʳ novembre 1932, 10-15.

1840

CHENÊT, Gérard, "Un grand roman haïtien : *Les Semences de la colère,* d'Anthony Lespès", *La Nation,* Port-au-Prince, 7 avril 1949.

1841

DOLCÉ, Jacquelin, "*Les Semences de la colère,* d'Anthony Lespès, cauchemar ou réalité ?", *Le Petit Samedi soir,* Port-au-Prince, 464, 22-28 janvier 1983, 19.

1842

FOISSET, Père Jean, "Un roman communiste", *La Phalange,* Port-au-Prince, 24-25 avril 1949.

Sur *Les Semences de la colère,* d'Anthony Lespès

1843

GARDY, Ady Jean, "Présenter Anthony Lespès", *Le Petit Samedi soir,* Port-au-Prince, 277-278, 24 février-2 mars 1978, 28-30.

1844

GRIMARD, Luc, "*Les Semences de la colère,* d'Anthony Lespès", *La Phalange,* Port-au-Prince, 22 avril 1949.

1845

KILLICK, Hammerton, "*Les Clefs de la lumière,* d'Anthony Lespès", *Le Nouvelliste,* Port-au-Prince, 24 novembre 1955.

1846

KILLICK, Hammerton, "Quelques réflexions au sujet de la vie et de l'œuvre d'Anthony Lespès", *Le Petit Samedi soir,* Port-au-Prince, 319, 5-11 janvier 1980, 26-30.

1847

LALEAU, Léon, "*Les Semences de la colère,* d'Anthony Lespès", *Haïti-Journal,* Port-au-Prince, 20 mai 1949.

1848

MONTAS, Lucien, "*Les Semences de la colère,* d'Anthony Lespès", *Le Nouvelliste,* Port-au-Prince, 30 avril 1949.

Aussi in *La Nation,* Port-au-Prince, 3, 4 et 5 mai 1949, in *Conjonction,* Port-au-Prince, 21, juin 1949, p. 46-48, et in *Optique,* Port-au-Prince, 13, mars 1955, p. 23-26.

1849

ROUMER, Émile, "*Les Semences de la colère,* d'Anthony Lespès", *La Nation,* Port-au-Prince, 8 juin 1949.

1850

VALDROME, Pierre Jacques, "*Les Clés de la lumière,* poèmes par Anthony Lespès", *Reflets d'Haïti,* Port-au-Prince, 17 décembre 1955.

LHÉRISSON, Justin

1851

AMER, Michel (pseud. de TROUILLOT, Michel Rolph), "Justin Lhérisson, spécifique et subversif", *Lakansièl,* Brooklyn, New York, 1, mars 1975, 19-25.

1852
ANON., "*Les Champs de l'aurore,* de Justin Lhérisson", *Le Messager évangélique,*
Port-au-Prince, 17 mars 1893.

1853
ANON., "Hommage à Justin Lhérisson à l'occasion du dixième anniversaire de
sa mort", *Le Nouvelliste,* Port-au-Prince, 5776, 1917.

1854
ANON., "Justin Lhérisson : note biographique", *Haïti-Journal,* Port-au-Prince,
8 novembre 1932.

1855
ANON., "Justin Lhérisson, peintre de la société haïtienne", *Quisqueya,* Paris, 1,
s.d. [1977?], 18-24.
Sur *Zoune chez sa ninnaine,* de Justin Lhérisson.

1856
ANON., "*Myrtha,* de Justin Lhérisson", *Le Droit,* Port-au-Prince, 5 mai 1892.
Aussi in *Haïti-Bulletin,* Port-au-Prince, 12 mai 1892.

1857
BELLEGARDE, Dantès, "Justin Lhérisson", *La Presse,* Port-au-Prince,
15 novembre 1929.
Aussi in *Le Temps revue,* Port-au-Prince, 17 novembre 1937, et in *La
Phalange,* Port-au-Prince, 15 novembre 1939.

1858
BELLEGARDE, Dantès, "Présentation de Justin Lhérisson", *La Phalange,* Port-
au-Prince, 2 mai 1942.

1859
BELLEGARDE, Dantès, "Un historien des mœurs haïtiennes : Justin
Lhérisson", *Le National,* Port-au-Prince, 29 mars 1954.

1860
BROUARD, Carl, "Justin Lhérisson", *L'Action nationale,* Port-au-Prince,
23 avril 1932.

1861
CHRISPHONTE, Prosper, *Le Poète de « La Dessalinienne », Justin Lhérisson,*
Imp. Telhomme, Port-au-Prince, 1941, 147 p.

1862
COQ, "On va pouvoir rire", *L'Essor quotidien,* Port-au-Prince, 20 avril 1929.
À propos de la réédition à Paris de *La Famille des Pitite Caille,* de Justin
Lhérisson.

1863
COURTOIS, Félix, "Justin Lhérisson", *Le Matin,* Port-au-Prince,
15 novembre 1952.
Aussi in *Conjonction,* Port-au-Prince, 122-123, s.d. [1974], 75-80.

1864
COURTOIS, Félix, "*Les Pitites Caille* [sic] et *Zoune,* de Justin Lhérisson", *Le
Matin,* Port-au-Prince, 8-11 avril 1979.

1865
DOLCÉ, Jacquelin, "Prosopopée sur *La Famille des Pitite-Caille,* de Justin
Lhérisson", *Le Petit Samedi soir,* Port-au-Prince, 144, 8-14 mai 1976, 9-11.

1866
DRICE, Mirabbo, "*Les Champs de l'aurore,* de Justin Lhérisson", *La Jeune Haïti,*
Port-au-Prince, 1893.

1867

DUMERVE, Constantin, "Justin Lhérisson", *La Phalange,* Port-au-Prince, 8 mars 1947.

1868

ÉTIENNE, Max-Abner, "Justin Lhérisson audiencier", *Le Petit Samedi soir,* Port-au-Prince, 20, mai 1973, 7-11.

1869

FANFANT, Edgard, "Justin Lhérisson", *Le Petit Haïtien,* Port-au-Prince, novembre 1907.

Éloge funèbre. Aussi in *Le Temps revue,* Port-au-Prince, 1, 20, 18 novembre 1932, 14.

1870

FANFANT, Edgard, "*Zoune chez sa ninnaine,* de Justin Lhérisson", *Le Petit Haïtien,* Cap-Haïtien, 1, 8, décembre 1906.

1871

GARCIA, Jean-Claude, "Hommage à Justin Lhérisson", *Le National,* Port-au-Prince, 15 novembre 1955.

1872

GRIMARD, Luc, "Préface pour la deuxième édition de *Zoune chez sa ninnaine,* de Justin Lhérisson", *La Phalange,* Port-au-Prince, 5 janvier 1950.

1873

LAMARRE, Joseph M., "Le Militaire dans trois romans haïtiens", *Présence francophone,* Sherbrooke, P.Q., 12, printemps 1976, 131-140.

Sur *Zoune chez sa ninnaine,* de Justin Lhérisson, *Gouverneurs de la rosée,* de ROUMAIN, Jacques, et *Les Arbres musiciens,* de ALEXIS, Jacques-Stéphen.

1874

LUBIN, Maurice A., "Les Personnages de Justin Lhérisson", *Écriture française,* Sherbrooke, P.Q., 6, 15 et 16, 1984, 24-28.

1875

PAUL, Cauvin L., "Eliézer-Boutenègre : un couple masqué", *Lakansièl,* Brooklyn, New York, 6, août 1976, 14-15.

Sur deux personnages de *La Famille des Pitite-Caille,* de Justin Lhérisson.

1876

POMPILUS, Pradel, "Fernand Hibbert, Justin Lhérisson et Antoine Innocent, romanciers réalistes", *Conjonction,* Port-au-Prince, 122-123, s.d. [1974], 15-18.

1877

POMPILUS, Pradel, "Permanence de Justin Lhérisson", *Conjonction,* Port-au-Prince, 143, mai 1979, 39-46.

1878

ROMÉUS, Wilhem, "En lisant Justin Lhérisson", *Le Nouvelliste,* Port-au-Prince, 23 et 27-28 août 1977.

TROUILLOT, Michel-Rolph, voir AMER, Michel.

1879

VILMENAY, Thomas A., "*La Famille des Pitite-Caille,* de Justin Lhérisson", *Le Moment,* Port-au-Prince, 31 mai 1905.

LIAUTAUD, André

1880
BRUTUS, Edner, "André Liautaud", *La Relève,* Port-au-Prince, 6,
   1er décembre 1932, 21-27.

LOCHARD, Paul

1881
DELBEAU, Victor, "Paul Lochard", *L'Essor quotidien,* Port-au-Prince,
   19 juillet 1919.
   Éloge funèbre.

1882
DRICE, Mirabbo, "*Les Chants du soir,* de Paul Lochard", *La Jeune Haïti,* Port-
   au-Prince, avril-mai 1896.

MAGLOIRE, Nadine

1883
ANON., "*Le Mal de vivre,* roman de Nadine Magloire", *Le Nouvelliste,* Port-au-
   Prince, 28-29 octobre 1967.

1884
ANON., "Un nouveau « Mal de vivre » : entretien avec Nadine Magloire", *Le
   Nouvelliste,* Port-au-Prince, 13 décembre 1967.

1885
DORVAL, Gérald, "*Le Mal de vivre,* de Nadine Magloire, un certain mal
   d'écrire", *Le Nouvelliste,* Port-au-Prince, 23-24 décembre 1967.

1886
DUWIQUET, Maurice, "Mal de vivre et raison d'espérer : Nadine Magloire",
   Le Nouvelliste, Port-au-Prince, 4-5 novembre 1967.

1887
GAILLARD, Roger, "Une jeune femme témoigne, ou le saisissement d'être vu",
   Le Nouveau Monde, Port-au-Prince, 6 novembre 1967.
   Sur *Le Mal de vivre,* de Nadine Magloire.

1888
GUITEAU, Carl-Henri, "Du sexe mythique à la liberté sexuelle", *Le Petit
   Samedi soir,* Port-au-Prince, 3, 88, 8-14 mars 1975, 18-20.

1889
JEAN-FRANCOIS, Philippe, "J'ai touché du doigt la réalité, interview avec
   Nadine Magloire", *Le Nouvelliste,* Port-au-Prince, 14 mars 1975.

1890
LATORTUE, Jean-Robert , "Le Pur Ennui de vivre : autour de la dernière
   publication de Nadine Magloire", *Le Petit Samedi soir,* Port-au-Prince, 3,
   88, 8-14 mars 1975, 16-17.
   Sur *Le Sexe mythique,* de Nadine Magloire.

1891
MAGLOIRE, Nadine, "Nadine Magloire nous dit pourquoi elle a publié une
   nouvelle version du « Mal de vivre »", *Le Nouvelliste,* Port-au-Prince,
   21 mai 1968.

1892
MAGLOIRE, Nadine, "Le Nouveau « roman choc » de Nadine Magloire.
   Dialogue de l'auteur avec lui-même", *Le Nouvelliste,* Port-au-Prince,
   16 janvier 1975.
   Sur *Autopsie in vivo.*

1893
RONCERAY, Hubert de, "Hubert de Ronceray écrit à l'auteur de *Mal de vivre*",
   Le Nouvelliste, Port-au-Prince, 3 juillet 1969.

1894
SAINT-VICTOR, Henriette, "*Le Sexe mythique,* de Nadine Magloire",
   Lakansièl, Brooklyn, New York, 3, septembre 1975, 9.

1895
Y,"*Le Mal de vivre,* de Nadine Magloire, un cri dans le désert", *Le Nouvelliste,*
   Port-au-Prince, 15-16 juin 1968.

MAGLOIRE SAINT-AUDE, Clément

1896
APOLLON, Wesner, "*Dialogue de mes lampes,* de Clément Magloire Saint-
   Aude", *Le Nouvelliste,* Port-au-Prince, 25 juillet 1941.

1897
ARMAS, Antonio, "Una novela haitiana : *Parias,* de Clément Magloire Saint-
   Aude", *El Heraldo,* Caracas, 17 julio 1949.

1898
BALMIR, Lucien, "Magloire Saint-Aude", *Le Nouvelliste,* Port-au-Prince,
   23 juin 1955.

1899
BALMIR, Lucien, "*Ombres et reflets,* de Clément Magloire Saint-Aude", *Le
   Matin,* Port-au-Prince, 21 octobre 1952.

1900
BERROU, Frère Raphaël, "Clément Magloire Saint-Aude prosateur, ou le
   peintre réaliste des estaminets", *Conjonction,* Port-au-Prince, 118,
   juillet 1972, 95-101.

1901
BERROU, Frère Raphaël, "Clément Magloire Saint-Aude, ou Ma nuit est ma
   lumière", *Le Nouvelliste,* Port-au-Prince, 31 juillet-1er août 1971.
   Aussi in *Conjonction,* Port-au-Prince, 118, juillet 1972, 107-110.

1902
BRETON, André, "Lettre à Clément Magloire Saint-Aude sur l'édition
   parisienne de *Dialogue de mes lampes*", *Haïti-Journal,* Port-au-Prince,
   20 octobre 1947.

1903
BRETON, André, "Poètes d'aujourd'hui : Clément Magloire Saint-Aude", *Le
   Figaro littéraire,* Paris, 13 septembre 1947.
   Aussi in *Haïti-Journal,* Port-au-Prince, 25 septembre 1947 et in idem, *La
   Clé des champs,* Paris, Éd. du Sagittaire, 1953, 110-111.

1904
BRIERRE, Jean F., "Dieu des lampes, des reflets et des ombres", *Le Nouvelliste,*
   Port-au-Prince, 30 mars 1953.
   Sur *Dialogue de mes lampes,* de Clément Magloire Saint-Aude. Aussi in *Le
   Nouvelliste,* Port-au-Prince, 29-30 mai 1971.

1905
BROUARD, Carl, "Clément Magloire fils", *Le Matin,* Port-au-Prince,
   17 mai 1934.
   Aussi in *L'Action nationale,* Port-au-Prince, 7 avril 1937.

1906
CHARLES, Christophe, "André Breton et Clément Magloire Saint-Aude", *Le
   Nouveau Monde,* Port-au-Prince, 30-31 mai 1981.

1907
CHARLES, Christophe, *Clément Magloire Saint-Aude, griot et surréaliste,*
Éd. Choucoune, Port-au-Prince, 1982, 114 p.

1908
CHARLES, Christophe, "Le Dixième Anniversaire de la mort de Clément
Magloire Saint-Aude", *Le Nouveau Monde,* Port-au-Prince,
30-31 mai 1981.

1909
CHARLES, Christophe, "Le Grand Poète Clément Magloire Saint-Aude vu par
la critique", *Le Nouveau Monde,* Port-au-Prince, 17-18 mai 1982.

1910
CORADIN, Jean, "Clément Magloire fils", *Haïti-Journal,* Port-au-Prince,
24 décembre 1940.

1911
CORADIN, Jean, "Dialogue entre deux pôles : Clément Magloire Saint-Aude",
Le Soir, Port-au-Prince, 7 février 1942.

1912
DAUMEC, Gérard, "Magloire Saint-Aude", *Optique,* Port-au-Prince, 24,
février 1956, 51-56.

1913
DAUMEC, Gérard, "*Ombres et reflets,* de Clément Magloire Saint-Aude", *Le
Matin,* Port-au-Prince, 18-19 novembre 1952.

1914
DELIENNE, Castera, "*Dialogue de mes lampes,* de Clément Magloire Saint-
Aude", *Le Nouvelliste,* Port-au-Prince, 22 juillet 1941.

1915
DESLANDES, Jacques, "Pour une lampe éteinte", *Le Nouvelliste,* Port-au-
Prince, 14-15 juin 1971.
Article nécrologique.

1916
DORVAL, Gérald, "Dans l'au-delà… un poète, Clément Magloire Saint-Aude",
Le Nouvelliste, Port-au-Prince, 4 juin 1971.

1917
DURAND, Michel, "*Parias,* de Clément Magloire Saint-Aude", *Le Nouvelliste,*
Port-au-Prince, 7 juin 1949.

1918
ÉTIENNE, Gérard V., "À propos d'un commentaire de Clément Magloire
Saint-Aude", *Le Nouvelliste,* Port-au-Prince, 22 juillet 1961.

1919
GLÉMAUD, Marie-Josée, "De l'actualité du texte de Saint-Amand, *Essai
d'explication de « Dialogue de mes lampes »,* de Clément Magloire Saint-
Aude", *Lakansièl,* Brooklyn, New York, 3, septembre 1975, 71-84.
Voir SAINT-AMAND, Edris.

1920
GLÉMAUD, Marie-Josée, "L'Espace poétique de Clément Magloire Saint-
Aude", *Collectif paroles,* Montréal, P.Q., 25, septembre-octobre 1983,
39-44.

1921
GLÉMAUD, Marie-Josée, "Sémiotique de l'espace poétique de Clément
Magloire Saint-Aude", in coll., *Actes du congrès mondial des littératures de
langue française,* Universitá degli studi, Padova, Italie, 1984, 265-278.

1922
GUITEAU, Carl Henri, "En tête-à-tête avec Clément Magloire Saint-Aude", *Le Petit Samedi soir,* Port-au-Prince, 101, 14-20 juin 1975, 24-25.

1923
HONORAT, Michel Lamartinière, "Le Griot surréaliste, Clément Magloire Saint-Aude", *Le Nouvelliste,* Port-au-Prince, 5-6 juin 1971.

1924
JADOTTE, Hérard, "Idéologie, littérature, dépendance : avant de lire Clément Magloire Saint-Aude", *Nouvelle Optique,* Montréal, P.Q., 1, 4, décembre 1971, 71-84.

1925
LALEAU, Léon, "Léon Laleau écrit à Clément Magloire Saint-Aude", *Le Nouvelliste,* Port-au-Prince, 3-4 avril 1971.

1926
LAPIERRE, Alix, "Clément Magloire Saint-Aude, amoureux des étoiles", *Le Matin,* Port-au-Prince, 24 mars 1976.

1927
LARAQUE, Paul, "Entre l'ombre et le reflet", in coll., *Actes du congrès mondial des littératures de langue française,* Universitá degli studi, Padova, Italie, 1984, 279-282.

1928
LAROCHE, Maximilien, "Clément Magloire Saint-Aude, l'exilé de l'intérieur", *Présence francophone,* Sherbrooke, P.Q., 10, printemps 1975, 49-57.
Aussi in idem, *L'Image comme écho,* Montréal, P.Q., Éd. Nouvelle Optique, 1978, 151-163.

1929
LAROSE, Richard, "*Parias,* de Clément Magloire Saint-Aude", *Haïti-Journal,* Port-au-Prince, 28 juin 1949.

1930
LUBIN, Maurice A., "Clément Magloire Saint-Aude, poète surréaliste d'Haïti", *Présence francophone,* Sherbrooke, P.Q., 3, automne 1971, 87-93.

1931
MAGLOIRE SAINT-AUDE, Clément, "*Dialogue de mes lampes*", *Haïti-Journal,* Port-au-Prince, 15 janvier 1943.
Sur son propre recueil de poèmes.

1932
MONTAS, Lucien, "Nos lettres en deuil", *Le Nouvelliste,* Port-au-Prince, 29-30 mai 1971.
Article nécrologique.

1933
MOUTEAUD, Jean Yves, "Hommage à Clément Magloire Saint-Aude", *Le Nouvelliste,* Port-au-Prince, 1ᵉʳ juin 1971.

1934
PHILOCTÈTE, René, "Magloire Saint-Aude", *Le Nouveau Monde,* Port-au-Prince, 31 mai 1971.

1935
PIERRE, Ronal, "En lisant *Parias,* de Clément Magloire Saint-Aude", *Le Petit Samedi soir,* Port-au-Prince, 131, 31 janvier-6 février 1976, 7-9.

1936
REY, Ulrich, "Edris Saint-Amand et Clément Magloire Saint-Aude", *Le Nouvelliste,* Port-au-Prince, 26 et 27 février 1942.
Voir SAINT-AMAND, Edris.

1937
ROUMAIN, Michel, "Note sur *Tabou,* de Clément Magloire Saint-Aude", *Le Nouvelliste,* Port-au-Prince, 22 janvier 1942.

1938
SAINT-AMAND, Edris, *Essai d'explication de "Dialogue de mes lampes", de Clément Magloire Saint-Aude,* Imp. de l'État, Port-au-Prince, 1942, 37 p.

1939
SAINT-JEAN, Serge, "Clément Magloire Saint-Aude ou le sonneur de Martissant", *Le Nouvelliste,* Port-au-Prince, 1ᵉʳ juin 1971.

1940
SAINT-LOUIS, Carlos, "Adieu à Clément Magloire Saint-Aude", *Le Nouvelliste,* Port-au-Prince, 2 juin 1971.

1941
SMITH, William J., "Deux poètes haïtiens : Émile Roumer et Clément Magloire Saint-Aude", *Optique,* Port-au-Prince, 1, mars 1954, 26-29.

1942
THOBY-MARCELIN, Philippe, "Présentation de *Dialogue de mes lampes,* de Clément Magloire Saint-Aude", *Le Nouvelliste,* Port-au-Prince, 29-30 mai 1971.

1943
TROUILLOT, Hénock, "Clément Magloire Saint-Aude, le rêve et l'absurde", *Le Nouveau Monde,* Port-au-Prince, 12 novembre 1973.

1944
TROUILLOT, Hénock, "Un roman étrange : *Parias,* de Clément Magloire Saint-Aude", *Haïti-Journal,* Port-au-Prince, 27 juillet 1949.

1945
VIAU, Léonce, "Le Discours du Recteur de l'Université sur la tombe de Clément Magloire Saint-Aude", *Le Nouvelliste,* Port-au-Prince, 1ᵉʳ juin 1971.

MANGONÈS, Victor

1946
FILS-AIMÉ, Paul, "Présentation de *Dix contes vrais,* de Victor Mangonès", *Le Matin,* Port-au-Prince, 24 décembre 1933.

1947
LUX, "*Médailles d'or et d'argent,* de Victor Mangonès", *Le Matin,* Port-au-Prince, 7 juin 1933.

MARCELIN, Émile

1948
ANON., "Émile Marcelin (1874-1936)", *Optique,* Port-au-Prince, 36, avril-mai-juin 1957, 4-6.
Portrait et notice biographique.

1949
DUMERVE, Constantin, "*La Reine Anacaona,* d'Émile Marcelin", *Haïti-Journal,* Port-au-Prince, 2 mai 1931.

1950
RÉGULUS, Christian, "*Médaillons littéraires,* d'Émile Marcelin", *L'Actualité,* Port-au-Prince, 16 juin 1906.

MARCELIN, Frédéric

1951
ANON., "À propos de Frédéric Marcelin", *Le Nouvelliste,* Port-au-Prince, 7-8 septembre 1953.
Sur l'article de COURTOIS, Félix.

1952
ANON., "Deuil littéraire : mort de Frédéric Marcelin", *Le Nouvelliste,* Port-au-Prince, 12 janvier 1917.

1953
ANON., "Frédéric Marcelin", *L'Avant-garde,* Port-au-Prince, 15 juin 1882.

1954
ANON., "Frédéric Marcelin, écrivain politique", *La Presse,* Port-au-Prince, 26 novembre 1930.

1955
ANON., "Frédéric Marcelin, notes et souvenirs", *Le Matin,* Port-au-Prince, 15 mars 1917.

1956
AYRAUD-DEGEORGE, H., "*Marilisse,* de Frédéric Marcelin", *Le Moment,* Port-au-Prince, 5 septembre 1903.
Reproduction d'un compte-rendu de *L'Intransigeant,* de Paris.

1957
AYRAUD-DEGEORGE, H., "Un roman haïtien : *Thémistocle-Épaminondas Labasterre*", de Frédéric Marcelin, *L'Intransigeant,* Paris, 20 juin 1901.

1958
AYRAUD-DEGEORGE, H., "*La Vengeance de Mama,* de Frédéric Marcelin", *L'Intransigeant,* Paris, 24 mai 1902.

1959
BRISSON, Adolphe, "*Marilisse,* de Frédéric Marcelin", *Les Annales politiques et littéraires,* Paris, 27 septembre 1903.
Aussi in *Le Soir,* Port-au-Prince, 19 octobre 1903 et in *Le Moment,* Port-au-Prince, 31 octobre 1903.

1960
BRISSON, Adolphe, "*Thémistocle-Épaminondas Labasterre,* de Frédéric Marcelin", *Les Annales politiques et littéraires,* Paris, 28 juillet 1901.

1961
BRISSON, Adolphe, "*La Vengeance de Mama,* de Frédéric Marcelin", *Les Annales politiques et littéraires,* Paris, 3 août 1902.

1962
COURTOIS, Félix, "Quand nous avions des courtiers", *Le Matin,* Port-au-Prince, 6-7 septembre 1953.

1963
DAURIAN, Marcel, "*La Vengeance de Mama,* de Frédéric Marcelin", *La Voix nationale,* Paris, 7 mai 1902.

1964
DAVID, Placide, "En relisant Frédéric Marcelin", *Le Soir,* Port-au-Prince, 20 mars et 18 avril 1945.

1965
DAVID, Placide, "Frédéric Marcelin", *Le Matin,* Port-au-Prince, 28 août-
  3 septembre 1917.

1966
DAVID, Placide, "Frédéric Marcelin romancier", *La Presse,* Port-au-Prince,
  22 septembre 1931.
  « Inspiré d'une longue étude publiée en 1917 dans *Le Matin* ». Aussi in *Le
  Temps revue,* Port-au-Prince, 9 janvier 1935, 3-4.

1967
DELBEAU, Victor, "Un livre de Frédéric Marcelin : *Au gré du souvenir*", *Le
  Nouvelliste,* Port-au-Prince, 16 et 17 juillet 1913.

1968
FOLEY, Charles, "*Thémistocle-Épaminondas Labasterre*, de Frédéric Marcelin",
  L'Écho de Paris, Paris, 1ᵉʳ juillet 1901.

1969
FOLEY, Charles, "*La Vengeance de Mama,* de Frédéric Marcelin", *L'Écho de
  Paris,* Paris, 27 mai 1902.

1970
GINDINE-TARDIEU-FELDMAN, Yvette, "Frédéric Marcelin, premier
  romancier féministe des Caraïbes", *Conjonction,* Port-au-Prince, 130,
  septembre 1976, 65-70.

1971
GOURAIGE, Ghislain, *Frédéric Marcelin, peintre d'une époque,* Thèse de MA,
  Université Laval, Québec, P.Q., 1948, 85 p.

1972
GOURAIGE, Ghislain, "Frédéric Marcelin, ses œuvres littéraires", *Le Nouveau
  Monde,* Port-au-Prince, 23 octobre 1971.

1973
GRANDCHAMP, Jacques, "*Thémistocle-Épaminondas Labasterre,* de Frédéric
  Marcelin", *Le Matin,* Paris, 21 juin 1901.

1974
GRANDCHAMP, Jacques, "*La Vengeance de Mama,* de Frédéric Marcelin", *Le
  Matin,* Paris, mai 1902.
  Aussi in MARCELIN, Frédéric, *Autour de deux romans,* 148-150.

1975
JÉROME, O., "Notre monde littéraire : Frédéric Marcelin", *La Presse,* Port-au-
  Prince, 3 décembre 1929.

1976
LALEAU, Léon, "*Au gré du souvenir,* de Frédéric Marcelin", *La Relève,* Port-au-
  Prince, 5, 7, janvier 1937, 15-23.

1977
LALEAU, Léon, "Frédéric Marcelin", *La Phalange,* Port-au-Prince,
  11 janvier 1951.
  Aussi in idem, *Apothéoses,* Port-au-Prince, 1952, 103-107.

1978
LARAQUE, Maurice, "Frédéric Marcelin", *Haïti-Journal,* Port-au-Prince,
  28 février 1942.
  Aussi in *Le National,* Port-au-Prince, 30 mai 1955.

1979
LE TITIEN, "Frédéric Marcelin", *Haïti littéraire et sociale,* Port-au-Prince, 26,
  5 février 1906, 641-642.

1980
LECORPS, Marceau, "Frédéric Marcelin", *Les Variétés,* Cap-Haïtien, 1, 1-3, 20 octobre 1904, 20 janvier et 20 février 1905.

1981
LIAUTAUD, Maurice, "Frédéric Marcelin", *Haïti-Journal,* Port-au-Prince, 13, 15, 16, 17 et 19 mai 1950.

1982
MARCELIN, Frédéric, *Autour de deux romans,* Kugelmann, Paris, 1903, 199 p.
Revue des comptes rendus de *Thémistocle-Épaminondas Labasterre* et de *La Vengeance de Mama* parus dans la presse française et haïtienne, et réponse aux critiques.

1983
NYSE, Berthe de, "Autour de deux romans", *Le National,* Paris, 9 juin 1902.
Sur *Thémistocle-Épaminondas Labasterre* et *La Vengeance de Mama,* de Frédéric Marcelin.

1984
PAMOY, C., "*Propos d'un Haïtien,* par Frédéric Marcelin", *Le Matin,* Port-au-Prince, 7 septembre 1915.

1985
PLÉSANCE, "*Thémistocle-Épaminondas Labasterre,* de Frédéric Marcelin", in MARCELIN, Frédéric, *Autour de deux romans,* 136-143.
Reproduction d'un article paru dans la *Revue du Cercle catholique de Port-au-Prince.*

1986
SÉJOURNÉ, G., "Frédéric Marcelin", *Le Temps revue,* Port-au-Prince, 9 janvier 1935, 4-5.

1987
SYLVAIN, Georges, "*Thémistocle-Épaminondas Labasterre,* de Frédéric Marcelin", *La Ronde,* Port-au-Prince, 3,2, 15 octobre 1901, 28-33.
Aussi in MARCELIN, Frédéric, *Autour de deux romans,* 73-88.

1988
TROUILLOT, Hénock, "Frédéric Marcelin, écrivain", *Le National,* Port-au-Prince, 19 juin 1956.

MARCELIN, Pierre

Voir THOBY-MARCELIN, Philippe

MARTINEAU, Fernand

1989
BAGUIDY, Joseph D., "Esquisses : *Résonances,* de Fernand Martineau", *Psyché,* Port-au-Prince, 12 novembre et 3 décembre 1937.

1990
BRIERRE, Jean F., "Fernand Martineau", *Cahiers d'Haïti,* Port-au-Prince, 2, 7, février 1945, 16-19.
Article nécrologique.

1991
BRIERRE, Jean F., "Fernand Martineau", *Le National,* Port-au-Prince, 21, 23 et 28 avril 1954.

1992

CAMILLE, Roussan, "À propos de *Résonances,* de Fernand Martineau", *La Relève,* Port-au-Prince, 6, 5, novembre 1937, 23-25.

1993

PAPILLON, Villefranche, "Autour de *Résonances,* de Fernand Martineau", *Psyché,* Port-au-Prince, 24 décembre 1937.

1994

THADAL, Roland, "Fernand Martineau", *Le Nouvelliste,* Port-au-Prince, 24 décembre 1974.

MATHON, Alix

1995

BARROS, Jacques, "Pour accompagner ce récit du « Temps des baïonnettes », d'Alix Mathon", *Le Nouvelliste,* Port-au-Prince,12-13 août 1972.

1996

COURTOIS, Félix, "Lettre à Alix Mathon", *Le Nouvelliste,* Port-au-Prince, 23-24 septembre 1972.
Sur *La Fin des baïonnettes,* d'Alix Mathon.

1997

DELATOUR, Pierre, "La Chronique sombre des années : *La Relève de Charlemagne Péralte,* d'Alix Mathon", *Le Petit Samedi soir,* Port-au-Prince, 562, 29 décembre 1984-4 janvier 1985, 23.

1998

FARDIN, Dieudonné, "Qui êtes-vous, Alix Mathon ?", *Le Petit Samedi soir,* Port-au-Prince, 6, 26 août 1972, 4 et 6.

1999

GAILLARD, Roger, "Réflexions sur le style", *Le Nouveau Monde,* Port-au-Prince, 5 juin 1974.
Sur *Le Drapeau en berne,* d'Alix Mathon.

2000

LAFERRIÈRE, Dany, "Le Roman en berne", *Le Petit Samedi soir,* Port-au-Prince, 3, 63, 7-13 septembre 1974, 5.
Sur *Le Drapeau en berne,* d'Alix Mathon.

2001

LALEAU, Léon, "Lettre critique à Alix Mathon", *Le Nouvelliste,* Port-au-Prince, 1-2 juin 1974.
Sur *Le Drapeau en berne,* d'Alix Mathon.

2002

LAMAUTE, Michel, "Entretien avec Alix Mathon", *Le Nouvelliste,* Port-au-Prince, 19-20 juin 1971.

2003

PHAREAUX, Lallier C., "Les Deux Romans de Me Alix Mathon : *La Fin des baïonnettes* et *Le Drapeau en berne*", *Le Nouvelliste,* Port-au-Prince, 23 juillet 1975.

MATHON, Étienne

2004

ANON., "*Judas,* drame haïtien en quatre actes, par Étienne Mathon", *Le Matin,* Port-au-Prince, 23 janvier 1917.

MAYARD, Constantin

2005
ABDERRHAMAN (pseud. de DUVALIER, François), "Bric-à-brac :
  Constantin Mayard", *L'Action nationale,* Port-au-Prince, 30 août 1934.

DUVALIER, François, voir ABDERRHAMAN.

2006
LARAQUE, Maurice, *Constantin Mayard,* Imp. Telhomme, Port-au-Prince,
  1944, 80 p.

2007
LARAQUE, Maurice, "Les Voix d'hier : Constantin Mayard", *Haïti-Journal,*
  Port-au-Prince, 6 et 7 août 1943.

2008
LELISEUR, Jacques, "Souvenir de Constantin Mayard", *Le Matin,* Port-au-
  Prince, 8 juin 1948.

2009
M. L., "Figurine : Constantin Mayard", *Le Nouvelliste,* Port-au-Prince,
  27 octobre 1925.

MÉGIE, Émile Célestin

2010
ALPHONSE, A., "À propos de *Lanmou pas gain baryè,* d'Émile Célestin Mégie",
  Le Nouvelliste, Port-au-Prince, 10-11 avril 1976.

2011
CLITANDRE, Pierre, "*Bouquets de glanures,* d'Émile Célestin Mégie", *Le
  Nouvelliste,* Port-au-Prince, 6 janvier 1975.
    Aussi in *Le Petit Samedi soir,* Port-au-Prince, 3, 80, 11-17 janvier 1975, 6.

2012
DORVAL, Gérald, "Émile Célestin Mégie, l'infatigable bûcheron", *Le Petit
  Samedi soir,* Port-au-Prince, 126, 20-26 décembre 1975, 3-5.

2013
FARDIN, Dieudonné, "*Bouquets de glanures,* d'Émile Célestin Mégie", *Le Petit
  Samedi soir,* Port-au-Prince, 49, 16-22 mars 1974, 5-7.

2014
MÉGALOS, Erodòt [Hérodote], "Zie louvri sou *Lanmou pa gin baryè,* de Émile
  Célestin Mégie", *Le Petit Samedi soir,* Port-au-Prince, 226, 28 janvier-
  3 février 1978, 16-17.

2015
PAUL, Édouard C., "La Puissante Évocation d'une langue", *Le Matin,* Port-au-
  Prince, 6 janvier 1976.
    Sur *Lanmou pa gin baryè,* d'Émile Célestin Mégie.

2016
SOUKAR, Michel, "*Lanmou pa gin baryè,* d'Émile Célestin Mégie", *Le Petit
  Samedi soir,* Port-au-Prince, 124, 6-12 décembre 1975, 9 et 24.

2017
VILFORT, Lyonel, "Coudjaille lumiè", *Le Petit Samedi soir,* Port-au-Prince,
  124, 6-12 décembre 1975, 5.
    Sur *Lanmou pa gin baryè,* d'Émile Célestin Mégie.

MERDALOR

2018
LINDOR, Fresnel, "*Névroèmes,* de Merdalor, ou Une nouvelle écriture poétique", *Le Nouveau Monde,* Port-au-Prince, 27-28 décembre 1980.

MÉTELLUS, Jean

2019
ANTOINE, Régis, "*Jacmel au crépuscule,* de Jean Métellus", *Europe,* Paris, 635, mars 1982, 251.

2020
AUTRAND, Dominique, "*Mes mains pleines de mots,* de Jean Métellus", *La Quinzaine littéraire,* Paris, 289, 1-15 novembre, 5.

2021
BAROCHE, Christiane, "*Jacmel au crépuscule,* de Jean Métellus", *Sud,* Marseille, France, 43, 1982, 185-187.

2022
BUSS, Robin, "*La Famille Vortex,* de Jean Métellus", *Times Literary Supplement,* London, 6 May, 1983.

2023
CHARLES, Christophe, "*Hommes de plein vent,* de Jean Métellus", *Le Nouveau Monde,* Port-au-Prince, 12 octobre 1982.

2024
CHEVRIER, Jacques, "La Mémoire et l'espoir", *Jeune Afrique,* Tunis, 1 089, 18 novembre 1981.
　　Sur *Jacmel au crépuscule,* de Jean Métellus.

2025
CHEVRIER, Jacques, "Pour les révolutionnaires de pacotille", *Jeune Afrique,* Tunis, 1 197, 14 décembre 1983, 78-79.
　　Sur *Une eau-forte,* de Jean Métellus.

2026
CHEVRIER, Jacques, "Un réveillon sans lendemain : les Boeing-people d'Haïti", *Jeune Afrique,* Tunis, 19 janvier 1983.
　　Sur *La Famille Vortex,* de Jean Métellus.

2027
CONTAT, Michel, "*Au pipirit chantant,* de Jean Métellus", *Le Nouvelliste,* Port-au-Prince, 14 novembre 1978.
　　Extraits d'un compte-rendu paru in *Le Nouvel Observateur,* Paris [?].

2028
DAVID, Charles, "Jean Métellus et la désespérance haïtienne", *La Presse,* Québec, P.Q., 3 avril 1982.

2029
DECHAMPS, Alain, "La Critique française et Jean Métellus", *Le Nouvelliste,* Port-au-Prince, 28-30 juillet 1984.

2030
DEGUY, Michel, "*Jacmel au crépuscule,* de Jean Métellus", *Nouvelle Revue Française,* Paris, 350, 1ᵉʳ mars 1982.

2031
DETREZ, Conrad, "Hommage à Haïti", *Le Magazine littéraire,* Paris, 177 octobre 1982.
　　Sur *Jacmel au crépuscule,* de Jean Métellus.

2032
ÉLADAN, Jacques, "Jean Métellus : Ézéchiel du roman", *Le Nouvelliste,* Port-au-Prince, 28 mai 1974.
Sur *Une eau-forte,* de Jean Métellus.

2033
FALGAYRETTES, Christiane, "L'Espérance giflée", *Afrique-Asie,* Paris, 254, 7 décembre 1982.
Sur *Jacmel au crépuscule,* de Jean Métellus.

2034
FAVARGER, Alain, "Jean Métellus, le chroniqueur-poète d'Haïti", *La Liberté,* Fribourg, Suisse, 17-18 octobre 1982.
Sur *Jacmel au crépuscule,* de Jean Métellus.

2035
FERNANDEZ, Dominique, "Chaminadour sous les tropiques", *L'Express,* Paris, 25 septembre-1ᵉʳ octobre 1981, 76.
Sur *Jacmel au crépuscule,* de Jean Métellus.

2036
FRANCK, S., "Humour et tristesse sous le soleil", *L'Événement,* Bruxelles, 17-23 janvier 1982.
Sur *Jacmel au crépuscule,* de Jean Métellus.

2037
GARCIN, Jérôme, "Jean Métellus, un Haïtien en confédération", *Les Nouvelles littéraires,* Paris, 28 septembre - 4 octobre 1983.
Sur *Une eau-forte,* de Jean Métellus.

2038
GARCIN, Jérôme, "Trois Antillais écrivent ton nom, liberté !", *Les Nouvelles littéraires,* Paris,15-22 octobre 1981, 50.
Sur Daniel Maximin, Maryse Condé et *Jacmel au crépuscule,* de Jean Métellus.

2039
GENIES, Bernard, "Odysée noire", *Libération,* Paris, 11 septembre 1981.
Aussi in *Le Nouvelliste,* Port-au-Prince, 30-31 janvier 1982. Sur *Jacmel au crépuscule,* de Jean Métellus.

2040
GOUSSE, Edgard, "Jean Métellus : *La Famille Vortex*", *Étincelles,* Montréal, P.Q., 3, janvier-février 1983, 25.

2041
JAY, Salim, "*La Famille Vortex,* de Jean Métellus", *Mot pour mot,* Vitry, France, 8, décembre 1982.

2042
JAY, Salim, "*La Famille Vortex,* de Jean Métellus", *Mot pour mot,* Vitry, France, 8, octobre 1982.

2043
JUIN, Hubert, "Jean Métellus et le malheur de Haïti", *Le Monde,* Paris, 11 septembre 1981.
Sur *Jacmel au crépuscule,* de Jean Métellus.

2044
JUIN, Hubert, "Les Romans de Jean Métellus", *Le Monde,* Paris, 24 septembre 1982.

2045
KADIMA-NZUJI, Mukala, "*Hommes de plein vent,* de Jean Métellus", *Notre Librairie,* Paris, 65, juillet-septembre 1982, 93-94.

2046
KIRKUP, James, "Tropic of Tongues", *Times Literary Supplement,* London, 12 March, 1982.
Sur *Jacmel au crépuscule,* de Jean Métellus.

2047
KLEIM, Paul, "Avec le Haïtien Jean Métellus", *La Tribune,* Genève, 5 janvier 1982.

2048
LAUDE, André, "Aujourd'hui Depestre et Métellus", *Les Nouvelles littéraires,* Paris, 14-21 avril 1952.

2049
MAGNIER, Bernard, "*Jacmel au crépuscule,* de Jean Métellus", *Notre Librairie,* Paris, 65, juillet-septembre 1982, 91-92.

2050
MARCENAC, Jean, "Le Miroir d'Haïti est un bienfait pour notre langue", *L'Humanité,* Paris, 24 mars 1983.
Sur *Jacmel au crépuscule* et *La Famille Vortex,* de Jean Métellus.

2051
MARTY, Anne, "Parcours thématique de l'œuvre de Jean Métellus", *Collectif paroles,* Montréal, P.Q., 26, novembre-décembre 1983, 39-43.

2052
MARTY, Anne, "*Une eau-forte,* de Jean Métellus", *Collectif paroles,* Montréal, P.Q., 27, janvier-février 1984, 44.

2053
MILLET, Richard, "Chroniques haïtiennes", *La Quinzaine littéraire,* Paris, 378, 16 septembre 1982.
Aussi in *Le Nouveau Monde,* Port-au-Prince, 25-26 décembre 1982. Sur *La Famille Vortex,* de Jean Métellus.

2054
MILLET, Richard, "Portrait d'un homme absent", *La Quinzaine littéraire,* Paris, 15 octobre 1983.
Sur *Une eau-forte,* de Jean Métellus.

2055
MINART, Cella, "Haïti perdu", *La Croix,* Paris, 23 octobre 1982.
Sur *La Famille Vortex,* de Jean Métellus.

2056
MINART, Cella, "*Jacmel au crépuscule,* de Jean Métellus", *La Croix,* Paris, 30 janvier 1982.

2057
MOUCHARD, Claude, "La Fragilité du pouvoir de dire", *La Quinzaine littéraire,* Paris, 1er-15 octobre 1981.
Aussi in *Le Nouvelliste,* Port-au-Prince, 27 janvier 1982. Sur *Jacmel au crépuscule,* de Jean Métellus.

2058
MPOYI-BUATU, Th., "*Hommes de plein vent,* de Jean Métellus", *Peuples noirs. Peuples africains,* Paris, 5, 30, novembre-décembre 1982, 118-122.

2059
N'GOALA, Aline, "*La Famille Vortex,* de Jean Métellus", *Sans Frontières,* Paris, novembre 1982.

2060
NOIRET, Gérard, "Lire Jean Métellus aux côtés des plus grands poètes français contemporains", *Le Nouvelliste,* Port-au-Prince, 13 septembre 1983.

2061
PHELPS, Anthony, "*Au Pipirite chantant,* de Jean Métellus", *Collectif paroles,* Montréal, P.Q., 3, janvier-février 1980, 40.

2062
PIQUION, René, "Chant de réveil", *Le Nouvelliste,* Port-au-Prince, 27-28 janvier 1979.
Sur *Au pipirit chantant,* de Jean Métellus.

2063
PIQUION, René, "Chant de réveil", in idem, *L'Épopée d'une torche,* Imp. H. Deschamps, Port-au-Prince, 1979, 65-77.
Essai sur l'œuvre de Jean Métellus.

2064
RACINE, Daniel, "*La Famille Vortex,* de Jean Métellus", *World Literature Today,* Norman, Oklahoma, 57, 3, Summer, 1983, 502.

2065
RENAUDOT, Patrick, "Antilles et Haïti", *Le Magazine littéraire,* Paris, 189, novembre 1982.
Sur *Alleluia pour une femme-jardin,* de DEPESTRE, René, et *La Famille Vortex,* de Jean Métellus.

2066
SAROT, Louis, "Jean Métellus : *La Famille Vortex*", *Vers l'avenir,* Namur, Belgique, 4 février 1983.

2067
SAVIGNEAU, Josyane, "Jean Métellus: la fécondité fascinée par l'impuissance", *Le Monde,* Paris, 23 septembre 1983.
Sur *Une eau-forte,* de Jean Métellus.

2068
SPIRE, Armand, "Leçon de métissage", *L'Humanité,* Paris, 30 septembre 1983.
Sur *Une eau-forte,* de Jean Métellus.

2069
T. F., "*La Famille Vortex* ou le drame des exilés haïtiens", *Flash Antilles-Afrique,* Paris, 45, octobre-novembre 1982, 10.

2070
THORGENSKY, Tamara, "Un tourbillon haïtien", *Le Matin,* Paris, 31 novembre 1982.
Sur *La Famille Vortex,* de Jean Métellus.

2071
TIXIER, Jean-Marc, "D'un Noël à l'autre : *La Famille Vortex*", *Objectif Sud,* Marseille, France, décembre 1982.

2072
VITOUX, Frédéric, "Jean Métellus : la malédiction de l'exil", *La Vie ouvrière C.G.T.,* Paris, 30 octobre-9 novembre 1982.
Sur *La Famille Vortex,* de Jean Métellus.

MILSCENT, Jules Solime

2073
MARCELIN, Émile, "Jules Solime Milscent", *Le Temps,* Port-au-Prince,
12 février 1936.

MOÏSE, Rodolphe

2074
DÉSINOR, Yvan, "*Gueule de feu,* de Rodolphe Moïse", *Haïti-Journal,* Port-au-
Prince, 23 juillet 1947.

2075
J. L.,"*Aux armes, guerilleros,* de Rodolphe Moïse", *Lakansièl,* Brooklyn, New
York, 2, juillet 1975, 30.

MORAVIA, Adeline

2076
DORVAL, Gérald, "*Aude et ses fantômes,* d'Adeline Moravia", *Le Petit Samedi
soir,* Port-au-Prince, 188, 1-7 avril 1977, 16-17.

2077
GARDINER, Madeleine, "Adeline Moravia", in idem, *Visages de femmes,
portraits d'écrivains,* Deschamps, Port-au-Prince, 1981, 159-182.

MORAVIA, Charles

2078
ANON., "*L'Amiral Killick,* de Charles Moravia et André Chevallier", *Le Matin,*
Port-au-Prince, 8 avril 1923.

2079
ANON., "*L'Amiral Killick,* de Charles Moravia et André Chevallier", *Le
Nouvelliste,* Port-au-Prince, 4 et 5 avril 1923.

2080
ANON., "*La Crête à Pierrot,* de Charles Moravia, et notre patriotisme", *Le
Pacificateur,* Port-au-Prince, 19 avril 1907.

2081
ANON., "*La Crête-à-Pierrot,* de Charles Moravia", *Le Matin,* Port-au-Prince,
17 et 18 avril 1907.

2082
ANON., "L'*Intermezzo* d'Henri Heine mis en vers français par Charles Moravia",
L'Essor quotidien, Port-au-Prince, 22 février 1918.

2083
BURR-REYNAUD, Frédéric, "*La Crête-à-Pierrot,* poème historique en trois
tableaux et en vers, par Charles Moravia", *Le Pacificateur,* Port-au-Prince,
5 juin 1908.

2084
CAMILLE, Roussan, "Charles Moravia", *Haïti-Journal,* Port-au-Prince,
10 février 1942.

2085
CHRÉTIEN, Joseph, "En marge de *L'Amiral Killick,* de Charles Moravia et
André Chevallier", *Le Matin,* Port-au-Prince, 13 avril 1923.

2086
FILS-AIMÉ, Paul, "Le Journalisme de Charles Moravia", *La Phalange,* Port-au-
Prince, 10 février 1943.

2087
HIPPOLYTE, Dominique, "Charles Moravia", *La Phalange,* Port-au-Prince,
11 février 1942.

2088
LATORTUE, Lys, "*L'Amiral Killick,* pièce en trois actes de MM. Charles
Moravia et André Chevallier", *Le Temps,* Port-au-Prince, 18 avril 1923.

2089
LESCOUFLAIR, Georges, "Charles Moravia et Henri Heine", *Le Nouvelliste,*
Port-au-Prince, 13 novembre 1918.

2090
NAU, John Antoine, "Un romancier et un poète haïtiens", *Haïti littéraire et
sociale,* Port-au-Prince, 5, 20, janvier 1913, 649-652.
Sur HIBBERT, Fernand, et Charles Moravia.

2091
POLISSON, "Charles Moravia et Henri Heine", *L'Essor quotidien,* Port-au-
Prince, 2 décembre 1918.

2092
LE TEMPS REVUE, "Hommage funèbre à Charles Moravia", *Le Temps revue,*
Port-au-Prince, 16 février 1938.
Articles de GRIMARD, Luc, BERVIN, Antoine, MORISSEAU-LEROY,
Félix, VILMENAY, Thomas A., etc.

2093
TROUILLOT, Ernst , "Le Centenaire de naissance de Charles Moravia", *Le
Nouvelliste,* Port-au-Prince, 17 et 18-19 juin 1975.

2094
VILMENAY, Thomas A., "Charles Moravia", *L'Informateur haïtien,* Port-au-
Prince, 20 février 1919.

MORISSEAU, Roland

2095
MOORHEAD, Andrea, "*Chanson de Roland,* de Roland Morisseau", *The French
Review,* Champaign, Illinois, 54, 6, May, 1981, 900-901.

2096
PHILOCTÈTE, René, "Trois poètes de Haïti littéraire", *Semences,* Port-au-
Prince, 1, 2, mai 1962.
Sur DAVERTIGE, PHELPS, Anthony et Roland Morisseau.

MORISSEAU-LEROY, Félix

2097
ANON., "*Antigone,* adaptation créole de Félix Morisseau-Leroy", *Le Nouvelliste,*
Port-au-Prince, 16 juillet 1953.

2098
ANON., "*Antigone* en créole, de Félix Morisseau-Leroy", *Le National Magazine,*
Port-au-Prince, 16 août 1953.

2099
ANON., "Félix Morisseau-Leroy", *L'Indépendance,* Port-au-Prince,
23 avril 1956.

2100
ANON., "Hommage à Félix Morisseau-Leroy", *Le Nouveau Monde,* Port-au-
Prince, 2 mars 1984.

2101
ANON., "On n'a pas sifflé *Antigone*, de Félix Moisseau-Leroy", *Haïti-Journal*, Port-au-Prince, 20 juillet 1953.

2102
ANON., "*Ravinodyab*, de Félix Morisseau-Leroy", *Haïti Observateur*, New York, 26 mars-2 avril 1982.

2103
BALMIR, Lucien, "Une interview de Félix Morisseau-Leroy", *Le Matin*, Port-au-Prince, 24 juillet 1953.

2104
BÉLANCE, René, "*Natif-natal*, de Félix Morisseau-Leroy", *Conjonction*, Port-au-Prince, 20, avril 1949, 38-39.

2105
BRIERRE, Jean F., "*Diacoute*, de Félix Morisseau-Leroy", *Le Nouvelliste*, Port-au-Prince, 27 juin 1953.

2106
BRIERRE, Jean F., "Félix Morisseau-Leroy", *Le Matin*, Port-au-Prince, 20 novembre 1947.

BRUTUS, Edner, voir SEDINE.

2107
COLIMON, Marie-Thérèse, "Un événement littéraire : *Antigone* en créole, de Félix Morisseau-Leroy", *Le National*, Port-au-Prince, 27 juillet 1953.

2108
COOK, Mercer, "*Récolte*, by Félix Morisseau-Leroy", *Journal of Negro History*, Washington, D.C., 31, 4, October, 1946, 494-495.
Aussi en traduction française in *Le Matin*, Port-au-Prince, 6 décembre 1946.

2109
DAUMEC, Lucien, "*Diacoute* et *Antigone*, de Félix Morisseau-Leroy", *Le Matin*, Port-au-Prince, 19-20 juillet 1953.

2110
DORSINVILLE, Roger, "Félix Morisseau-Leroy, ou l'Exil d'un créateur", *Africa*, Dakar, 143, août-septembre 1982.

2111
DORSINVILLE, Roger, "*Kasamansa*, de Félix Morisseau-Leroy", *Africa*, Dakar, 90, avril 1977.

2112
DORSINVILLE, Roger, "*Natif-natal*, par Félix Morisseau-Leroy", *Africa*, Dakar, 133, juin 1981.

2113
DORSINVILLE, Roger, "*La Ravine aux diables*, de Félix Morisseau-Leroy", *Africa*, Dakar, 148, février 1983.

2114
DURAND, Michel, "*Diacoute*, de Félix Morisseau-Leroy", *Le Nouvelliste*, Port-au-Prince, 4 juillet 1953.

2115
GAILLARD, Roger, "La Voie royale", *Le Soir*, Port-au-Prince, 1er avril 1946.
Sur *Récolte*, de Félix Morisseau-Leroy.

2116
GOUSSE, Edgard, "Félix Morisseau-Leroy : la fureur de vaincre", *Étincelles,* Montréal, P.Q., novembre-décembre 1983, 11-14.

2117
ICART, Alfred, "*Diacoute,* de Félix Morisseau-Leroy", *Le National Magazine,* Port-au-Prince, 19 juillet 1953, 13 et 17.

2118
KEMP, Roger, "Haïti au Théâtre des Nations", *Le Monde,* Paris, 13 mai 1959. Sur *Antigone,* de Félix Morisseau-Leroy.

2119
LAFERRIÈRE, Dany, "Chapeau, Félix", *Étincelles,* Montréal, P.Q., novembre-décembre 1983, 8.
Interview de Félix Morisseau-Leroy.

2120
LAFONTANT, Julien J., "The Dynamic Message of Félix Morisseau-Leroy's *Diacoute* and Jacques Roumain's *Gouverneurs de la rosée*", in James P. Gilroy, ed, *Francophone Literatures of the New World,* University of Denver, Denver, Colorado, occasional papers 2, March, 1982, 115-136.

2121
LANDO, Simon, "Un écrivain haïtien : Félix Morisseau-Leroy", *Conjonction,* Port-au-Prince, 17, octobre 1948, 20.

2122
MAGLOIRE, Clément, "Félix Morisseau-Leroy", *Haïti-Journal,* Port-au-Prince, 5 mai 1941.

2123
MAPOU, Jan, "Félix Morisseau-Leroy : bwapen nan granchemen", *Étincelles,* Montréal, P.Q., 7, novembre-décembre 1983, 9-10.

2124
MORISSEAU-LEROY, Félix, "L'Espace de la conscience créole", *Le Nouvelliste,* Port-au-Prince, 17 février 1984.
Sur son propre théâtre.

2125
MORISSEAU-LEROY, Félix, "Poésie haïtienne d'expression créole", *Le Matin,* Port-au-Prince, 27 juin 1953.
À propos de son recueil *Diacoute.*

2126
PAUL, Emmanuel C., "Le Message de *Diacoute,* de Félix Morisseau-Leroy", *Optique,* Port-au-Prince, 27, mai 1956, 23-30.

2127
SEDINE (pseud. de BRUTUS, Edner), "Morisseau-Leroy", *Maintenant,* Port-au-Prince, 10 septembre 1936.

MORPEAU, Louis

2128
DUMERVE, Constantin, "Louis Morpeau", *La Phalange,* Port-au-Prince, 5 septembre 1947.

MULLER, Rudolph

2129
DORVAL, Gérald, "*Parol anpil,* de Rudolph Muller", *Le Petit Samedi soir,* Port-au-Prince, 232, 11-17 mars 1978, 16-17.

2130
MERCERON, Gérald, "À Rudolph Muller", *Le Nouvelliste,* Port-au-Prince,
15-16 juillet 1978.
Sur *Paroles anpil,* de Rudolph Muller.

2131
R. T., "Rudolph Muller : un silence inquiétant", *Le Nouveau Monde,* Port-au-
Prince, 16-18 mai 1981.

2132
ROMÉUS, Wilhem, "Rudolph Muller", *Le Nouvelliste,* Port-au-Prince,
13 mars 1978.
Sur *Paroles anpil,* de Rudolph Muller.

NARCISSE, Pierre R.

2133
CLITANDRE, Pierre, "Le Peuple a le droit de chanter", *Le Petit Samedi soir,*
Port-au-Prince, 283, 4-10 avril 1979, 25-26.
Sur *Dèy ak lespoua,* de Pierre R. Narcisse.

2134
LINDOR, Fresnel, "*Dèy ak lespoua,* de Pierre R. Narcisse, ou le Crépuscule des
parias", *Le Nouvelliste,* Port-au-Prince, 30 avril 1979.

2135
MERCERON, Gérald, "Deux nouveaux poèmes de Pierre R. Narcisse", *Le
Nouvelliste,* Port-au-Prince, 26 novembre 1979.

2136
MERCERON, Gérald, "Lettre ouverte à Pierre R. Narcisse sur *Dèy ak lespoua*",
Le Nouvelliste, Port-au-Prince, 8 août 1979.

NAU, Émile

2137
ANON., "Du théâtre haïtien", *La Feuille du commerce,* Port-au-Prince,
20 décembre 1856.
Sur *La Fiancée de Léogâne,* d'Émile Nau.

NAU, Ignace

2138
BERROU, Frère Raphaël, "Ignace Nau conteur, ou la Fidélité au réel", *Le
Nouvelliste,* Port-au-Prince, 16 septembre 1970.

2139
BERROU, Frère Raphaël, "Ignace Nau poète, ou la Fidélité du cœur", *Le
Nouvelliste,* Port-au-Prince, 25 septembre 1970.

2140
BISSAINTHE, Max, "Étude de bio-généalogie haïtienne : les Nau",
Conjonction, Port-au-Prince, 63-64, 1956, 85-97.

2141
BROUARD, Carl, "Promenade dans la littérature haïtienne : Ignace Nau",
Haïti-Journal, Port-au-Prince, 15 février 1932.

2142
LESPINASSE, Pierre-Eugène, "Ignace Nau", *Revue de la Ligue de la jeunesse
haïtienne,* Port-au-Prince, 1, 5, 20 juin 1916, 227-238.

2143
MARCELIN, Émile, "Ignace Nau (1812-1845)", *Le Temps,* Port-au-Prince, 21 mars 1936.

2144
VERNA, Paul, "Ignace Nau", *Conjonction,* Port-au-Prince, 23, octobre 1949, 35-37.

2145
VERNA, Paul, "Poètes écartelés : Ignace Nau", *L'Action sociale,* Port-au-Prince, 25 décembre 1948.

NAU, Laurore

2146
ANON., "*La Vengeance d'une pipe,* pièce de Laurore Nau", *L'Essor quotidien,* Port-au-Prince, 10 septembre 1921.

NEPTUNE, Louis

2147
BALMIR, Lucien, "*Gouttes de fiel,* de Louis Neptune", *Haïti-Journal,* Port-au-Prince, 27 mars 1947.

2148
ÉTIENNE, Michel, "*Gouttes de fiel,* de Louis Neptune", *Le Flambeau,* Port-au-Prince, 5 avril 1947.

2149
MORISSEAU-LEROY, Félix, "*Gouttes de fiel,* de Louis Neptune", *Le Matin,* Port-au-Prince, 19 mars 1947.

NOVASTAR, Charles

2150
ROUZIER, Arthur, "*Oméga noir,* de Charles Novastar", *Le Nouveau Monde,* Port-au-Prince, 1er juin 1982.

NUMA, Edgar Nérée

2151
ANON., "Biographie de Edgar Nérée Numa, candidat à la présidence", *La Ruche,* Port-au-Prince, 29 juin 1946.

2152
CINÉAS, Jean-Baptiste, "Edgar Nérée Numa", *Le Temps revue,* Port-au-Prince, 13 novembre 1937.

2153
LAMARRE, Joseph M., "*Clercina Destiné,* d'Edgar Nérée Numa, un témoignage", *Présence haïtienne,* New York, 4, novembre-décembre 1975, 27-30.

2154
LAVENTURE, Jules, "*Clercina Destiné,* de Edgar Nérée Numa", *Lakansièl,* Brooklyn, New York, 3, septembre 1975, 26.

2155
RIGAUD, Rodolphe François, "Hommage à Edgar Nérée Numa", *Le Matin,* Port-au-Prince, 17 avril 1946.

NUMA, Saint-Arnaud (Nono)

2156
ANON., "*Jénéral Janjak Desalin,* de Saint-Arnaud (Nono) Numa, une imitation d'*Horace,* de Pierre Corneille", *Le Nouveau Monde,* Port-au-Prince, 11 décembre 1975.

2157
FARDIN, Dieudonné, "Mon opinion sur *Andromak,* de Saint-Arnaud (Nono) Numa", *Le Petit Samedi soir,* Port-au-Prince, 52, 6-12 avril 1974, 5.

2158
GAILLARD, Roger, "Offense à la noblesse du créole", *Le Nouveau Monde,* Port-au-Prince, 1ᵉʳ avril 1974.
   Sur *Andromak,* de Saint-Arnaud (Nono) Numa.

2159
LAROCHE, Maximilien, "Le Théâtre haïtien et la conscience du peuple", in Alain Baudot et al., *Identité culturelle et francophonie dans les Amériques* (III), Centre International de Recherches sur le Bilinguisme, Québec, P.Q., 1980, 172-175.
   Sur *Jénéral Rodrig,* de Saint-Arnaud (Nono) Numa.

2160
SAINT-VIL, Jacques, "Rayi Rodrig", *Le Nouveau Monde,* Québec, P.Q., 15 mai 1973.
   Sur *Jénéral Rodrig,* de Saint-Arnaud (Nono) Numa.

2161
THADAL, Roland, "Le Député écrivain et le conteur futuriste Saint-Arnaud (Nono) Numa", *Le Nouveau Monde,* Port-au-Prince, 19-20 décembre 1981.

OLLIVIER, Émile

2162
AMÉRAS, Diane, "Thèmes et variations sur *Mère-Solitude,* d'Émile Ollivier", *Relations,* Montréal, P.Q., mars 1984, 69.

2163
ANON., "Afro-caribéen", *Tropic magazine,* Paris, 11, 1983.
   Sur *Mère-Solitude,* d'Émile Ollivier.

2164
ANON., "Passé, présent, avenir", *Africa,* Dakar, décembre 1984.
   Sur *Mère-Solitude,* d'Émile Ollivier.

2165
BATRAVIL, Dominique, "*Mère-Solitude,* d'Émile Ollivier", *Écriture française,* Sherbrooke, P.Q., 6, 3-4, 1984, 73.

2166
CHALON, Jean, "Une Tosca d'Haïti", *Le Figaro,* Paris, 5 septembre 1983.
   Sur *Mère-Solitude,* d'Émile Ollivier.

2167
DORSINVILLE, Roger, "Passé, présent, avenir : *Mère-Solitude,* par Émile Ollivier", *Africa,* Dakar, 168, décembre 1984.

2168
DORSINVILLE, Roger, "*Paysage de l'aveugle,* par Émile Ollivier", *Africa,* Dakar, 100, avril 1978.

2169
DUCREST, F., "Découverte d'un romancier : Émile Ollivier", *Liberté-dimanche,*
Paris, 9 octobre 1983.

2170
FALGAYRETTES, Christiane, "*Mère-Solitude,* d'Émile Ollivier", *Afrique-Asie,*
Paris, 313, 16 janvier 1984.

2171
FOLCH-RIBAS, "Les Iles fabuleuses", *La Presse,* Montréal, P.Q.,
10 décembre 1983.
Sur *Mère-Solitude,* d'Émile Ollivier.

2172
GARCIA-SIERRA, Silvia, "*Mère Solitude,* de Émile Ollivier", *Anales del Caribe,*
La Habana, 3, 1983, 304-313.

2173
LAFERRIÈRE, Dany, "Les Yeux crevés de la mémoire", *Collectif paroles,*
Montréal, P.Q., 25, septembre-octobre 1983, 28-31.
Sur *Mère-Solitude,* d'Émile Ollivier.

2174
MARCOTTE, Gilles, "*Mère-Solitude,* d'Émile Ollivier", *L'Actualité,* Montréal,
P.Q., janvier 1984.

2175
MASSÉ, Gilles, "Haïti, la mère morte", *Virus,* Montréal, P.Q., novembre 1983.
Sur *Mère-Solitude,* d'Émile Ollivier.

2176
MATHIEU, Louise G., "*Mère-Solitude,* d'Émile Ollivier", *Nuit blanche,*
Québec, P.Q., 11, décembre 1983-janvier 1984.

2177
MINOT, René, "*Mère-Solitude,* d'Émile Ollivier", *Nos Livres,* Montréal, P.Q.,
5 992, décembre 1984.

2178
OLLIVIER, Émile, "Du bon usage de l'exil et de la schizophrénie", *Le Devoir,*
Montréal, P.Q., 5 novembre 1983.

2179
PAUL, Cauvin L., "*Mère -Solitude,* d'Émile Ollivier, roman de la réverbération",
Haïti-Progrès, New York, 16-22 novembre 1983.

2180
ROUMAIN, Claude, "*Mère-Solitude,* d'Émile Ollivier ou la Mémoire recousue",
Haïti-Observateur, New York, 11-18 novembre 1983, 14.

2181
SAINT-LOUIS, René A., "Ollivier et Haïti : un roman de la mémoire et du
désespoir", *Terre et Liberté,* Montréal, P.Q., 5, 7, 1984.
Sur *Mère-Solitude,* d'Émile Ollivier.

2182
SIMON, Sherry, "*Mère-Solitude,* d'Émile Ollivier", *Spirale,* Montréal, P.Q.,
décembre 1983.

2183
SOULIÉ, Jean-Paul, "Émile Ollivier et *Mère-Solitude,* un mariage entre le
français et la façon créole", *La Presse,* Montréal, P.Q., 10 décembre 1983.

2184
TREMBLAY, Régis, "Le Cauchemar haïtien", *Le Soleil,* Québec, P.Q.,
8 octobre 1983.

2185
TRUDEL, Clément, "L'Optimisme tragique d'Émile Ollivier", *Le Devoir,*
Montréal, P.Q , 29 octobre 1983.
Sur *Mère-Solitude,* d'Émile Ollivier.

2186
WÈCHE, Mérès, "Émile Ollivier dans la solitude d'une maison de morts",
Étincelles, Montréal, P.Q., 7, novembre-décembre 1983, 25.
Sur *Mère-Solitude,* d'Émile Ollivier.

PAPAILLER, Hubert

2187
ANON., "*Les Laboureurs de la mer,* par Hubert Papailler", *Conjonction,* Port-au-
Prince, 79-80, février-mai 1960, 85-86.

PAPILLON, Pierre

2188
TROUILLOT, Hénock, "À propos d'*Exilé du ciel,* de Pierre Papillon", *Haïti-
Journal,* Port-au-Prince, 13 septembre 1949.

PARET, Thimothée

2189
ANON., "*Fleurs détachées,* par Timothée Paret", *Le Matin,* Port-au-Prince,
10 août 1917.

2190
MORPEAU, Louis, "*L'Âme vibrante,* de Timothée Paret", *L'Essor,* Port-au-
Prince, mars 1914, 546-548.

PAUL, Cauvin L.

2191
AMER, Michel (pseud de TROUILLOT, Michel-Rolph), "*Nuit sans fond,* de
Cauvin L. Paul", *Lakansièl,* Brooklyn, New York, 5, mai 1976, 8.

2192
DORVAL, Gérald, "Qui est Gentilus ?", *Le Petit Samedi soir,* Port-au-Prince,
148, 5-11 juin 1976, 23.
Sur *Nuit sans fond,* de Cauvin L. Paul.

2193
GOURAIGE, Ghislain, "Le Roman de la hantise, *Nuit sans fond,* de Cauvin L.
Paul", *Lakansièl,* Brooklyn, New York, 6, août 1976, 26-27.

TROUILLOT, Michel-Rolph, voir AMER, Michel.

PAULTRE, Carrié

2194
FREEMAN, Bryant C., "Carrié Paultre and *Tonton Libin* : the Emergence of
the Haitian Creole Peasant Novel", *Journal of Caribbean Studies,* Coral
Gables, Florida, 3, 3, Winter, 1983, 266-281.

PEREZ, Jeanne

2195
ANON., "*Sanite Bélair,* de Jeanne Perez", *L'Illustration antillaise,* Port-au-Prince,
1, 9, 5 septembre 1942, 7.

BRUTUS, Edner, voir SEDINE.

2196
ICART, Alfred, "Le Mouvement littéraire : *La Mansarde,* de Jeanne Perez", *Haïti-Journal,* Port-au-Prince, 23 novembre 1950.

2197
MATHELIER, Clément, "*Taïna et ses amis,* de Jeanne Perez", *L'Assaut,* Port-au-Prince, 30 décembre 1935.

2198
SEDINE (pseud. d'Edner Brutus), "Jeanne Perez", *Maintenant,* Port-au-Prince, 21 mars 1936.

PERRIER, Rose Marie

2199
THÉNOR, Auguste, "Rose Marie Perrier", *Le Nouvelliste,* Port-au-Prince, 16 avril 1963.

PHELPS, Anthony

2200
ALANTE-LIMA, Willy, "*Mon pays que voici,* d'Anthony Phelps", *Présence africaine,* Paris, 71, 3ème trim. 1969, 109-111.

2201
ANON., "*Mémoire en colin-maillard,* d'Anthony Phelps", *Nigrizia,* Verona, Italie, dicembre 1978, 65.

2202
ANON., "Über das Haiti von heute", *Berliner Zeitung,* Berlin, R.D.A., 21 avril 1977.
Sur la traduction allemande de *Moins l'infini,* d'Anthony Phelps.

2203
AUDET, Noël, "*La Bélière caraïbe,* d'Anthony Phelps", *Le Devoir,* Montréal, P.Q., 5 juillet 1980.

2204
AUDET, Noël, "Poésie haïtienne au Québec", *Le Devoir,* Montréal, P.Q., 5 juillet 1980.
Sur *La Multiple présence,* de CAMILLE, Roussan, *Entre deux pays,* de CIVIL, Jean et *La Bélière caraïbe,* d'Anthony Phelps.

2205
BEAULIEU, Michel, "*Même le soleil est nu,* d'Anthony Phelps", *Estuaire,* Montréal, P.Q., 29, automne 1983, 70-71.

2206
BRUNER, Charlotte H., "*La Bélière caraïbe,* d'Anthony Phelps", *World Literature Today,* Norman, Oklahoma, 55, 2, Spring, 1981, 363-364.

2207
BRUNER, Charlotte H., "Haitian Poets Cross Swords", *The Gar,* Austin, Texas, 33, February, 1974, 22-24.
Sur la présence de DEPESTRE, René dans la poésie d'Anthony Phelps.

2208
C. P., "*Textes interdits,* de Serge Legagneur, et *Mon pays que voici,* d'Anthony Phelps", *Nouvelle Optique,* Montréal, P.Q., 11, janvier 1971, 125-127.

2209
CAILLER, Bernadette, "*Mémoire en colin-maillard,* d'Anthony Phelps", *World Literature Today,* Norman, Oklahoma, 51, 4, Autumn, 1977, 671.

2210
CRITIAS, "Vers une renaissance poétique ? À propos du dernier recueil
d'Anthony Phelps", *Le Nouvelliste,* Port-au-Prince, 29 août 1962.
Sur *Éclats de silence,* d'Anthony Phelps.

2211
DUMAS, Pierre Raymond, "Anthony Phelps : un véritable combattant", *Le
Petit Samedi soir,* Port-au-Prince, 484, 18-24 juin 1983, 22 et 30.

2212
DUMAS, Pierre Raymond, "Le Dernier Recueil de poèmes d'Anthony Phelps",
Le Nouvelliste, Port-au-Prince, 5 janvier 1984.
Sur *Même le soleil est nu,* d'Anthony Phelps.

2213
DUMAS, Pierre Raymond, "Notes de lecture sur *Motifs pour le temps saisonnier,*
d'Anthony Phelps", *Le Nouvelliste,* Port-au-Prince, 22 février 1984.

2214
DUMAS, Pierre Raymond, "L'Œuvre d'Anthony Phelps, lecture thématique",
Le Nouvelliste, Port-au-Prince, 28 et 29 juin, 5, 23 et 24 juillet 1984.

2215
ÉTIENNE, Gérard V., "En marge de la poésie d'Anthony Phelps", *Le
Nouvelliste,* Port-au-Prince, 23-24 décembre 1960.

2216
F. R., "*Été,* d'Anthony Phelps", *Le Nouvelliste,* Port-au-Prince, 23 octobre 1961.

2217
GAILLARD, Roger, "Mon ami que revoici", *Le Nouveau Monde,* Port-au-
Prince, 10 octobre 1974.
Sur *Et moi je suis une île,* d'Anthony Phelps.

2218
GALPÉRINA, Eugenia, "*Mémoire en colin-mailard* et *Motifs pour le temps
saisonnier*", d'Anthony Phelps, *Littérature étrangère,* Moscou, 1, 1978.
En russe.

2219
GALPÉRINA, Eugenia, "*Moins l'Infini,* d'Anthony Phelps", *Littérature
étrangère,* Moscou, 1, 1974.
En russe.

2220
LACOTE, René, "Chronique de poésie : Anthony Phelps", *Les Lettres françaises,*
Paris, 19 février 1969.

2221
MARCHAND, Olivier, "Micheline Gagnon et Anthony Phelps : sobre plainte
et large chant", *La Presse,* Montréal, P.Q., 11 mars 1967.

2222
MARTEL, Réginald, "L'Angoisse mouvante et l'horreur achevée", *La Presse,*
Montréal, P.Q., 19 février 1977.
Sur *Mémoire en colin-maillard,* d'Anthony Phelps.

2223
MOORHEAD, Andrea, "*La Bélière caraïbe,* d'Anthony Phelps", *The French
Review,* Champaign, Illinois, 54, 6, May, 1981, 900-901.

2224
MORA, Edith, "Poésie heureuse", *Les Nouvelles littéraires,* Paris,
24 décembre 1964.

2225
PHILOCTÈTE, René, "Trois poètes de Haïti littéraire", *Semences,* Port-au-
Prince, 1, 2, mai 1962.
Sur DAVERTIGE, Anthony Phelps et MORISSEAU, Roland.

2226
RICARD, François, "Qui a donné Guy et Jacques Colin ?", *Le Devoir,*
Montréal, P.Q., 19 mars 1977.
Sur *Mémoire en colin-maillard,* d'Anthony Phelps.

2227
RIOUX, Gilles, "*Points cardinaux,* d'Anthony Phelps", *Sept-Jours,* Montréal,
P.Q., 1, 23, 18 février 1967.

2228
THOMAS, Claude, "Une poésie truffée de surprises", *Le Livre d'ici,* Montréal,
P.Q., 5, 48, 3 septembre 1980.
Sur *La Bélière caraïbe,* d'Anthony Phelps.

PHILOCTÈTE, René

2229
ANON., "*Monsieur de Vastey,* de René Philoctète", *Lakansièl,* Brooklyn, New
York, 4, janvier 1976, 40.

2230
BERROU, Frère Raphaël, "René Philoctète et son *Et Caetera*", *Le Nouvelliste,*
Port-au-Prince, février 1974.

2231
BOURAOUI, Hédi, "*Ces îles qui marchent,* de René Philoctète", *Le Petit Samedi
soir,* Port-au-Prince, 3, 97-98, 17-30 mai 1975, 27-29.

2232
CHARLES, Christophe, "*Herbes folles,* le dernier chef-d'œuvre de René
Philoctète", *Le Nouveau Monde,* Port-au-Prince, 26 mars 1982.

2233
DAMOUR, Alix, "Hommage à René Philoctète pour ses cinquante ans", *Le
Nouveau Monde,* Port-au-Prince, 3 novembre 1982.

2234
DESLANDES, Jules, "À propos de *Boukman ou le rejeté des enfers,* de René
Philoctète", *Le Nouvelliste,* Port-au-Prince, 1-2 juillet 1964.

2235
DESROSIERS, Andral, "*Caraïbes,* de René Philoctète, une œuvre imagée", *Le
Nouveau Monde,* Port-au-Prince, 8 mai 1981.

2236
EUGÈNE, Jean, "*Les Tambours du soleil,* de René Philoctète", *Le Nouvelliste,*
Port-au-Prince, 2-4 novembre 1962.

2237
FARDIN, Dieudonné, "Croire au printemps", *Le Petit Samedi soir,* Port-au-
Prince, 43, 2-8 février 1973, 5.
Sur *Et Caetera,* de René Philoctète.

2238
FIGNOLÉ, Jean-Claude, "Pour présenter *Monsieur de Vastey,* de René
Philoctète", *Le Nouvelliste,* Port-au-Prince, 27 novembre 1975.

2239
GAILLARD, Roger, "Monsieur de Vastey et la canaille", *Le Nouveau Monde,*
Port-au-Prince, 27-28 décembre 1975.
Sur *Monsieur de Vastey,* de René Philoctète.

2240
GOURAIGE, Ghislain, "*Voix dans le soir,* de René Philoctète", *Le Soir,* Port-au-
Prince, 26 octobre 1945.

2241
LAFERRIÈRE, Dany, "*Monsieur de Vastey,* de René Philoctète", *Le Petit Samedi
soir,* Port-au-Prince, 3, 88, 8-14 mars 1975, 15.

2242
LALEAU, Léon, "Lettre à René Philoctète", *Le Nouvelliste,* Port-au-Prince,
15-16 décembre 1962.

2243
MONTAS, Michèle, "Une balançoire dans son cœur", *Le Nouvelliste,* Port-au-
Prince, 1ᵉʳ décembre 1975.
Sur *Monsieur de Vastey,* de René Philoctète.

2244
RÉSIL, Gérard, "*Le Huitième Jour,* de René Philoctète, un roman qui incite à la
réflexion et à la discussion", *Le Petit Samedi soir,* Port-au-Prince, 37,
3-16 novembre 1973, 8-9.

2245
RÉSIL, Gérard, "*Monsieur de Vastey,* de René Philoctète", *Le Petit Samedi soir,*
Port-au-Prince, 3, 95, 3-9 mai 1975, 12 et 21.

2246
SOUKAR, Michel, "Roman et destin du monde", *Le Petit Samedi soir,* Port-au-
Prince, 28, 25-31 août 1973, 23-24.
Sur *Le Huitième Jour,* de René Philoctète.

2247
THADAL, Roland, "Du grand art", *Le Nouveau Monde,* Port-au-Prince,
16 avril 1982.
Sur *Herbes folles,* de René Philoctète.

PIERRE, Romulus

2248
DOLCÉ, Jacquelin, "Au-delà d'une littérature folklorique", *Le Petit Samedi soir,*
Port-au-Prince, 246, 24-30 juin 1978, 19.
Sur *Les Zombis en furie,* de Romulus Pierre.

POMMAYRAC, Alcibiade

2249
ALEXANDRE, Rod, "Hommage à Pommayrac", *Le Nouvelliste,* Port-au-Prince,
30 juin 1910.

2250
BURR-REYNAUD, Frédéric, "Alcibiade de Pommayrac", *La Phalange,* Port-au-
Prince, 21 novembre 1944.

2251
CARÈNE, Ardy, "Une longue pièce inédite de M. de Pommayrac", *Le Matin,*
Port-au-Prince, 5 avril 1934.

2252
CLAUDE, Jean, "Alcibiade Pommayrac", *Cahiers d'Haïti*, Port-au-Prince, 2, 5, décembre 1944, 36-37.

2253
LARGE, Camille, "Alcibiade de Pommayrac, 1843-1943", *La Phalange*, Port-au-Prince, 10, 18 et 25 janvier 1945.

2254
PIERRE-LOUIS, Bignon, "Hommage au poète Pommayrac", *Le Nouvelliste*, Port-au-Prince, 27 juin 1910.

POSY, Bonnard

2255
ANON., "*Les Matins sur la colline*, de Bonnard Posy, roman byin sizonnin", *Le Petit Samedi soir*, Port-au-Prince, 270, 23 décembre 1978-6 janvier 1979.

2256
BAPTISTE, Louis P., "*Jusqu'au bout du chemin*, de Bonnard Posy", *Le Nouvelliste*, Port-au-Prince, 20 janvier 1967.

2257
BAUDUY, Robert, "Lettre à Bonnard Posy sur *Les Matins sur la colline*", *Le Nouvelliste*, Port-au-Prince, 3-4 février 1979.

2258
DE LA CROIX, Jean, "*Les Matins sur la colline*, de Bonnard Posy", *Le Petit Samedi soir*, Port-au-Prince, 269, 16-22 décembre 1978, 18-20.

2259
DOLCÉ, Jacquelin, "*Les Matins sur la colline*, de Bonnard Posy", *Le Petit Samedi soir*, Port-au-Prince, 279, 3-10 mars 1979, 28.

2260
F. R., "Lettre à Monsieur Bonnard Posy au sujet de *Jusqu'au bout du chemin*", *Le Nouvelliste*, Port-au-Prince, 30 janvier 1967.

2261
GREFFIN, Georges, "*Les Matins sur la colline*, de Bonnard Posy, et le roman haïtien", *Le Nouvelliste*, Port-au-Prince, 27 décembre 1978.

2262
LARGE, Camille, "*Les Matins sur la colline*, de Bonnard Posy", *Le Nouvelliste*, Port-au-Prince, 3 janvier 1980.

2263
LAROCHE, Marc Léo, "Autour du roman de Bonnard Posy *Jusqu'au bout du chemin*", *Le Nouvelliste*, Port-au-Prince, 17 janvier 1967.

2264
LORME, Robert, "Le Chemin de Bonnard Posy", *Le Nouvelliste*, Port-au-Prince, 13 février 1967.
Sur *Jusqu'au bout du chemin*, de Bonnard Posy.

2265
MAGLOIRE SAINT-AUDE, Clément, "*Jusqu'au bout du chemin*, de Bonnard Posy", *Le Nouvelliste*, Port-au-Prince, 17 janvier 1967.

POUJOL-ORIOL, Paulette

2266
BERTRAND, Michel G., "*Le Creuset*, de Paulette Poujol-Oriol, est un roman qui vivra longtemps", *Le Nouvelliste*, Port-au-Prince, 20 mars 1981.

2267
DÉSINOR, Carlo A., "*Le Creuset,* de Paulette Poujol-Oriol, un roman réussi",
Le Nouvelliste, Port-au-Prince, 28-29 mars 1981.

2268
ESSARTS, Michèle des, "Interview de Madame Paulette Poujol-Oriol", *Le
Nouveau Monde,* Port-au-Prince, 21-22 juin 1980.

2269
SAINT JUSTE, Laurore, "*Le Creuset,* de Paulette Poujol-Oriol", *Le Nouvelliste,*
Port-au-Prince, 21-22 février 1981.

2270
VICTOR, Gary, "*Le Creuset,* de Paulette Poujol-Oriol", *Le Nouveau Monde,*
Port-au-Prince, 24-25 janvier 1981.

PRESSOIR, Charles F.

2271
BOUCHEREAU, Charles, "À propos de *Au rythme des coumbites,* de Charles F.
Pressoir", *Le Temps,* Port-au-Prince, 24 mars 1933.

2272
BRUTUS, Edner, "Charles F. Pressoir", *La Relève,* Port-au-Prince, 9,
1ᵉʳ mars 1933, 10 et 22.

2273
HEURTELOU, Daniel, "*Fantaisie en ut,* de Charles F. Pressoir", *La Relève,*
Port-au-Prince, 9, 1ᵉʳ mars 1933, 3 et 9.

2274
LALEAU, Léon, "*Au rythme des coumbites,* de Charles F. Pressoir", *L'Action
nationale,* Port-au-Prince, 4 février 1933.

2275
MANO, "*Au rythme des coumbites,* de Charles F. Pressoir", *Haïti-Journal,* Port-
au-Prince, 4 février 1933.

2276
PRESSOIR, Charles F., "Comment j'ai été amené à écrire *Au rythme des
coumbites*", *Le Temps,* Port-au-Prince, 31 mars, 8, 22 et 29 avril et
6 mai 1933.

RÉGULUS, Christian

2277
CONSTANT, Richard, "Christian Régulus", *La Démocratie,* 30 août-
1ᵉʳ septembre 1951.
Aussi in *Le National,* Port-au-Prince, 4 décembre 1954.

RICOT, Justin

2278
ANON., "Vie et poésie", *Le Nouvelliste,* 27 juin 1928.
Sur *Pétales et papillons,* de Justin Ricot. Aussi idem, 30 août-
1ᵉʳ septembre 1951.

2279
LECHAUD, Thomas H., "*Pétales et papillons,* de Justin Ricot", *L'Essor
quotidien,* Port-au-Prince, 30 juin 1928.

2280
VIEUX, J.B. Léon, "Parmi les *Pétales et papillons,* de Justin Ricot", *L'Essor
quotidien,* Port-au-Prince, 21 et 22 décembre 1928.

RICOURT, Volvick

2281
BRUTUS, Edner, "Volvick Ricourt", *La Nouvelle Haïti,* Port-au-Prince, 1, 1, mars 1934, 17-24.

Aussi in *La Relève,* Port-au-Prince, 2, 12, 1ᵉʳ juin 1934, p. 24-31.

RIGAUD, Milo

2282
ANON., "*Jésus ou Legba ?,* de Milo Rigaud", *Le Temps revue,* Port-au-Prince, 15 novembre 1933.

2283
BRIERRE, Jean F., "*Rythmes et rites,* de Milo Rigaud", *Le Matin,* Port-au-Prince, 8 février 1933.

2284
CHANTECLERC (pseud. de FOUCHARD, Jean), "*Rythmes et rites,* de Milo Rigaud", *Haïti-Journal,* Port-au-Prince, 4 février 1933.

FOUCHARD, Jean, voir CHANTECLERC.

2285
LESCOUFLAIR, Arthur, "*Jésus ou Legba ?,* de Milo Rigaud", *Le Temps,* Port-au-Prince, 31 janvier 1934.

Voir RIGAUD, Milo.

2286
MAGLOIRE SAINT-AUDE, Clément, "Pour Milo Rigaud", *L'Action nationale,* Port-au-Prince, 28 août 1933.

2287
MIRAMBEAU, Franck, "Milo Rigaud", *L'Action nationale,* Port-au-Prince, 23 février 1935.

Sur *Jésus ou Legba ?,* de Milo Rigaud.

2288
RIGAUD, Milo, "Autour de *Jésus ou Legba ?*", *L'Action nationale,* Port-au-Prince, 25-30 mai 1934.

Réponse à l'article de LESCOUFLAIR, Arthur.

ROCHEMONT, Serge

2289
THÉVENIN, Joseph, "*Ivraie ou sénevé,* de Serge Rochemont", *Optique,* Port-au-Prince, 28, juin 1956, 27-29.

ROMANE, Jean-Baptiste

2290
LÉON, Rulx, "Les Débuts du poète haïtien Jean-Baptiste Romane", *Le Nouvelliste,* Port-au-Prince, 14 septembre 1949.

ROMÉUS, Wilhem

2291
DUMAS, Pierre Raymond, "Thèmes et jeux de mots dans quelques poèmes de Wilhem Roméus", *Le Nouvelliste,* Port-au-Prince, 20-21 août 1983.

ROSARION, Ulrick

2292
PERRIER, Rose-Marie, "La poésie d'Ulrick Rosarion", *Le Matin,* Port-au-Prince, 4 mars 1983.

ROUMAIN, Jacques

2293
A. M., "Pou Jak Roumin. Pou *Gouvène larouzé*", in coll. En Avant, *La Voie tracée par Jacques Roumain,* Éd. Servir le peuple, Montréal, P.Q. et New York, 1977, 41-43.

2294
ABURA, Lynette, "Le Réalisme de Jacques Roumain et la critique lukaçsienne", *He-Cri,* Nairobi, Kenya, septembre 1978, 17-20.

2295
ACHIRIGA, Jingiri J., "*Gouverneurs de la rosée,* de Jacques Roumain, l'exemple haïtien", in idem, *La Révolte des romanciers noirs,* Naaman, Sherbrooke, P.Q., 1973, 119-141.

2296
ACHOUR, Christiane, et AZIBI, Idir, "L'Intertextualité comme indicateur de changement de Jacques Roumain à René Depestre", *Peuples noirs. Peuples africains,* Paris, 38, mars-avril 1984, 59-68.

2297
AIRE, Victor O., "Affinités électives ou imitation : *Gouverneurs de la rosée,* de Jacques Roumain, et *O Pays, mon beau peuple,* de Sembene Ousmane", *Présence francophone,* Sherbrooke, P.Q., 15, automne 1977, 3-10.
Sur les emprunts de Sembene Ousmane à *Gouverneurs de la rosée.*

2298
ALEXANDER, Douglas, "Jacques Roumain, poète indigéniste" in Charles Nelson, ed, *Studies in Language and Literature,* Kentucky University, Richmond, Kentucky, Proceedings, 23d Mountain Interstate Language Conference, 1976.

2299
ALEXIS, Jacques-Stéphen, "Jacques Roumain vivant", in Jacques Roumain, *Œuvres choisies,* Éd. du Progrès, Moscou, 1964, 3-10.
Aussi en préface à Jacques Roumain, *La Montagne ensorcelée,* Éditeurs Français Réunis, Paris, 1972, 11-30.

2300
ALEXIS, Stéphen, "*Gouverneurs de la rosée,* de Jacques Roumain", *Le Soir,* Port-au-Prince, 8, 9 et 10 février 1965.

2301
ALEXIS, Stéphen, "*Gouverneurs de la rosée,* roman de Jacques Roumain", *Cahiers d'Haïti,* Port-au-Prince, 2, 7, février 1945, 23-29.

2302
AMER, Michel (pseud. de TROUILLOT, Michel-Rolph), "Jacques Roumain", *Le Messager,* New York, 4, mars 1970.

2303
ANDRÉ, Jacques, "Pastorale haïtienne", in idem, *Caraïbales, études sur la littérature antillaise,* Éd. Caribéennes, Paris,1981, 19-52.

2304
ANON., "*Ebony Wood / Bois d'ébène,* by Jacques Roumain", *Choice,* Chicago, Illinois, 10, January, 1974, 1728.

2305
ANON., "*Ebony Wood / Bois d'ébène,* by Jacques Roumain", *Virginia Quarterly Review,* Charlottesville, Virginia, 49, Spring, 1973, 64.

2306
ANON., "*Gouverneurs de la rosée,* de Jacques Roumain", *Le Nouveau Monde,* Port-au-Prince, 3 mai 1964.

2307
ANON., "L'Homme est le centre des problèmes", *La Nation,* Port-au-Prince, 18 août 1948.
Comparaison de l'œuvre de Jacques Roumain avec celle de Jean Giono, à propos de l'engagement en littérature.

2308
ANON., "Jacques Roumain", *Opportunity,* New York, 13, 5, May, 1935, 134-135.

2309
ANON., "Jacques Roumain et la pensée féodale", *Démocratie nouvelle,* Brooklyn, New York, 3, 3, avril-mai 1975.

2310
ANON., "Jacques Roumain, patriote haïtien et écrivain français", *Les Lettres françaises,* Paris, 107, 10 mai 1946, 4.

2311
ANON., "*Masters of the Dew,* by Jacques Roumain", *The New Yorker,* New York, June 28, 1947, 79.
Sur la traduction américaine de *Gouverneurs de la rosée.*

2312
ANON., "*La Proie et l'ombre,* de Jacques Roumain", *Le Temps,* Port-au-Prince, 27 octobre 1930.

2313
ANTOINE, Jacques C., "From Toussaint-Louverture to Jacques Roumain", *Le Nouveau Monde,* Port-au-Prince, 13 avril 1958.
Dans la section anglaise du journal.

2314
ARNOLD, Stephen H., "Approches critiques de *Gouverneurs de la rosée,* de Jacques Roumain", *Peuples noirs. Peuples africains,* Paris, 12, 1979, 85-107.

AZIBI, Idir, voir ACHOUR, Christiane.

2315
BALMIR, Guy-Claude, "*Gouverneurs de la rosée,* de Jacques Roumain", in coll, *Les Littératures d'expression française, négritude africaine, négritude caraïbe,* Éd. de la Francité, Paris, 1973, 135-139.

2316
BASQUIAT, Fritz, "Jacques Roumain", *La Nation,* Port-au-Prince, 18 août 1949.

2317
BASTIEN, Rémy, "Jacques Roumain : en el décimo aniversario de su muerte", *Cuadernos americanos,* México, D.F., julio-agosto 1954, 243-251.

2318
BATAILLE, Frantz, "*Gouverneurs de la rosée,* de Jacques Roumain, la terre et l'homme", *Le Nouvelliste,* Port-au-Prince, 19-20 juillet 1975.

2319
BERNABÉ, Jean, "Contribution à l'étude de la diglossie littéraire créole-français : le cas de *Gouverneurs de la rosée,* de Jacques Roumain", *Textes, études et documents,* Fort-de-France, Martinique, 1, mai 1978, 1-16.

2320
BERROU, Frère Raphaël, "*Gouverneurs de la rosée,* de Jacques Roumain, ou la Tragédie de l'eau", *Le Nouveau Monde,* Port-au-Prince, 24 août 1970.

2321
BERROU, Frère Raphaël, "*Gouverneurs de la rosée,* ou le Testament de Jacques Roumain", *Conjonction,* Port-au-Prince, 133, mars-avril 1977, 61-83.

2322
BESSON, Ernest, "Jacques Roumain par delà le temps", *Le Matin,* Port-au-Prince, 19 août 1976.

2323
BIBLIOPHILE, "Il y a vingt ans mourait Jacques Roumain", *Le Matin,* Port-au-Prince, 18 août 1964.

2324
BLANCHET, Jules, "L'Homme est tombé", *Cahiers d'Haïti,* Port-au-Prince, 2, 4, novembre 1944, 35-36.
Sur la mort de Jacques Roumain.

2325
BLOCH, Adèle, "The Mythological Themes in the Fictional Works of Jacques Roumain", *International Fiction Review,* Fredericton, New Brunswick, 2, 2, July, 1975, 132-137.

2326
BOSTICK, Herman F., "From Romanticism to Militant Optimism : the Poetic Quest of Jacques Roumain", *The Langston Hughes Review,* Providence, Rhode Island, 2, 2, Fall, 1983, 6-14.

2327
BRIERRE, Jean F., *Nous garderons le Dieu. En hommage au grand leader de gauche : Jacques Roumain,* Deschamps, Port-au-Prince, 1945. 27 p.

2328
BRIERRE, Jean F., "Présence de Jacques Roumain", *Le Matin,* Port-au-Prince, 17 et 18 août 1947.

2329
BROUARD, Carl, "*La Montagne ensorcelée,* de Jacques Roumain", *Haïti-Journal,* Port-au-Prince, 25 janvier 1932.

2330
BROUARD, Carl, "*La Proie et l'ombre,* de Jacques Roumain", *Le Petit Impartial,* Port-au-Prince, 9 septembre 1930.

2331
BRUTUS, Edner, "*Gouverneurs de la rosée,* de Jacques Roumain", *Haïti-Journal,* Port-au-Prince, 11 janvier 1945.

2332
BRUTUS, Edner, "Jacques Roumain", *La Relève,* Port-au-Prince, 2, 4, 1ᵉʳ octobre 1933, 4-16.

2333
BRUZEAU, Maurice, "*Gouverneurs de la rosée,* de Jacques Roumain", *L'Humanité-dimanche,* Paris, 24 juin 1962.

2334
CAMILLE, Roussan, "Les Funérailles de Jacques Roumain", *Haïti-Journal,*
Port-au-Prince, 22 août 1944.

2335
CAMILLE, Roussan, "Jacques Roumain", *Le Nouvelliste,* Port-au-Prince,
27 octobre 1942.
Aussi in *Cahiers d'Haïti,* Port-au-Prince, 2, 4, novembre 1944, 27-28.

2336
CAMPBELL, Thelma, "*Masters of the Dew,* by Jacques Roumain", *New Mexico
Quarterly Review,* Albuquerque, New Mexico, 18, 1; Spring, 1948,
114-115.
Sur *Gouverneurs de la rosée,* de Jacques Roumain.

2337
CARRÉ, Hubert, "*Gouverneurs de la rosée,* de Jacques Roumain", *Le Nouvelliste,*
Port-au-Prince, 6 et 13 janvier 1945.

2338
CASSAGNOL, Robert, "*Gouverneurs de la rosée,* de Jacques Roumain, et nos
ressources personnelles", *Le Nouvelliste,* Port-au-Prince, 11-12 août 1975.

2339
CHARLIER, Étienne D., "Jacques Roumain, un leader perdu", *Cahiers d'Haïti,*
Port-au-Prince, 2, 4, novembre 1944, 25-26.

2340
CHASSAGNE, Numa, "*Gouverneurs de la rosée,* de Jacques Roumain", *Le Soir,*
Port-au-Prince, 16 février 1945.

2341
CINÉAS, Jean-Baptiste, "*La Proie et l'ombre,* de Jacques Roumain", *Haïti-
Journal,* Port-au-Prince, 3, 7, 9 et 11 octobre 1930.

2342
CLARK, Vèvè A., "Divine Metaphors of Order and Rage, a Manual for Joy :
Jacques Roumain's *Gouverneurs de la rosée*", *Perspectives on Contemporary
Literature,* Louisville, Kentucky, 10, 1984, 40-48.

2343
CNOCKAERT, André, "*Gouverneurs de la rosée,* morale, religion et
développement", *Zaïre Afrique,* Kinshasa, 144, 1980, 215-225.

2344
COBB, Martha K., "Concepts of Blackness in the Poetry of Nicolás Guillén,
Jacques Roumain and Langston Hughes", *College Language Association
Journal,* Baltimore, Maryland, 18, 2, December, 1974, 262-272.

2345
COBB, Martha K., *Harlem, Haiti and Havana. A Comparative Study of Langston
Hughes, Jacques Roumain and Nicolás Guillén,* Three Continents Press,
Washington, D.C., 1979, 178 p.
Sur Jacques Roumain, voir 80-102.

2346
CONDÉ, Franck, "De *La Montagne ensorcelée* aux *Fantoches,* de Jacques
Roumain", *Haïti-Journal,* Port-au-Prince, 17 mars 1932.

2347
CONTURIE, Christiane et KONAN, Jean, "*Gouverneurs de la rosée,* de Jacques
Roumain", *Notre Librairie,* Paris, 48, avril-juin 1979, 87-100.

2348
CONTURIE, Christiane, *Comprendre « Gouverneurs de la rosée », de Jacques Roumain,* Les Classiques africains, Issy-les-Moulineaux, France, 1980, 96 p.

2349
COOK, Mercer, "Jacques Roumain's *Gouverneurs de la rosée*", *Books Abroad,* Norman, Oklahoma, 19, 2, Spring, 1945, 154-155.

2350
COOKE, Michael G., "Rational Despair and the Fatality of Revolution in West Indian Literature", *Yale Review,* New Haven, Connecticut, 71, 1, Autumn 1981, 28-38.
Sur *Guerillas,* de V.S. Naipaul, *The Autumn Equinox,* de John Hearn, et *Gouverneurs de la rosée,* de Jacques Roumain.

2351
COSTANTINI, Alessandro, "*Gouverneurs de la rosée,* di Jacques Roumain, o della via narrativa al socialismo", *Romanica Vulgaria,* L'Aquila, Italie, 4-5, giulio 1982, 219-270.

2352
COSTANTINI, Alessandro, "Semiotica dell'enunciazione e romanzo", *Materiali Filosofici,* Milano, Italie, 9, settembre-dicembre 1983, 33-49.
Sur *Gouverneurs de la rosée,* de Jacques Roumain.

2353
COURNOS, John, "*Masters of the Dew,* by Jacques Roumain", *New York Sun,* New York, 16 June, 1947.
Sur la traduction américaine de *Gouverneurs de la rosée.* Aussi, en traduction française, in *Haïti-Journal,* Port-au-Prince, 3 juillet 1947.

2354
DALMAS, André, "Écrire pour vivre", *Mercure de France,* Paris, 1 160, avril 1960, 706-708.
Sur Jacques Roumain et ALEXIS, Jacques-Stéphen.

2355
DASH, J. Michael, "Introduction to *Masters of the Dew,* by Jacques Roumain", Heinemann, London, Kingston, Port of Spain, 1978, 5-21.
Avant-propos à une nouvelle édition de la traduction américaine de *Gouverneurs de la rosée.*

2356
DASH, J. Michael, "The Marxist Counterpoint. Jacques Roumain : 1930's to 1940's", *Black Images,* Toronto, Ontario, 2, 1, Spring, 1973, 25-29.

2357
DAVENAS, Dominique, "Différence et unité", *France nouvelle,* Paris, 27 décembre 1972.
Sur *Gouverneurs de la rosée,* de Jacques Roumain.

2358
DAVIS, Robert G., "Dark Pastoral in Voodoo Rhythm", *New York Times,* New York, 15 June, 1947.
Sur la traduction américaine de *Gouverneurs de la rosée.* Aussi en traduction française in *Haïti-Journal,* Port-au-Prince, 21 juin 1947.

2359
DEASE, Barbara C., *Negritude and the Mythopoetic Quest in Black Literature of French Expression,* Thèse de Ph.D., University Microfilms International, Ann Arbor, Michigan, 1978, 395 p.
Sur Jacques Roumain, voir 297-347.

2360
DEPESTRE, René, "Message des *Gouverneurs de la rosée,* de Jacques Roumain", *Les Lettres françaises,* Paris, 194, 5 février 1948.

2361
DIAQUOI, Louis, "*La Montagne ensorcelée,* de Jacques Roumain", *Le Nouvelliste,* Port-au-Prince, 27 et 28 janvier 1932.

2362
DIXON, Melvin, "Rivers Remembering their Source : Langston Hughes and Jacques Roumain", in Dexter Fisher and Robert B. Stepo, eds, *Afro-American Literature : The Reconstruction of Instruction,* Modern Language Association, New York, 1979, 256 p.
Sur Jacques Roumain, voir 25-43.

2363
DIXON, Melvin, "Towards a World Black Literature and Community", *Massachussetts Review,* Amherst, Massachussetts, 18, 4, Winter, 1977, 750-769.
Sur René Maran, Claude McKay et Jacques Roumain.

2364
DOMINIQUE, Jean L., "Délire ou Délivrance ; à propos d'une critique de Jean-Claude Fignolé sur *Gouverneurs de la rosée,* de Jacques Roumain", *Conjonction,* Port-au-Prince, 125, s.d. [1975], 85-100.

2365
DORSINVILLE, Roger, "Jacques Roumain", *Présence africaine,* Paris, 1981, 123 p.

2366
DORVAL, Gérald, "Contre Failevic et tout le reste", *Le Petit Samedi soir,* Port-au-Prince, 108, 2-8 août 1975, 3-6.
Sur l'adaptation cinématographique de *Gouverneurs de la rosée,* de Jacques Roumain.

2367
DRAKE, Sandra E., *The Uses of History in the Caribbean Novel,* Thèse de Ph.D., University Microfilms International, Ann Arbor, Michigan, 1977, 310 p.
Nombreuses références à Jacques Roumain et à THOBY-MARCELIN, Philippe et MARCELIN, Pierre.

2368
DUMAS, Pierre Raymond, "Concordances et irréductibilités dans *Gouverneurs de la rosée,* de Jacques Roumain et *Bon Dieu rit,* d'Edris Saint-Amand", *Le Nouvelliste,* Port-au-Prince, 23 novembre 1983.

2369
DUMAS, Pierre Raymond, "Jacques Roumain, mort et vif", *Le Nouvelliste,* Port-au-Prince, 21 et 23 août 1984.

2370
DUVALIER, François, "*Les Fantoches,* de Jacques Roumain", *Le Nouvelliste,* Port-au-Prince, 28 décembre 1931.

2371
ELUNGU, Monique, "Manuel et Faye, deux héros du développement dans la littérature négro-africaine", *L'Afrique littéraire et artistique,* Paris, 46, 4ᵉ trimestre 1977, 60-69.
Sur *Gouverneurs de la rosée,* de Jacques Roumain et *Ô Pays mon beau peuple,* de Sembene Ousmane.

2372
F. D., "*La Proie et l'ombre,* par Jacques Roumain", *Le Nouvelliste,* Port-au-Prince, 5 septembre 1930.

Aussi in *Le Pays,* Port-au-Prince, 23 septembre 1930.

2373
F. S., "Une lumière en exil", *La Nation,* Port-au-Prince, 23 août 1950.

Aussi in coll. En Avant, *La Voie tracée par Jacques Roumain,* Éd. Servir le peuple, Montréal, P.Q., et New York, 1977, 53-56.

2374
FIGNOLÉ, Jean-Claude, *Sur « Gouverneurs de la rosée », de Jacques Roumain,* Éd. Fardin, Port-au-Prince, 1974, 89 p.

Voir DOMINIQUE, Jean L., et LEGAULT, Annette.

2375
FOWLER, Carolyn, *A Knot in the Thread : The Life and Works of Jacques Roumain,* Howard University Press, Washington, D.C., 1980, 384 p.

Première version, sous le même titre, par GERALD, Carolyn Fowler, Thèse de Ph.D., University Microfims International, Ann Arbor, Michigan, 1972, 312 p.

2376
FOWLER, Carolyn, "Motif Symbolism in Jacques Roumain's *Gouverneurs de la rosée*", *College Language Association Journal,* Baltimore, Maryland, 18, 1, September, 1974, 44-51.

2377
FOWLER, Carolyn, "Poésie et religion dans *Gouverneurs de la rosée,* de Jacques Roumain", *Conjonction,* Port-au-Prince, 148, juillet 1980, 103-112.

2378
FOWLER, Carolyn, "The Shared Vision of Langston Hughes and Jacques Roumain", *Callallou - Black American Literature Forum,* Terre Haute, Indiana, 15, 3, Fall, 1981, 84-88.

2379
GAILLARD, Roger, "*Gouverneurs de la rosée,* de Jacques Roumain, un roman « réformiste » ?", *Le Nouveau Monde,* Port-au-Prince, 12 mars 1975.

2380
GAILLARD, Roger, "Il y a vingt ans mourait Jacques Roumain", *Le Matin,* Port-au-Prince, 18 août 1964.

2381
GAILLARD, Roger, "Nouvelle mise à mort de Manuel", *Le Nouveau Monde,* Port-au-Prince, 10 juillet 1975.

2382
GAILLARD, Roger, "Le Théâtre. Éternelle jeunesse de *Gouverneurs de la rosée,* de Jacques Roumain", *Le Nouvelliste,* Port-au-Prince, 29-30 juillet 1967.

A propos de l'adaptation théâtrale de Camillo Bonanni.

2383
GAILLARD, Roger, "L'Univers romanesque de Jacques Roumain", *Conjonction,* Port-au-Prince, 98, mai 1965, 5-25.

Aussi Deschamps, Port-au-Prince, 1965, 23 p.

2384
GAL, H., "*Gouverneurs de la rosée,* de Jacques Roumain", *Revue des conférences françaises en Orient,* Paris, janvier 1948.

2385

GALPÉRINA, Eugenia, "Jacques Roumain, sa vie, son œuvre", in *Jacques Roumain, œuvres choisies,* Éd. du Progrès, Moscou, 1964, 257-276.
En français.

2386

GALPÉRINA, Eugenia, "Zhak Rumen", *Inostrannaia Literatura,* Moskva, 5 mai 1964, 189-199.
En russe.

2387

GAPOULE, Louis, "Portrait de Jacques Roumain", *Le Nouvelliste,* Port-au-Prince, 19 décembre 1941.

2388

GARCIA, Marcus, "*Gouverneurs de la rosée,* de Jacques Roumain, à l'écran", *Le Petit Samedi soir,* Port-au-Prince, 105, 12-18 juillet 1975.
Sur l'adaptation cinématographique de *Gouverneurs de la rosée.*

2389

GAZARIAN-GAUTIER, Marie-Lise, "Le Symbolisme religieux dans *Gouverneurs de la rosée,* de Jacques Roumain", *Présence francophone,* Sherbrooke, P.Q., 7, automne 1973, 19-23.

GERALD, Carolyn Fowler, voir FOWLER, Carolyn.

2390

GILROY, James P., "The Theme of the Christ in Francophone Caribbean Literature : Roumain's *Gouverneurs de la rosée*", in idem, ed., *Francophone Literatures in the New World,* University of Denver, Denver, Colorado, Occasional paper 2, March, 1982, 137-147.

2391

GOURAIGE, Ghislain, "La Technique de Jacques Roumain dans *Gouverneurs de la rosée*", in Antoine Naaman et Louis Painchaud, éds, *Le Roman contemporain d'expression française,* Université de Sherbrooke, Sherbrooke, P.Q., 1971, 218-223.

2392

GRIMARD, Luc, "Deux romans de Jacques Roumain", *Haïti-Journal,* Port-au-Prince, 24 février 1932.
Sur *Les Fantoches* et *La Montagne ensorcelée,* de Jacques Roumain.

2393

GUILLÉN, Nicolás, "Sobre Jacques Roumain", *Hoy,* La Habana, 25 mayo 1961.
Aussi in idem, *Prosa de prisa,* Arte y literatura, La Habana, 1975, II, 391 394 et, avec quelques variantes stylistiques, in *Prólogo* à l'édition cubaine de *Gouverneurs de la rosée, Gobernadores del rocío,* Pueblo y cultura, La Habana, 1981, v-viii.

2394

GUITEAU, Carl Henry, "Ce qu'ils n'ont pas compris dans *Gouverneurs de la rosée,* de Jacques Roumain", *Le Nouvelliste,* Port-au-Prince, 7 février 1975.
Aussi in *Le Petit Samedi soir,* Port-au-Prince, 3, 84, 8-15 février 1975, 2, 11 et 20.

2395

GUITEAU, Carl Henry, "Déjà Roumain perçait sous Jacques", *Le Petit Samedi soir,* Port-au-Prince, 4, 100, 7-13 juin 1975, 12.
Sur *La Montagne ensorcelée,* de Jacques Roumain.

2396

HENDERSON, R.W., "*Masters of the Dew,* by Jacques Roumain", *Library Journal,* New York, 72, June 15, 1947, 961.

Sur la traduction américaine de *Gouverneurs de la rosée,* de Jacques Roumain.

2397

HOFFMANN, Léon-François, "Complexité linguistique et rhétorique dans *Gouverneurs de la rosée,* de Jacques Roumain", *Présence africaine,* Paris, 98, 2ᵉ trimestre 1976, 145-161.

2398

JEAN, Antonio Louis, "*Gouverneurs de la rosée,* de Jacques Roumain", *Le Nouvelliste,* Port-au-Prince, 4 août 1967.

À propos de l'adaptation théâtrale de Camillo Bonanni.

2399

JEAN, Eddy A., « *Gouverneurs de la rosée* », *de Jacques Roumain, le texte et ses lectures,* Jacques Soleil, New York, 1981, 40 p.

2400

JONES, Grahame C., "The Narrative Point of View in Jacques Roumain's *Gouverneurs de la rosée*", *L'Esprit Créateur,* Lawrence, Kansas, 17, 2, Summer, 1977, 115-122.

2401

JUMINER, Bertène, "Félibrige et négritude : de *La Bête du Vaccarès,* de Joseph d'Arbaud, à *Gouverneurs de la rosée,* de Jacques Roumain", *La Torche,* Cayenne, Guyane, 2, octobre-décembre 1978, 22-29.

KONAN, Jean, voir CONTURIE, Christiane.

2402

L. G., "*La Proie et l'ombre,* de Jacques Roumain", *Haïti-Journal,* Port-au-Prince, 24 septembre 1930.

2403

LAFERRIÈRE, Dany, "La Tête de Roumain", *Le Petit Samedi soir,* Port-au-Prince, 302, 25-31 août 1979, 24-25.

2404

LAFERRIÈRE, Dany, "Un Roumain jeune", *Le Petit Samedi soir,* Port-au-Prince, 106, 19-25 juillet 1975, 5.

2405

LAFONTANT, Julien J., "The Dynamic Message of *Diacoute,* by Félix Morisseau-Leroy and *Gouverneurs de la rosée,* by Jacques Roumain" in James P. Gilroy, ed., *Francophone Literatures in the New World,* University of Denver, Denver, Colorado, Occasional paper 2, March, 1982, 115-136.

2406

LAHENS, Wéber, "Entre *Gouverneurs de la rosée,* de Jacques Roumain et *Bon Dieu rit,* d'Edris Saint-Amand", *Le Nouvelliste,* Port-au-Prince, 26 mars 1979.

Entretien avec SAINT-AMAND, Edris sur l'influence de Jacques Roumain sur lui.

2407

LAHENS, Wéber, "Originalité de Jacques Roumain : la langue ?", *Le Nouvelliste,* Port-au-Prince, 18 août 1976.

Causerie avec LALEAU, Léon, POMPILUS, Pradel et ROUMER, Émile.

2408
LAHENS, Wéber, "Roumain nous dit-il qui est messager ?", *Le Petit Samedi soir,* Port-au-Prince, 125, 12-20 décembre 1975, 9.
Sur *Gouverneurs de la rosée.* Aussi, sous le titre : "Qui est messager de Roumain ?", in *Le Nouvelliste,* Port-au-Prince, 18 août 1976.

LALEAU, Léon, voir LAHENS, Wéber.

2409
LAMARRE, Joseph M., "Le Militaire dans trois romans haïtiens", *Présence francophone,* Sherbrooke, P.Q., 12, printemps 1976, 131-140.
Sur *Zoune chez sa ninnaine,* de LHÉRISSON, Justin, *Gouverneurs de la rosée,* de Jacques Roumain et *Les Arbres musiciens,* d'ALEXIS, Jacques-Stéphen.

2410
LAMBERT, Jean M., "*Gouverneurs de la rosée,* par Jacques Roumain", *Le Matin,* Port-au-Prince, 25 décembre 1952.

2411
LARAQUE, Maurice, "Jacques Roumain. En marge des *Gouverneurs de la rosée*", *Optique,* Port-au-Prince, 18, août 1955, 19-28.
Voir LESPÈS, Anthony.

2412
LAROCHE, Maximilien, "La Diglossie littéraire dans *Gouverneurs de la rosée,* de Jacques Roumain : termes de couleur et conflit de langues", *Études littéraires,* Québec, P.Q., 13, 2, août 1980, 263-288.
Aussi, en version amplifiée, in idem, *La Littérature haïtienne,* Leméac, Montréal, P.Q., 1981, 57-104.

2413
LAUDE, André, "Jacques Roumain, l'espérance des jardins", *Les Nouvelles littéraires,* Paris, 2 844, 7 juillet 1982, 39.

2414
LEBLOND, Ary, "Un grand livre haïtien de l'âme noire : *Gouverneurs de la rosée,* de Jacques Roumain", *L'Encyclopédie de la France et Outre-mer,* Paris, mai 1950.

2415
LEGAULT, Annette, "Autour de la critique de J.-C. Fignolé : dossier Jacques Roumain", *Le Petit Samedi soir,* Port-au-Prince, 3, 92, 12-18 avril 1975, 25-30.

2416
LÉONARD, Roger F., "Le Peuple fera la « coumbite » de Manuel", *La Nation,* Port-au-Prince, 18 août 1948.

2417
LESPÈS, Anthony, "Ce qui compte, Monsieur Laraque, c'est l'esprit de sacrifice", *Haïti-Miroir,* Port-au-Prince, 1, 12-13, 19, 25 et 26 septembre et 1ᵉʳ octobre 1955.
Réponse à l'article de LARAQUE, Paul. Aussi in coll. En Avant, *La Voie tracée par Jacques Roumain,* Éd. Servir le peuple, Montréal, P.Q. et New York, 1977, 17-23.

2418
LESPÈS, Anthony, "*Gouverneurs de la rosée,* de Jacques Roumain", *Le Nouvelliste,* Port-au-Prince, 19 mars 1945.

2419
LESPÈS, Anthony, "Hommage à Jacques Roumain", *La Nation,* Port-au-Prince, 18 août 1948.

2420
LESPÈS, Anthony, "Présence de Jacques Roumain", *La Nation,* Port-au-Prince, 21 août 1950.

2421
LEVILAIN, Guy Viet, *Cultural Identity, Négritude and Decolonization. The Haitian Situation in the Light of the Social Humanism of Jacques Roumain and René Depestre,* American Institute for Marxist Studies, New York and San Jose, California, Occasional Paper no. 29, 1978, 60 p.

2422
LIGAN, Samson, "Le Thème de la religion dans *Gouverneurs de la rosée,* de Jacques Roumain", Université de Bordeaux III, Talence, France, septembre 1978.

2423
LOCKE, Alain, "Jacques Roumain", *Opportunity,* New York, 12 May, 1955, 132-135.

2424
LOUIS, Ernst, "L'Actualité de Jacques Roumain", *Le Petit Samedi soir,* Port-au-Prince, 112, 13, 13-19 septembre 1975, 6-7.

2425
LUCRECE, André, "La Parole, le héros et l'outil ; à propos du médiévisme de Jacques Roumain", *Textes, études et documents,* Fort-de-France, Martinique, 1, mai 1978, 17-29.

2426
MAKOUTA-MBOUKOU, Jean-Pierre, "*Gouverneurs de la rosée,* de Jacques Roumain : Dieu et les dieux ; le thème de l'eau, in idem, *Introduction à la littérature noire,* Éd. Clé, Yaoundé, 1970, 72-78.
Aussi en traduction anglaise in idem, *Black African Literature, An Introduction,* Black Orpheus Press, Washington, D.C., 1973, 85-92.

2427
MAKOUTA-MBOUKOU, Jean-Pierre, *Jacques Roumain : Essai sur la signification spirituelle et religieuse de son œuvre,* H. Champion, Paris, 1978, 560 p.

2428
MARINELLO, Juan, "Anniversaire de Jacques Roumain", *La Nation,* Port-au-Prince, 18 août 1948.

2429
MARTY, Anne, "Le Socialisme dans l'œuvre de Jacques Roumain et de Jacques-Stéphen Alexis", *Conjonction,* Port-au-Prince, 136-137, février 1978, 29-42.

2430
MAX, Jehan, "Autour de *Gouverneurs de la rosée,* de Jacques Roumain", *Le Nouvelliste,* Port-au-Prince, 9 janvier 1945.

2431
MICCIOLLO, Henri, "Concordances et irréductibilités dans *Gouverneurs de la rosée,* de Jacques Roumain et *Bon Dieu rit,* d'Edris Saint-Amand", *Conjonction,* Port-au-Prince, 163, octobre 1984, 11-33.

2432
MICHEL, Jean-Claude, "Jacques Roumain et l'esprit nouveau", in *Les Écrivains noirs et le surréalisme,* Thèse de Ph.D, University Microfilms International, Ann Arbor, Michigan 1978, 132-135.
Aussi in idem, ibid., Naaman, Sherbrooke, P.Q., 1982, 184 p.

2433
MONTAS, Michèle, "Failevic gouverne une fort agréable rosée", *Le Petit Samedi soir,* Port-au-Prince, 106, 19-25 juillet 1975, 3-4.
Sur l'adaptation cinématographique de *Gouverneurs de la rosée,* de Jacques Roumain.

2434
MORAILLE, Ivon, "Hommage à Jacques Roumain", *Haïti-Journal,* Port-au-Prince, 12 avril 1932.

2435
MORAND, Paul Phelps, "*Gouverneurs de la rosée,* de Jacques Roumain", *France-Amérique,* New York, mars 1945.

2436
NICKI et DANIELLE, "*Gouverneurs de la rosée,* de Jacques Roumain", *Idées,* Jamaica, New York, 11, mai-juin 1977, 7-13.

NICKI, voir DANIELLE.

2437
NWEZEH, E.C., "Jacques Roumain's Position in the Haitian Indigenist Movement : the Example of *Gouverneurs de la rosée*", *Nigerian Journal of the Humanities,* Benin City, Nigeria, 2, 1978, 69-76.

2438
OJO, Patchechole P., "Nature in Three Caribbean Novels", *Journal of Caribbean Studies,* Coral Gables, Florida, 2, 1, Spring, 1981, 85-107.
Sur Alejo Carpentier, *Los pasos perdidos,* V.S. Naipaul, *Guerillas* et Jacques Roumain, *Gouverneurs de la rosée.*

2439
ORMEROD, Beverley, "Myth, Rite and Symbol in *Gouverneurs de la rosée*", *L'Esprit Créateur,* Lawrence, Kansas, 17, 2, Summer 1977, 123-132.

2440
OUSMANE, Sembene, "*Gouverneurs de la rosée,* de Jacques Roumain", *France nouvelle,* Paris, 18 juillet 1962.

2441
PAUL, Cauvin L., *Manuel... un dieu tombé,* s. éd., s.l.n.d. [Astoria, New York, 1975], 42 p.

2442
PÉPIN, Ernest, "Proposition pour une lecture de *Gouverneurs de la rosée*", *Textes, études et documents,* Fort-de-France, Martinique, 1, mai 1978, 30-42.

2443
PETIT, Antoine G., "Richesse lexicale d'un roman haïtien, *Gouverneurs de la rosée,* de Jacques Roumain", s.é., s.l.n.d. [Montréal, P.Q., 1978], 32 p.

2444
PHELPS, Anthony, "Au cœur du mythe", *Conjonction,* Port-au-Prince, 98, mai 1965, 32-36.

2445
PIERRE-CHARLES, Gérard, "Jacques Roumain y el conocimiento científico de la realidad haitiana", *Caribe contemporáneo,* México, D.F., 6, junio 1982, 95-101.

2446
PLANET, Claudie, "*Gouverneurs de la rosée,* de Jacques Roumain", *Europe,* Paris, 24, 10, 1er octobre 1946, 102-105.
Aussi in *Conjonction,* Port-au-Prince, 7, février 1947, 29-32.

POMPILUS, Pradel, voir LAHENS, Wéber.

2447
POMPILUS, Pradel, "De l'élégie à la poésie entraînante de Jacques Roumain", *Conjonction,* Port-au-Prince, 98, mai 1965, 26-31.

2448
POTHIER, François, "*La Montagne ensorcelée,* de Jacques Roumain", *L'Humanité-dimanche,* Paris, 15 novembre 1972.

2449
PRICE-MARS, Jean, Préface à *La Montagne ensorcelée,* de Jacques Roumain, Imp. E. Chassaing, Port-au-Prince, 1931, 9-13.

2450
R. L., "Un grand livre haïtien : *Gouverneurs de la rosée,* de Jacques Roumain", *L'Action sociale,* Port-au-Prince, 17 octobre 1948.
Publié d'abord au Canada dans *Carnets victoriens.*

2451
RAMUNTCHO, Louis, "Dossier Roumain", *Le Petit Samedi soir,* Port-au-Prince, 3, 83, 1ᵉʳ-8 février 1975, 3-4.

2452
RASTIL, Pierre, "*Gouverneurs de la rosée,* de Jacques Roumain, sur la sellette", *Le Nouvelliste,* Port-au-Prince, 24 juillet 1975.

2453
RENN, Ludwig, "Jacques Roumain, sa vie", *Haïti-Journal,* Port-au-Prince, 22 août 1944.
Aussi « traducido del alemán », "Jacques Roumain, su vida", in *Afroamericana,* México, D.F., 1, 1-2, enero-julio 1945.

2454
REY, Ulrick, "Ce que fut Jacques Roumain", *Cahiers d'Haïti,* Port-au-Prince, 2, 4, novembre 1944, 29-31.

2455
ROBERTS, Jean-Marc, "*La Montagne ensorcelée,* de Jacques Roumain", *Le Magazine littéraire,* Paris, 73, février 73, 30-31.

2456
ROSSAT-MIGNOD, Suzanne, "*La Montagne ensorcelée,* de Jacques Roumain", *La Pensée,* Paris, juin 1975, 153-155.

ROUMER, Émile, voir LAHENS, Wéber.

2457
ROUMER, Émile, "Thrène pour Jacques Roumain", *Cahiers d'Haïti,* Port-au-Prince, 2, 4, novembre 1944, 36.

2458
S. P., "*Gouverneurs de la rosée,* de Jacques Roumain", *Mercure de France,* Paris, 1016, 1ᵉʳ avril 1948, 684-685.

2459
SALATI, Ugo, "*Gouverneurs de la rosée,* de Jacques Roumain, un chef-d'œuvre de la littérature haïtienne", *Studi di letteratura ispano-americana,* Milano, Italie, 2, 1969, 121-135.

2460
SERRES, Michel, "Christ noir", *Critique,* Paris, 39, 308, janvier 1973, 3-25.
Sur *Gouverneurs de la rosée.* Aussi in *Nouvelle Optique,* Montréal, P.Q., 9, janvier-mars 1973, 97-120.

2461
SERRES, Michel, "Roumain et Faulkner traduisent l'écriture", in idem, *Hermès III, La Traduction,* Éds de Minuit, Paris, 1974, 245-269.

2462
SHAMBROOK, Maud Brierre, *Spectral Analysis and Evolutionary Models in Caribbean Literature,* Thèse de Ph.D., University Microfilms International, Ann Arbor, Michigan, 1981, 243 p.
Sur Mayotte Capécia, Jacques Roumain et Simone Schwarz-Bart.

2463
SHAW, Esther Pope, "*Masters of the Dew,* by Jacques Roumain", *Journal of Negro History,* Washington, D.C., 33, 3, July, 1947, 517-519.
Sur la traduction américaine de *Gouverneurs de la rosée.*

2464
SILLEN, Samuel, "*Gouverneurs de la rosée,* by Jacques Roumain", *Daily Worker,* New York, 23 June, 1947.
Aussi, en traduction française, in *Haïti-Journal,* Port-au-Prince, 23 juillet 1947.

2465
SOUFFRANT, Claude, "Actualité de Jacques Roumain", *Europe,* Paris, 54, 569, septembre 1976, 64-83.

2466
SOUFFRANT, Claude, "L'Éclatement de la négritude sous le choc du développement. Jacques Roumain et Jacques-Stéphen Alexis entre René Depestre et Léopold Sédar Senghor", in coll., *Hommage à Léopold Sédar Senghor, Homme de culture,* Présence africaine, Paris, 1976, 374-393.

2467
SOUFFRANT, Claude, "Le Fatalisme religieux du paysan haïtien", *Europe,* Paris, 49, 501, janvier 1971, 27-41.
Sur Jacques Roumain et ALEXIS, Jacques-Stéphen.

2468
SOUFFRANT, Claude, "Marxisme et tiers-monde noir chez Jacques Roumain, Jacques-Stéphen Alexis et Léopold Sédar Senghor", *Présence francophone,* Sherbrooke, P.Q., 14, printemps 1977, 133-147.

2469
SOUFFRANT, Claude, *Une négritude socialiste. Religion et développement chez Jacques Roumain, Jacques-Stéphen Alexis et Langston Hughes,* L'Harmattan, Paris, 1978, 230 p.

2470
SOUKAR, Michel, "*Gouverneurs de la rosée,* de Jacques Roumain en procès", *Le Petit Samedi soir,* Port-au-Prince, 3, 81, 18-24 janvier 1975, 18-20.

2471
STACKELBERG, Jürgen von, "Jacques Roumain : *Gouverneurs de la rosée*", in idem, *Klassiche Autoren des schwarzen Erdteils,* C.H. Beck, München, Allemagne, 1981, 208 p.

2472
STIL, André, "Gouverneurs d'eux-mêmes", *L'Humanité,* Paris, 31 juin 1962.
Sur *Gouverneurs de la rosée.*

2473
SUCCARD, Raymond, "*Gouverneurs de la rosée,* de Jacques Roumain", *Le Nouvelliste,* Port-au-Prince, 8 juillet 1981.
Sur l'adaptation théâtrale du roman.

2474

THADAL, Roland, "Jacques Roumain au présent", *Le Nouveau Monde,* Port-au-Prince, 7 juin 1982.

2475

THOMAS, Bellie G., "*Masters of the Dew,* by Jacques Roumain : Caribbean Saga", *Phylon,* Atlanta, Georgia, 8, 1947, 386-388.

Sur la traduction américaine de *Gouverneurs de la rosée.*

2476

TOUMSON, Roger, "Mythe et histoire dans *Gouverneurs de la rosée,* de Jacques Roumain", *Textes, études et documents,* Fort-de-France, Martinique, 1, mai 1978, 43-64.

2477

TROUILLOT, Hénock, *Dimensions et limites de Jacques Roumain,* Fardin, Port-au-Prince, 1975, 210 p.

2478

TROUILLOT, Hénock, "*Gouverneurs de la rosée,* ou un paysan idéal créé par Roumain", *Haïti-Journal,* Port-au-Prince, 14-15 avril 1952.

TROUILLOT, Michel-Rolph, voir AMER, Michel.

2479

VIEUX, Antonio, "Entre nous : Jacques Roumain", *La Revue indigène,* Port-au-Prince, 1, 3, septembre 1927, 103-110.

2480

VIEUX, Antonio, "Jacques Roumain interviewé par Antonio Vieux", *La Revue indigène,* Port-au-Prince, 1, 3, septembre 1927, 103-110.

2481

VIEUX, Antonio, "Préface à *La Proie et l'ombre,* de Jacques Roumain", Éd. La Presse, Port-au-Prince, 1930, i-vii.

2482

VIGNAL, Daniel, "Portrait d'une création littéraire : Manuel, dans *Gouverneurs de la rosée,* de Jacques Roumain", *Peuples noirs. Peuples africains,* Paris, 3, 16, juillet-août 1980, 39-47.

2483

VILLEDROUIN, Luc, "*La Proie et l'ombre,* de Jacques Roumain", *Maintenant,* Port-au-Prince, 6 février 1937.

2484

WELLS, Linton, "*Masters of the Dew,* by Jacques Roumain", *Saturday Review of Literature,* New York, 30, 27, 5 July, 1947, 14.

Sur la traduction américaine de *Gouverneurs de la rosée.*

2485

WILLIAMS, Eric, "Four Poets of the Greater Antilles", *Caribbean Quarterly,* Mona, Jamaïque, 2, 4, 1950, 8-19.

Sur Nicolás Guillén, Jacques Roumain, BRIERRE, Jean F., et Luis Palès-Matos.

2486

WOLFE, Bertram D., "Idyl for the Hillsides of Primitive Haiti", *New York Herald Tribune Weekly Review of Books,* New York, 7, 2, 3 August, 1947, 3.

Sur la traduction américaine de *Gouverneurs de la rosée.*

2487
ZUCCARELLI, Guy, "Jacques Roumain", *Le Temps revue,* Port-au-Prince, 1, 8, 26 août 1932, 7.
Sur *La Montagne ensorcelée,* de Jacques Roumain. Aussi in *Haïti-Journal,* Port-au-Prince, 31 août 1932.

ROUMER, Émile

2488
ANON., "Émile Roumer et Théophile Gautier", *Le Nouvelliste,* Port-au-Prince, 10 juillet 1964.

2489
ANON., "Un cri de liberté retentit... autrefois", *Le Nouvelliste,* Port-au-Prince, 30-31 décembre 1983-1ᵉʳ janvier 1984.
Compte-rendu d'une manifestation à l'Institut français pour fêter les quatre-vingts ans d'Émile Roumer.

2490
BERROU, Frère Raphaël et POMPILUS, Pradel, *Deux poètes indigénistes : Carl Brouard et Émile Roumer,* Caraïbes, Port-au-Prince, et L'École, Paris, 1974, 128.

2491
BERROU, Frère Raphaël, "Émile Roumer à travers quelques poèmes récents", *Conjonction,* Port-au-Prince, 102, 1966, 57-69.

2492
BERROU, Frère Raphaël, "Émile Roumer : *Poèmes d'Haïti et de France*", *Le Nouvelliste,* Port-au-Prince, 15 avril 1971.

2493
BERROU, Frère Raphaël, "Les Fleurs et les fruits dans la poésie d'Émile Roumer", *Conjonction,* Port-au-Prince, 102, août 1977, 53-56.

2494
BRUTUS, Edner, "Émile Roumer", *La Relève,* Port-au-Prince, 1, 4, 1ᵉʳ octobre 1932, 13-18.

2495
DAMOUR, Alix, "Hommage à l'homme Émile Roumer", *Le Matin,* Port-au-Prince, 5-7 février 1983.

2496
DUMAS, Pierre Raymond, "Deux mots sur *Foc céli,* d'Émile Roumer", *Le Nouvelliste,* Port-au-Prince, 2 août 1983.

2497
FARDIN, Dieudonné, "Autour des *Poèmes d'Haïti et de France,* d'Émile Roumer", *Le Nouvelliste,* Port-au-Prince, 8 et 9 juin 1972.
Aussi in *Le Petit Samedi soir,* Port-au-Prince, 1, 10 juin 1972, 7-8 et 14-18.

2498
HÉRARD, Jean-Robert, "Émile Roumer", *Le Petit Samedi soir,* Port-au-Prince, 109, 9-15 août 1975, 4-6.

2499
LAPIERRE, Alix, "Émile Roumer : Mistral créole", *Le Matin,* Port-au-Prince, 27 et 30 mars 1976.

2500
LIAUTAUD, André, "*Poèmes d'Haïti et de France,* d'Émile Roumer", *La Nouvelle Revue,* Port-au-Prince, 1, 11, 1ᵉʳ avril 1926, 215-220.

2501
MAGLOIRE, Clément, "Émile Roumer", *Haïti-Journal,* Port-au-Prince,
2 mai 1941.

2502
NOGUERA MORA, Neftali, "El poeta hortelano, Émile Roumer", in idem,
Cielo y suelo de Haití, Universidad de los Andes, Mérida, Venezuela, 1978,
55-64.

2503
PAULTRE, Émile, "Un échantillon de la nouvelle génération : Émile Roumer",
Haïti-Journal, Port-au-Prince, 26 et 28 mars et 1ᵉʳ avril 1931.

2504
PHILOCTÈTE, Raymond, "Émile Roumer", *Le Nouvelliste,* Port-au-Prince,
28 avril 1967.
voir ROUMER, Émile.

2505
POMPILUS, Pradel, "Pour saluer les quatre-vingts ans d'Émile Roumer", *Le
Petit Samedi soir,* Port-au-Prince, 466, 5-11 février 1983, 21-24.

2506
ROUMER, Émile, "Lettre à Raymond Philoctète", *Le Nouvelliste,* Port-au-
Prince, 2 juin 1967.
Réponse à l'article de PHILOCTÈTE, Raymond.

2507
SMITH, William Jay, "Deux poètes haïtiens : Émile Roumer et Clément
Magloire Saint-Aude", *Optique,* Port-au-Prince, 1, mars 1954, 26-29.

2508
VIEUX, Antonio, "Entre nous : Émile Roumer", *La Revue indigène,* Port-au-
Prince, 1, 2, août 1927, 54-58.

2509
VILFORT, Lionel, "Émile Roumer, un rêve à cueillir des îles", *Le Petit Samedi
soir,* Port-au-Prince, 3, 70, 26 octobre-2 novembre 1974, 7.

2510
VILLEDROUIN, Luc, "Les *Poèmes d'Haïti et de France,* d'Émile Roumer",
Maintenant, Port-au-Prince, 22 décembre 1936.

ROY, Francis-Joachim

2511
ANON., "*Les Chiens,* de Francis-Joachim Roy", *Le Canard enchaîné,* Paris,
22 mars 1961.

2512
BERGER, Yves, "*Les Chiens,* de Francis-Joachim Roy", *L'Express,* Paris,
4 mai 1961, 62-64.

2513
BOUSSINOT, Roger, "*Les Chiens,* de Francis-Joachim Roy", *France-
Observateur,* Paris, 30 mars 1961.

2514
CAZALS, Henri, "Littérature et négritude", *Combat,* Paris, 27 mars 1961.
Sur *Les Chiens,* de Francis-Joachim Roy.

2515
FOURCADE, Jean, "*Les Chiens,* de Francis-Joachim Roy", *L'École et la nation,*
Paris, septembre 1961.

2516
GUISSARD, Lucien, "*Les Chiens,* de Francis-Joachim Roy", *La Croix,* Paris,
19 mars 1961.

2517
LACOMBE, Lia, "*Les Chiens,* de Francis-Joachim Roy", *Les Lettres françaises,*
Paris, 871, 13 avril 1961.

2518
M. M., "*Les Chiens,* de Francis-Joachim Roy", *Le Figaro littéraire,* Paris,
15 avril 1961, 15.

2519
PORQUEROI, Elizabeth, "*Les Chiens,* de Francis-Joachim Roy", *La Nouvelle
Revue française,* Paris, 1ᵉʳ juillet 1961.

2520
ZAND, Nicole, "*Les Chiens,* de Francis-Joachim Roy", *Libération,* Paris,
11 avril 1961.

SAINT-AMAND, Edris

2521
CLAREL, Joseph, "Du roman *Bon Dieu rit,* d'Edris Saint-Amand", *Le
Nouvelliste,* Port-au-Prince, 7-8 janvier 1984.

2522
DESTIN, Marie-Laurette, "L'Image de la femme chez Edris Saint-Amand et
d'autres romanciers haïtiens", *Le Matin,* Port-au-Prince, 29 novembre
1983.

2523
DOLCÉ, Jacquelin, "Une lecture lucide de *Bon Dieu rit,* d'Edris Saint-Amand",
Le Petit Samedi soir, Port-au-Prince, 281, 24-30 mars 1979, 29.

2524
DUMAS, Pierre Raymond, "Concordances et irréductibilités dans *Gouverneurs
de la rosée,* de Jacques Roumain et *Bon Dieu rit,* d'Edris Saint-Amand", *Le
Nouvelliste,* Port-au-Prince, 23 novembre 1983.

2525
DUVALIER, Michelle, "La Première Dame de la République écrit à l'auteur de
Bon Dieu rit", *Le Nouveau Monde,* Port-au-Prince, 23 mai 1984.
Pour le remercier d'un exemplaire dédicacé.

2526
HENRIOT, Émile, "*Bon Dieu rit,* d'Edris Saint-Amand", *Le Monde,* Paris, 29
octobre 1952.
Aussi in *La Démocratie,* Port-au-Prince, 7 et 8 novembre 1952, et in *Le
Nouvelliste,* Port-au-Prince, 6 avril 1979.

2527
LAHENS, Wéber, "Entre *Gouverneurs de la rosée,* de Jacques Roumain et *Bon
Dieu rit,* d'Edris Saint-Amand", *Le Nouvelliste,* Port-au-Prince, 26 mars
1979.
Entretien avec Edris Saint-Amand sur l'influence de ROUMAIN, Jacques
sur l'auteur.

2528
MAULE, Didier, "À propos de *Bon Dieu rit,* d'Edris Saint-Amand : l'espace
d'un roman", *Conjonction,* Port-au-Prince, 157, mars 1983, 21-45.

2529
MERCERON, Gérald, "Lettre ouverte à Edris Saint-Amand", *Le Nouvelliste,*
Port-au-Prince, 18 et 19-20 janvier 1980.
Sur *Bon Dieu rit* d'Edris Saint-Amand.

2530
MÉTELLUS, Jean, "À propos de *Bon Dieu rit,* d'Edris Saint-Amand", *Le
Nouvelliste,* Port-au-Prince, 14-15 août 1982.

2531
MICCIOLLO, Henri, "Concordances et irréductibilités dans *Gouverneurs de la
rosée,* de Jacques Roumain et *Bon Dieu rit,* d'Edris Saint-Amand",
Conjonction, Port-au-Prince, 163, octobre 1984, 11-33.

2532
MICCIOLLO, Henri, "Modernité dans *Bon Dieu rit,* d'Edris Saint-Amand",
Conjonction, Port-au-Prince, 157, mars 1983, 13-20.

2533
POMPILUS, Pradel, "À propos de *Bon Dieu rit,* d'Edris Saint-Amand",
Conjonction, Port-au-Prince, 157, mars 1983, 9-12.

2534
POMPILUS, Pradel, "Pour dire merci à Edris Saint-Amand", *Le Nouvelliste,*
Port-au-Prince, 28 septembre 1979.
Sur *Bon Dieu rit.*

2535
REY, Ulrich, "Edris Saint-Amand et Magloire Saint-Aude", *Le Nouvelliste,* Port-
au-Prince, 26 et 27 février 1942.

SAINT-JEAN, Serge

2536
BROUARD, Carl, "Serge Saint-Jean", *Le Nouvelliste,* Port-au-Prince,
5 août 1965.

2537
CALVIN, Jean-Max, "Rencontre avec Serge Saint-Jean", *Le Nouvelliste,* Port-au-
Prince, 16 juin 1966.

2538
LOUIS-JEAN, Antonio, "Un grand poète de « Calfou », Serge Saint-Jean", *Le
Nouvelliste,* Port-au-Prince, 11 février 1966.

SAINT-LOUIS, Carlos

2539
DAUMEC, Lucien, "*Flammes* de Carlos Saint-Louis", *Le Matin,* Port-au-Prince,
28 novembre 1947.

2540
TROUILLOT, Hénock, "Pour l'anniversaire d'un poète, Carlos Saint-Louis",
Le Nouvelliste, Port-au-Prince, 6 janvier 1972.

2541
TROUILLOT, Hénock, Préface à *Chants du retour,* de Carlos Saint-Louis,
Optique, Port-au-Prince, 3, mai 1954, 76-79.

2542
VERNA, Paul, "Carlos Saint-Louis : *Flammes*", *Conjonction,* Port-au-Prince, 13,
février 1948, 61-62.

SAMPEUR, Virginie

2543
ANON., "Qui êtes-vous, Virginie Sampeur ?", *Le Nouveau Monde,* Port-au-
Prince, 2 octobre 1971.

2544
BROUARD, Raphaël, "Le Centenaire de Virginie Sampeur", *Le Temps,* Port-
au-Prince, 1ᵉʳ avril 1939.

2545
BRUTUS, Edner, "Virginie Sampeur", *La Relève,* Port-au-Prince, 2, 7,
1ᵉʳ janvier 1934, 20-31.

2546
DANTICA, Evelyne, "Virginie Sampeur, première poétesse connue", *Le
Nouvelliste,* Port-au-Prince, 8 mars 1984.

2547
LAMOTHE, Louis, "Virginie Sampeur", in idem, *Los mayores poetas
latinoamericanos de 1850-1950,* Libros mex, México, D.F., 1959, 289-292.

2548
LARGE, Camille, "Virginie Sampeur", *Le Nouvelliste,* Port-au-Prince,
2 décembre 1971.

SANSARICQ, Walter

2549
VILAIRE, Jean, "La Poésie de Walter Sansaricq", *La Phalange,* Port-au-Prince,
4 novembre 1949.

SAVAIN, Pétion

2550
FAREAU, Marc, "Quelques points de vue sur *La Case de Damballah,* de Pétion
Savain", *Le Nouvelliste,* Port-au-Prince, 20-21 juin 1940.

2551
GEORGES-JACOB, Kléber, "*La Case de Damballah,* par Pétion Savain", *Le
Matin,* Port-au-Prince, 24 février 1940.

2552
NEMOURS, "*La Case de Damballah Ouèdo* [sic], roman haïtien de Pétion
Savain", *Le Nouvelliste,* Port-au-Prince, 12 février 1940.

2553
PRICE-MARS, Jean, "*La Case de Damballah,* de Pétion Savain", *Haïti-Journal,*
Port-au-Prince, 10 février 1940.

2554
THOBY-MARCELIN, Philippe, "Préface", *Le Papyrus,* Port-au-Prince,
23 juin 1934.
À propos de Pétion Savain et contre l'indigénisme.

SÉJOUR-MAGLOIRE, Francis

2555
L'ASTER D'HAITI, "Dialogue avec Francis Séjour-Magloire", *Le Nouvelliste,*
Port-au-Prince, 9 août 1963.

SOUKAR, Michel

2556
DELATOUR, Pierre, "Michel Soukar ou le baliseur des voies de l'espoir", *Le Petit Samedi soir,* Port-au-Prince, 505, 26 novembre-2 décembre 1983, 18.

2557
DUMAS, Pierre Raymond, "Narcissisme et idéologie passéiste", *Le Nouvelliste,* Port-au-Prince, 16 novembre 1983.

Sur *L'Homme aux sept noms de poussière,* de Michel Soukar.

STERLIN, Philippe

2558
ICART, Alfred, "Trois contes de Philippe Sterlin", *Le National magazine,* Port-au-Prince, 16 août 1953.

SYLVAIN, Georges

2559
ANON., "En relisant *Cric ? Crac !,* de Georges Sylvain", *L'Informateur haïtien,* Port-au-Prince, 21 avril 1919.

2560
BERROU, Frère Raphaël, "Un centenaire : Georges Sylvain", *Conjonction,* Port-au-Prince, 101, avril 1966, 75-81.

2561
BERVIN, Antoine, "Le Souvenir de Georges Sylvain", *Le Nouvelliste,* Port-au-Prince, 1er août 1975.

2562
CHANCY, Hermann, "Hommage à Georges Sylvain", *L'Action,* Port-au-Prince, 1er août 1947.

Article nécrologique.

2563
GAILLARD, Roger, "Commentaire d'un poème créole", *Le Nouveau Monde,* Port-au-Prince, 24 décembre 1974.

Sur *Machouè gonflé,* de Georges Sylvain.

2564
JOLIBOIS, Gérard, "Résurgence du parnassien Georges Sylvain, mandarin des lettres", *Le Nouvelliste,* Port-au-Prince, 12 juin 1980.

À l'occasion de la réédition de *Confidences et mélancolies.*

2565
LARRA, Adolphe, "Georges Sylvain", *Le Nouvelliste,* Basse-Terre, Guadeloupe, 26 septembre 1925.

Aussi in *Le Nouvelliste,* Port-au-Prince, 1er août 1975.

2566
LAURENT, Gérard M., "Hommage à Georges Sylvain", *Le Nouvelliste,* Port-au-Prince, 1er août 1975.

2567
LHÉRISSON, Justin, "Georges Sylvain", *La Jeune Haïti,* Port-au-Prince, 2, 7, 24 novembre 1894, 98-99.

2568
PAILLIÈRE, Madeleine, " *Confidences et mélancolies,* de Georges Sylvain", *Conjonction,* Port-au-Prince, 147, mars 1980, 107-120.

2569
PARMÉE, Douglas, "*Cric ? Crac !* by Georges Sylvain : Fables of La Fontaine in Haitian Creole, A Literary Etno-socio-linguistic Curiosity", *Nottingham French Studies,* Nottingham, G.B., 15, 2, November, 1976, 12-26.

2570
PHAREAUX, Lallier C., "Georges Sylvain, le patriote, le lutteur", *Le Nouvelliste,* Port-au-Prince, 1ᵉʳ août 1975.

2571
R. L., "En marge de *Cric ? Crac !,* de Georges Sylvain", *La Relève,* Port-au-Prince, 5, 1, 1ᵉʳ juillet 1936, 27-29.

2572
ROMÉUS, Wilhem, "*Confidences et mélancolies,* de Georges Sylvain", *Le Nouvelliste,* Port-au-Prince, 6 août 1975.

2573
ROMÉUS, Wilhem, *La Fixation maternelle dans « Confidences et mélancolies »,* de Georges Sylvain, polycopié, s.l.n.d., [Port-au-Prince, 1975].

2574
WILLIAMS, Perry A., *La Fontaine in Creole : A Study of « Cric ? Crac ! »* by Georges Sylvain, thèse de Ph. D., University microfilms International, Ann Arbor, Michigan, 1973, 271 p.

THÉARD, Gaston

2575
BURR-REYNAUD, Frédéric, "*Le Jacquot de Mme Cicéron,* par Gaston Théard", *La Phalange,* Port-au-Prince, 12 septembre 1944.

2576
CARRÉ, Hubert, "*Le Jacquot de Mme Cicéron,* par Gaston Théard", *Le Nouvelliste,* Port-au-Prince, 21 et 22 septembre 1944.

THÉBAUD, Fritz

2577
LARAQUE, Maurice, "*Raz de marée,* de Fritz Thébaud", *Le Nouvelliste,* Port-au-Prince, 26 novembre 1955.

THOBY, Armand

2578
A. B., "À propos d'un ouvrage de Monsieur Armand Thoby", *Les Bigailles,* Port-au-Prince, 14 décembre 1901.
Sur *Jacques Bonhomme d'Haïti,* d'Armand Thoby.

2579
DAVID, Placide, "Armand Thoby, l'écrivain politique", *La Presse,* Port-au-Prince, 16 octobre 1931.

2580
SYLVAIN, Georges, "*Jacques Bonhomme d'Haïti,* d'Armand Thoby", *La Ronde,* Port-au-Prince, 3, 4, 15 décembre 1901, 58-64.

THOBY-MARCELIN, Philippe

2581
ADAMS, Phoebe, "*All Men are Mad,* by Philippe Thoby-Marcelin and Pierre Marcelin", *The Atlantic,* Marion, Ohio, 225, July 25, 1970, 128.
Sur la traduction américaine de *Tous les hommes sont fous,* de Philippe Thoby-Marcelin et Pierre Marcelin.

2582
ADAMS, Mildred, "*Canapé-Vert,* by Philippe Thoby-Marcelin and Pierre Marcelin", *New York Times,* New York, February 20, 1944, 6.

Sur la traduction américaine du roman. En traduction française in *Haïti-Journal,* Port-au-Prince, 4 mars 1944.

2583
ANON., "*All Men are Mad,* by Philippe Thoby-Marcelin and Pierre Marcelin", *Choice,* Middletown, Connecticut, 8, 3, May, 1971, 398-399.

Sur la traduction américaine de *Tous les hommes sont fous,* de Philippe Thoby-Marcelin et Pierre Marcelin.

2584
ANON., "*La Bête de Musseau,* de Philippe Thoby-Marcelin et Pierre Marcelin", *La Nation,* Port-au-Prince, 16 décembre 1946.

2585
ANON., "The Black Winesburg", *Time,* New York, 43, February 21, 1944, 99.

Sur la traduction américaine de *Canapé-Vert,* de Philippe Thoby-Marcelin et Pierre Marcelin.

2586
ANON., "Caribbean Find", *Newsweek,* New York, 37, 6, February 5, 1951, 82.

Sur les traductions américaines de *Le Crayon de Dieu* et de *Canapé-vert,* de Philippe Thoby-Marcelin et Pierre Marcelin.

2587
ANON., "In Memoriam Philippe Thoby-Marcelin (1904-1975)", *Présence haïtienne,* New York, 2, septembre 1975, 11-15.

2588
ANON., "Opinion des Américains sur *La Bête à Musseau* [sic], de Philippe Thoby-Marcelin et Pierre Marcelin", *Aya Bombé !,* Port-au-Prince, décembre 1946, 42-43.

Extraits de comptes rendus de la traduction américaine du roman.

2589
ANON., "Retribution in Haiti", *Time,* New York, 57, February 5, 1951, 82.

Sur la traduction américaine de *Le Crayon de Dieu,* de Philippe Thoby-Marcelin et Pierre Marcelin.

2590
B. G. D., "*The Pencil of God,* by Philippe Thoby-Marcelin and Pierre Marcelin", *Books Abroad,* Norman, Oklahoma, 26, 1, Winter, 1952, 81-82.

Sur la traduction américaine de *Le Crayon de Dieu,* de Philippe Thoby-Marcelin et Pierre Marcelin.

2591
BONTEMPS, Arna, "*Beast of the Haitian Hills,* by Philippe Thoby-Marcelin and Pierre Marcelin", *New York Times,* New York, November 24, 1946, 32.

Sur la traduction américaine de *La Bête de Musseau* de Philippe Thoby-Marcelin et Pierre Marcelin.

2592
BONTEMPS, Arna, "*Canapé-Vert,* by Philippe Thoby-Marcelin and Pierre Marcelin", *Chicago Sun Book Week,* Chicago, Illinois, February 27, 1944, 4.

Sur la traduction américaine du roman.

2593
BROUARD, Carl, "Philippe Thoby-Marcelin", *L'Action nationale,* Port-au-Prince, 2 juin 1937.

2594
BRUTUS, Edner, "En marge de *Canapé-vert,* de Philippe Thoby-Marcelin et Pierre Marcelin", *Haïti-Journal,* Port-au-Prince, 11 mai 1943.

2595
BRUTUS, Edner, "Philippe Thoby-Marcelin", *La Relève,* Port-au-Prince, 1, 3, 1ᵉʳ septembre 1932, 27-32.

2596
CAMILLE, Roussan, "*Dialogue avec la femme endormie,* de Philippe Thoby-Marcelin", *Haïti-Journal,* Port-au-Prince, 21 novembre 1941.

2597
CHAPIN, Ruth, "*The Pencil of God,* by Philippe Thoby-Marcelin and Pierre Marcelin", *Christian Science Monitor,* Boston, Massachusetts, February 5, 1951, 9.
  Sur la traduction américaine de *Le Crayon de Dieu,* de Philippe Thoby-Marcelin et Pierre Marcelin.

2598
CLARK, J.A., "*All Men are Mad,* by Philippe Thoby-Marcelin et Pierre Marcelin", *America,* New York, 123, July 25, 1970, 46.
  Sur la traduction américaine de *Tous les hommes sont fous,* de Philippe Thoby-Marcelin et Pierre Marcelin.

2599
DRAKE, Sandra E., *The Uses of History in the Caribbean Novel,* Thèse de Ph.D., University Microfilms International, Ann Arbor, Michigan, 1977, 310 p.
  Nombreuses références à ROUMAIN, Jacques et à Philippe Thoby-Marcelin et Pierre Marcelin.

2600
DRISKELL, Daniel D. et RADCLIFF-UMSTEAD, Douglas, "La Mort dans le roman afro-haïtien", *Présence francophone,* Sherbrooke, P.Q., 11, automne 1975, 119-132.
  À propos des romans de Philippe Thoby-Marcelin et Pierre Marcelin.

2601
DUTEIL, H.-J., "Un roman haïtien", *Revue de la pensée française,* New York, 3, 9. septembre 1944, 36-37.
  Sur *Canapé-vert,* de Philippe Thoby-Marcelin et Pierre Marcelin.

2602
EKWENSI, C.O.D., "*The Pencil of God,* by Philippe Thoby-Marcelin and Pierre Marcelin", *West African Review,* Liverpool, G.B., 23, 298, July, 1952, 713-715.
  Sur la traduction américaine de *Le Crayon de Dieu,* de Philippe Thoby-Marcelin et Pierre Marcelin.

2603
ERICKSON, John D., "Mythe et symbole dans *Tous les hommes sont fous,* de Philippe Thoby-Marcelin et Pierre Marcelin", *Écriture française dans le monde,* Sherbrooke, P.Q., 5, 1-2, octobre 1983, 3-10.

2604
FOISSET, Père Jean, "*Canapé-vert,* de Philippe Thoby-Marcelin et Pierre Marcelin", *La Phalange,* Port-au-Prince, mai 1945.

2605
FONTAINAS, André, "*La Négresse adolescente,* de Philippe Thoby-Marcelin", *Mercure de France,* Paris, 44, 830, 15 janvier 1933, 406.

2606
FOUCHARD, Jean, "*La Négresse adolescente,* de Philippe Thoby-Marcelin",
Haïti-Journal, Port-au-Prince, 23 juin 1932.

2607
FOOTE, A.C., "*All Men are Mad,* by Philippe Thoby-Marcelin and Pierre
Marcelin", *Book World,* New York, May 31, 1970.
Sur la traduction américaine de *Tous les hommes sont fous,* de Philippe
Thoby-Marcelin et Pierre Marcelin.

2608
GROVE, Lee, "Notes on the Margin", *Washington Post,* Washington, D.C.,
14 January, 1951.
Sur la traduction américaine de *Le Crayon de Dieu,* de Philippe Thoby-
Marcelin et Pierre Marcelin.

2609
GROVE, Lee, "*The Pencil of God,* by Philippe Thoby-Marcelin and Pierre
Marcelin", *Washington Post,* Washington, D.C., 14 February, 1951.
Sur la traduction américaine de *Le Crayon de Dieu,* de Philippe Thoby-
Marcelin et Pierre Marcelin.

2610
GUILLÉN, Nicolás, "Un triunfo americano de Haití", *Hoy,* La Habana, 18 de
abril 1943.
À propos de Philippe Thoby-Marcelin et de Pierre Marcelin. Aussi, en
traduction française, in *Haïti-Journal,* Port-au-Prince, 30 avril 1943.

2611
HUGHES, Langston, "*The Pencil of God,* by Philippe Thoby-Marcelin and
Pierre Marcelin", *New York Times,* New York, February 4, 1951.
Sur la traduction américaine de *Le Crayon de Dieu,* de Philippe Thoby-
Marcelin et Pierre Marcelin.

2612
HULTON, Clara, "*The Singing Turtle and Other Tales From Haiti* [by Philippe
Thoby-Marcelin]", *Library Journal,* New York, 96, 10, 15 May 1971,
1 808.

2613
HURSTON, Zora N., "*The Pencil of God,* by Philippe Thoby-Marcelin and
Pierre Marcelin", *New York Herald Tribune,* New York, February 4, 1951.
Sur la traduction américaine de *Le Crayon de Dieu,* de Philippe Thoby-
Marcelin et Pierre Marcelin.

2614
JACKSON, J.H., "*The Pencil of God,* by Philippe Thoby-Marcelin and Pierre
Marcelin", *San Francisco Chronicle,* San Francisco, California, February 20,
1951.
Sur la traduction américaine de *Le Crayon de Dieu,* de Philippe Thoby-
Marcelin et Pierre Marcelin.

2615
JONES, Edward A., "*All men are mad,* by Philippe Thoby-Marcelin and Pierre
Marcelin", *Library Journal,* New York, 95, 14, August 1970, 2 722.
Sur la traduction américaine de *Tous les hommes sont fous,* de Philippe
Thoby-Marcelin et Pierre Marcelin.

2616
JONES, Ernest, "A Universal Fable", *The Nation,* New York, 173, 112,
February 3, 1951, 112-113.
Sur la traduction américaine de *Le Crayon de Dieu,* de Philippe Thoby-
Marcelin et Pierre Marcelin.

2617
JOSEPH, Raymond Alcide, "Saints Against Sorcerers : *All Men Are Mad*",
Catholic World, Mahwah, New Jersey, October, 1970, 54.
Sur la traduction américaine de *Tous les hommes sont fous,* de Philippe
Thoby-Marcelin et Pierre Marcelin.

2618
KNIGHT, Vere M., "Pierre Marcelin and Philippe Thoby-Marcelin :
Sensationalism or Realism ?", *Black Images,* Toronto, Ontario, 2, 1, Spring
1973, 30-42.

2619
LALEAU, Léon, "Pour présenter [Philippe Thoby-Marcelin] un poète jeune",
Haïti-Journal, Port-au-Prince, 20 juin 1932.

2620
LARBAUD, Valéry, "Lettres à Philippe Thoby-Marcelin", *La Relève,* Port-au-
Prince, 3, 8, février 1935, 4-8.
Lettres datées 1925.

2621
MONTENEGRO, Ernesto, "Latin American Literary Prizes", *Books Abroad,*
Norman, Oklahoma, 17, 4, Autumn, 1943, 309-312.

2622
OBERBECK, S.K., "*All Men are Mad,* by Philippe Thoby-Marcelin et Pierre
Marcelin", *Newsweek,* Dayton, Ohio, 75, June 1, 1970, 87-88.
Sur la traduction américaine de *Tous les hommes sont fous,* de Philippe
Thoby-Marcelin et Pierre Marcelin.

2623
OWENS, H.J., "*Beast of the Haitian Hills,* by Philippe Thoby-Marcelin and
Pierre Marcelin", *Book Week,* Chicago, Illinois, November 17, 1946, 16.
Sur la traduction américaine de *La Bête de Musseau,* de Philippe Thoby-
Marcelin et Pierre Marcelin.

2624
PICK, Robert, "Voodoo Tale", *Saturday Review of Literature,* New York, 29,
November 23, 1946, 12.
Sur la traduction américaine de *La Bête de Musseau,* de Philippe Thoby-
Marcelin et Pierre Marcelin.

RADCLIFF-UMSTEAD, Douglas, voir DRISKELL, Daniel D.

2625
RAYMOND, John, "*The Beast of the Haitian Hills,* by Philippe Thoby-Marcelin
and Pierre Marcelin", *The New Statesman and Nation,* London, 41, 1 047,
31 March, 1951, 376.
Sur la traduction américaine de *La Bête de Musseau,* de Philippe Thoby-
Marcelin et Pierre Marcelin.

2626
R. C., "*La Négresse adolescente,* de Philippe Thoby-Marcelin", *Le Matin,* Port-au-
Prince, 29 juin 1932.

2627
ROSE, Ernestine, "*Canapé-Vert,* by Philippe Thoby-Marcelin and Pierre
Marcelin", *Library Journal,* New York, 69, 1, January 1, 1944, 31.
Sur la traduction américaine du roman.

2628
ROSS, Mary, "*Canapé-Vert,* by Philippe Thoby-Marcelin and Pierre Marcelin",
Weekly Book Review, New York, February 20, 1944, 2.
Sur la traduction américaine du roman.

2629
SAINT-AMAND, Edris, "En lisant *Dialogue avec la femme endormie,* de
Philippe Thoby-Marcelin", *Le Nouvelliste,* Port-au-Prince,
17 décembre 1941.

2630
SALOMON, René, "Le Succès de *Canapé-vert,* de Philippe Thoby-Marcelin et
Pierre Marcelin", *Haïti-Journal,* Port-au-Prince, 4 mai 1943.

2631
SEARLES, P.J., "*Beast of the Haitian Hills,* by Philippe Thoby-Marcelin and
Pierre Marcelin", *Weekly Book Review,* New York, November 17, 1946, 20.
Sur la traduction américaine de *La Bête de Musseau,* de Philippe Thoby-
Marcelin et Pierre Marcelin.

2632
SÉIDE, Marc, "Le Succès du *Canapé-vert,* de Philippe Thoby-Marcelin et Pierre
Marcelin", *Haïti-Journal,* Port-au-Prince, 13 mai 1943.

2633
SUGRUE, Thomas, "*Canapé-Vert,* by Philippe Thoby-Marcelin and Pierre
Marcelin", *Saturday Review of Literature,* New York, 27, March 25, 1944,
13-14.
Sur la traduction américaine du roman.

2634
TAYLOR, Pamela, "Man Bewitched : *The Pencil of God,* by Philippe Thoby-
Marcelin and Pierre Marcelin", *Saturday Review of Literature,* New York,
34, 9, March 3, 1951, 28-29.
Sur la traduction américaine de *Le Crayon de Dieu,* de Philippe Thoby-
Marcelin et Pierre Marcelin.

2635
THOBY-MARCELIN, Philippe, "Introduction to *The Beast of the Haitian
Hills*", Time, Inc., New York, s.d.(1964 ?), xiii-xxi.
Sur la collaboration entre Philippe Thoby-Marcelin et Pierre Marcelin.

2636
THOBY-MARCELIN, Philippe, "Réponse au Père Foisset", *Haïti-Journal,*
Port-au-Prince, 14 mai 1945.
Réponse aux critiques de FOISSET, Père Jean.

2637
VANDERCOOK, John W., "Black Magic, *The Pencil of God,* by Philippe
Thoby-Marcelin and Pierre Marcelin", *The New Republic,* New York, 124,
February 12, 1951, 21.
Sur la traduction américaine de *Le Crayon de Dieu,* de Philippe Thoby-
Marcelin et Pierre Marcelin.

2638
WALBRIDGE, E.F., "*Beast of the Haitian Hills,* by Philippe Thoby-Marcelin
and Pierre Marcelin", *Library Journal,* New York, 71, November 1, 1946,
1 543.
Sur la traduction américaine de *La Bête de Musseau,* de Philippe Thoby-
Marcelin et Pierre Marcelin.

2639
WEST, Anthony, "*The Pencil of God,* by Philippe Thoby-Marcelin and Pierre
Marcelin", *The New Yorker,* New York, 27, March 17, 1951, 122.
Sur la traduction américaine de *Le Crayon de Dieu,* de Philippe Thoby-
Marcelin et Pierre Marcelin.

2640

WILSON, Edmund, "*Canapé-Vert,* by Philippe Thoby-Marcelin and Pierre Marcelin", *The New Yorker,* New York, 20, February 26, 1944, 76.

Sur la traduction américaine du roman. Aussi en traduction française in *Haïti-Journal,* Port-au-Prince, 13 mars 1944.

2641

WILSON, Edmund, "Voodoo in Literature", *Le Nouveau Monde,* Port-au-Prince, 11 mai 1958.

Sur les romans de Philippe Thoby-Marcelin et Pierre Marcelin. Dans la section anglaise du journal.

TOULAMANCHE, Karl

2642

COLÈRE, Pierre, "*Les Deshérités,* de Karl Toulamanche", *Lakansièl,* Brooklyn, New York, 1, mars 1975, 28.

2643

TOULAMANCHE, Karl, "La Réponse de Karl Toulamanche", *Lakansièl,* Brooklyn, New York, 1, mars 1975, 29.

Réponse à la critique de COLÈRE, Pierre.

TROUILLOT, Hénock

2644

ANON., "*Dessalines, ou le Sang du Pont Rouge,* d'Hénock Trouillot", *Le Nouvelliste,* Port-au-Prince, 15 septembre 1967.

2645

AUGUSTE, Pierre Robert, "Hénock Trouillot dramaturge", *Le Nouvelliste,* Port-au-Prince, 25 octobre 1977.

2646

E. F. E., "*Lumumba, cette lumière,* d'Hénock Trouillot", *Le Matin,* Port-au-Prince, 25 juillet 1972.

2647

FOUCHARD, Jean, "Épingle à la gerbe de deux amis", in idem, *Trois discours,* Imp. de l'État, Port-au-Prince, 1962, 31-48.

Sur CAMILLE, Roussan et Hénock Trouillot.

2648

LAROCHE, Maximilien, "*Lumumba, cette lumière,* d'Hénock Trouillot", *Le Nouveau Monde,* Port-au-Prince, 14-15 août 1974.

2649

PHAREAUX, Lallier C., "Impressions de *La Vengeance du mapou,* d'Hénock Trouillot", *Le Nouvelliste,* Port-au-Prince, 14-16 août 1967.

2650

PHAREAUX, Lallier C., "*Patrice Lumumba, cette lumière,* d'Hénock Trouillot", *Le Nouvelliste,* Port-au-Prince, 6 septembre 1972.

2651

TROUILLOT, Hénock, "Réponse à [Ernest] Bennett", *Haïti-Journal,* Port-au-Prince, 4 février 1948.

À propos de *Chair, sang et trahison,* de Hénock Trouillot.

VALCIN, Cléanthe (Mme Virgile)

2652
ANON., "*La Blanche Négresse,* de Cléanthe Valcin", *Le Matin,* Port-au-Prince,
31 août 1934.

2653
ANON., "*Cruelle Destinée,* roman par Madame Cléanthe Valcin, née Cléanthe
Desgraves", *La Petite Revue,* Port-au-Prince, 7, 178, 1er juillet 1930,
108-110.

2654
DUVALIER, François, "Nos femmes de lettres : une heure avec Madame
Cléanthe Valcin", in DENIS, Lorimer et al., *Les Tendances d'une
génération,* 117-133.

2655
MATHELIER, Clément, "*La Blanche Négresse,* de Cléanthe Valcin", *Le
Nouvelliste,* Port-au-Prince, 31 août, 1er et 2 septembre 1934.

2656
MATHELIER, Clément, "*Cruelle Destinée,* de Cléanthe Valcin", *Le Nouvelliste,*
Port-au-Prince, 11 février 1930.

2657
PRICE-MARS, Jean, Préface à *La Blanche Négresse,* de Cléanthe Valcin, Imp.
Valcin, Port-au-Prince, 1934, 10-11.

VALLÈS, Max

2658
BEAULIEU, Jacques, "*À la borlette de Judas,* pièce de Max Vallès", *Le Nouveau
Monde,* Port-au-Prince, 28 avril 1973.

2659
HÉRARD, Jean-Robert, "Un Bouqui new look", *Le Petit Samedi soir,* Port-au-
Prince, 154, 24-30 juillet 1976, 30.
Sur *Le Nouveau Bouqui,* pièce de Max Vallès.

2660
JOLICŒUR, Aubelin, "*Le Rêve de Joaérus,* de Max Vallès", *Le Petit Samedi soir,*
Port-au-Prince, 10-16 novembre 1984, 19-22.

2661
SAINT-LOUIS, Xavier, "Une heureuse rencontre avec Max Vallès", *Le Nouveau
Monde,* Port-au-Prince, 26 et 27 septembre 1984.

2662
VICTOR, René, "Un nouvel ouvrage du colonel Max Vallès", *Le Nouveau
Monde,* Port-au-Prince, 19 et 20 juillet 1984.
Sur *Le Rêve de Joaérus,* de Max Vallès.

VAVAL, Duraciné

2663
ANON., "*Stances haïtiennes,* de Duraciné Vaval", *L'Éclaireur,* Port-au-Prince,
4 décembre 1912.

BRUTUS, Edner, voir SEDINE.

2664
DORSINVILLE, Hénec, "*Stances haïtiennes,* de Duraciné Vaval", *L'Essor,* Port-
au-Prince, novembre 1912.

2665

FINOT, Jean, "*Les Stances haïtiennes,* de Duraciné Vaval", in VAVAL, Duraciné, *Histoire de la littérature haïtienne,* 112-114.

Reproduction d'un article paru en 1912 dans *La Revue mondiale,* Paris.

2666

LIAUTAUD, André, "*Stances haïtiennes,* de Duraciné Vaval", *La Nouvelle Ronde,* Port-au-Prince, 1, 4, 1ᵉʳ septembre 1925, 70-72.

2667

SEDINE (pseud. de BRUTUS, Edner), "Duraciné Vaval", *Maintenant,* Port-au-Prince, 25 avril 1936.

VERNE, Marc

2668

ANON., "*Marie Villarceaux,* de Marc Verne", *L'Illustration antillaise,* Port-au-Prince, 4, 124, 10 novembre 1945.

En critique les fautes de français et les créolismes.

2669

ARTY, Daniel, "*Marie Villarceaux,* de Marc Verne", *Le Matin,* Port-au-Prince, 1ᵉʳ, 6 et 7 novembre 1945.

2670

BALMIR, Lucien, "*Marie Villarceaux,* de Marc Verne", *Haïti-Journal,* Port-au-Prince, 23 juin 1948.

2671

BENNETT, Ernest, "Jean-Baptiste Cinéas, Marc Verne, le zombi et moi", *Le Nouvelliste,* Port-au-Prince, 4 mai 1979.

Souvenir personnel.

2672

BLANCHET, Paul, "À propos de *Marie Villarceaux,* de Marc Verne", *La Ruche,* Port-au-Prince, 15 décembre 1945.

2673

DENIS, Lorimer, "Marc Verne", *L'Action nationale,* Port-au-Prince, 4-7 juin 1932.

2674

FOUCHARD, Jean, "*Pour mon plaisir et pour ma peine,* proses de Marc Verne", *Haïti-Journal,* Port-au-Prince, 4 juillet 1932.

2675

FOUCHÉ, Franck, "Autour de *Marie Villarceaux,* de Marc Verne", *Le Nouvelliste,* Port-au-Prince, 12, 13, 14, 15, et 16 novembre 1945.

2676

ICART, Alfred, "*Marie Villarceaux,* de Marc Verne", *Haïti-Journal,* Port-au-Prince, 21 juillet 1948.

VIEUX, Damoclès

2677

AUGUSTE, Yves, "En lisant *Dernières Floraisons,* de Damoclès Vieux", *Conjonction,* Port-au-Prince, 14, avril 1948, 32-34.

2678

COURTOIS, Félix, "Damoclès Vieux", *Le Matin,* Port-au-Prince, 24-26 juin 1979.

2679
FABIUS, Auguste, "Damoclès Vieux", *Le Temps revue,* Port-au-Prince,
29 mai 1937.
Aussi in *La Phalange,* Port-au-Prince, 23 mai 1944.

2680
FIÈVRE, Michel, "Damoclès Vieux, l'écrivain, l'esthéticien, le chantre de
l'amour", *Le Temps Revue,* Port-au-Prince, 20 et 24 mai 1939.

2681
HIPPOLYTE, Dominique, "Damoclès Vieux, 14 novembre 1876-
23 mai 1936", *La Phalange,* Port-au-Prince, 14 novembre 1944.

2682
HIPPOLYTE, Dominique, "En guise de préface à Damoclès Vieux", *Le Matin,*
Port-au-Prince, 4 décembre 1947.

2683
LALEAU, Léon, "Le Front contre la stèle", in idem, *Approximations,*
Deschamps, Port-au-Prince, 1952, 108-114.

2684
LALEAU, Léon, "La Poésie de Monsieur Damoclès Vieux", *La Relève,* Port-au-
Prince, 5, 3, septembre-octobre 1936, 32 et 50.

2685
LASSÈGUE, Franck, "*L'Aile captive,* de Damoclès Vieux", *L'Essor revue,* Port-
au-Prince, 21, décembre 1919, 487-489.

2686
VIEUX, Antonio, "*L'Aile captive,* de Damoclès Vieux", *La Nouvelle Ronde,* Port-
au-Prince, 1, 5, 1ᵉʳ octobre 1925, 94-98.

2687
Y. F., "Damoclès Vieux : *Dernières Floraisons*", *Conjonction,* Port-au-Prince, 13,
février 1948, 62-63.

VIEUX, Isnardin

2688
ANON., "*La Fille de Geffrard,* drame historique par Monsieur Isnardin Vieux",
Le Matin, Port-au-Prince, 6 mars 1917.

2689
PHANOR, Antoine P., "Autour de *Taches d'ombre,* d'Isnardin Vieux", *Haïti-
Journal,* Port-au-Prince, 30 août 1949.

2690
TROUILLOT, Roger M., "*Taches d'ombre,* d'Isnardin Vieux", *Haïti-Journal,*
Port-au-Prince, 12 août 1949.

2691
VIEUX, Isnardin, "Réponse", *Le Matin,* Port-au-Prince, 10 mars 1917.
Réponse à l'article d'ANON., sur *La Fille de Geffrard.*

VILAIRE, Etzer

2692
ANON., "*Éveline,* pièce dramatique par Monsieur Etzer Vilaire", *Le Nouvelliste,*
Port-au-Prince, 7 juin 1918.

2693
AUDAIN, Léon, "Etzer Vilaire", *La Lanterne médicale,* Port-au-Prince,
juin-août 1912.

2694
BALMIR, Lucien, "Etzer Vilaire, ou un enfant pris de vision", *Le Matin,* Port-au-Prince, 7 et 9-10 mars 1952.

2695
BERROU, Frère Raphaël, "Etzer Vilaire, poète chrétien", *Le Nouvelliste,* Port-au-Prince, 12 avril 1972.

2696
BERROU, Frère Raphaël, "Le Personnage Frank dans *Les Dix hommes noirs,* d'Etzer Vilaire", *Le Nouvelliste,* Port-au-Prince, 27 décembre 1972.

2697
CAMPFORT, Gérard, "Etzer Vilaire et la méditation sur la mort", *Le Nouvelliste,* Port-au-Prince, 3 février 1969.

2698
CHARLES, Christophe, "Le Choix d'Etzer Vilaire", *Le Nouvelliste,* Port-au-Prince, 17 avril 1972.

2699
CHASSAGNE, Numa, "Etzer Vilaire", *L'Action,* Port-au-Prince, 21 juin, 5 et 26 juillet 1951.

2700
COPPIN, Marguerite, "Un grand poète haïtien, Etzer Vilaire", *Le Soir,* Port-au-Prince, 14 janvier 1908.
Article "tiré d'un journal de Bruxelles".

2701
DANIEL, Neptune, "Est-il vrai qu'Etzer Vilaire a dénationalisé la littérature haïtienne ?", *Le Nouveau Monde,* Port-au-Prince, 7 avril 1972.

2702
DANIEL, Neptune, "Etzer Vilaire, prédicateur en vers ou poète philosophe ?", *Le Petit Samedi soir,* Port-au-Prince, 31, 22-28 septembre 1973, 11-14.

2703
DESROCHES, Rosny, "De la poésie à la prédication, ou l'itinéraire spirituel d'Etzer Vilaire", *Le Nouveau Monde,* Port-au-Prince, 7 avril 1972.

2704
FIGNOLÉ, Jean-Claude, "Défense d'Etzer Vilaire", *Le Nouveau Monde,* Port-au-Prince, 28 décembre 1970.

2705
FIGNOLÉ, Jean-Claude, "*Les Dix hommes noirs,* d'Etzer Vilaire", *Le Nouvelliste,* Port-au-Prince, 18 mars 1969.

2706
FIGNOLÉ, Jean-Claude, *Etzer Vilaire, ce méconnu,* Imp. Centrale, Port-au-Prince, 1970, 217 p.

2707
FIGNOLÉ, Jean-Claude, "Etzer Vilaire : certitude et incertitude de la condition humaine", *Le Petit Samedi soir,* Port-au-Prince, 31, 22-28 septembre 1973, 15-16.

2708
FIGNOLÉ, Jean-Claude, "Etzer Vilaire, créateur", *Conjonction,* Port-au-Prince, 116, 2ᵉ trimestre 1971, 86-88.

2709
FIGNOLÉ, Jean-Claude, "Sur Etzer Vilaire : approche spiraliste", *Le Nouvelliste,* Port-au-Prince, 5 novembre 1968.

2710
FIGNOLÉ, Jean-Claude, "Trois poèmes d'Etzer Vilaire", *Le Nouvelliste,* Port-au-Prince, 8-9 mars 1969.

2711
FILON, Augustin, "Etzer Vilaire, le poète haïtien", *Journal des débats,* Paris, 22 avril 1908.
Aussi in *Le Pacificateur,* Port-au-Prince, 22 mai 1908.

2712
GAILLARD, Roger, *Etzer Vilaire, témoin de nos malheurs ; "Les Dix hommes noirs",* Presses nationales d'Haïti, Port-au-Prince, 1972, 166 p.

2713
GAILLARD, Roger, "Fin du purgatoire pour Etzer Vilaire ?", *Le Nouveau Monde,* Port-au-Prince, décembre 1970.

2714
GAROUTE, Louis, "Etzer Vilaire", *Le Nouvelliste,* Port-au-Prince, 28 mars 1972.
Article de 1940.

2715
GÉROME, Pétion, "*Les Dix hommes noirs,* d'Etzer Vilaire", *Haïti-Journal,* Port-au-Prince, 27 juillet 1912.

2716
GÉROME, Pétion, "Etzer Vilaire", *La Ronde,* Port-au-Prince, 15 mars, 5, 8 avril, 9 et 15 mai 1901.

2717
GIRAULT, Wiener, "Etzer Vilaire, le thanatophobe", *Le Nouveau Monde,* Port-au-Prince, 8 janvier 1971.

2718
GREGH, Fernand, "*Les Années tendres,* et les *Poèmes de la mort,* d'Etzer Vilaire", *La Revue,* Paris, 71, 6, 1er novembre-15 décembre 1907, 380-383.

2719
GROOS, René, "Quelques mots sur un poète haïtien : Etzer Vilaire", *Le Matin,* Port-au-Prince, 7 juin 1922.
Article repris de *L'Intransigeant,* Paris.

2720
JOLICŒUR, Gladys, *Etzer Vilaire, poète chrétien,* thèse pour la maîtrise de Lettres, Université de Rennes, 1967-1968.

2721
L. G., "*Les Années tendres,* et les *Poèmes de la mort,* d'Etzer Vilaire", *La Nouvelle Revue,* Cap-Haïtien, 1, 7 et 8, mars et avril 1908.

2722
LAFOREST, Edmond, "Etzer Vilaire", *Le Nouvelliste,* Port-au-Prince, 28 juin 1912.

2723
LAFOREST, Edmond, *L'Œuvre poétique de Monsieur Etzer Vilaire,* Imp. du Centenaire, Jérémie, 1907, 40 p.

2724
LALEAU, Léon, "Au lendemain d'un centenaire", *Le Nouvelliste,* Port-au-Prince, 25-26 novembre 1972.

2725

LALEAU, Léon, "De poète à poète", *Haïti-Journal,* Port-au-Prince, 24 novembre 1948.

Compte-rendu d'une conférence prononcée le 24 novembre 1948 sur Etzer Vilaire à l'Institut français par BRIERRE, Jean F., restée inédite.

2726

LALEAU, Léon, "Etzer Vilaire", *Conjonction,* Port-au-Prince, 34, août 1951, 29-31.

Aussi in *Le National magazine,* Port-au-Prince, 14 novembre 1954.

2727

LARGE, Camille, "Etzer Vilaire", *Le Nouvelliste,* Port-au-Prince, 21 juin 1951.

2728

LATAILLADE, Nerva, "Causerie sur l'œuvre d'Etzer Vilaire", *Le Temps,* Port-au-Prince, 8 juillet 1963.

Causerie prononcée en 1923.

LESCOUFLAIR, Georges, voir NISUS.

2729

MASSILLON, Yves, *Etzer Vilaire, sa vie et les principaux thèmes de son œuvre poétique,* mémoire de sortie Université d'État d'Haïti, Faculté des Lettres et pédagogie, Port-au-Prince, 1958.

2730

NICHOLAS, Julien, "Un poète philosophe : Etzer Vilaire", *Le Matin,* Port-au-Prince, 1er, 2 et 3 février 1945.

2731

NISUS (pseud. de LESCOUFLAIR, Georges), "Poème à mon âme, d'Etzer Vilaire, littérature nationale", *Le Nouvelliste,* Port-au-Prince, 3 et 4 novembre 1905.

2732

NOËL, Ulrick, "Hommage au poète philosophe et juriste", *Le Nouvelliste,* Port-au-Prince, 12 avril 1972.

2733

PASCALE de la VIERGE, Sœur, "Résonances liturgiques et souvenirs bibliques dans l'œuvre poétique d'Etzer Vilaire", *Le Nouvelliste,* Port-au-Prince, 12 avril 1972.

2734

PAUL, Edouard C., "Etzer Vilaire, un engagé négatif", *Le Nouveau Monde,* Port-au-Prince, 8 janvier 1973.

2735

POMPILUS, Pradel, "Etzer Vilaire", *Conjonction,* Port-au-Prince, 119, février-mars 1973, 73-89.

2736

POMPILUS, Pradel, "Etzer Vilaire corrige Etzer Vilaire", *Conjonction,* Port-au-Prince, 138, mai 1978, 83-94.

2737

POMPILUS, Pradel, *Etzer Vilaire, étude critique et textes choisis,* s. éd., Port-au-Prince, 1968.

2738

POMPILUS, Pradel, "Sur quelques vers des *Années tendres,* d'Etzer Vilaire", *Le Nouvelliste,* Port-au-Prince, 12 avril 1972.

2739
PRADEL, Seymour, "Etzer Vilaire", *Haïti littéraire et scientifique,* Port-au-Prince, 5 et 20 juillet, 20 août et 20 septembre 1912.

2740
PRADEL, Seymour, "Etzer Vilaire, Le Poète et son œuvre", *Le Matin,* Port-au-Prince, 12 avril 1972.

2741
ROMÉUS, Wilhem, "Écrivain ou écrivan : le onzième homme noir", *Le Nouvelliste,* Port-au-Prince, 25 février 1979.

2742
ROMÉUS, Wilhem, "Faire d'Etzer Vilaire un grand poète, c'est braver le ridicule", *Le Petit Samedi soir,* Port-au-Prince, 33, 6-12 octobre 1973, 6-9.

2743
SOUKAR, Michel, "Etzer Vilaire, ou l'histoire d'une âme", *Le Nouveau Monde,* Port-au-Prince, 7 avril 1972.

2744
SYLVAIN, Georges, "Nouveaux poèmes d'Etzer Vilaire", *Haïti littéraire et scientifique,* Port-au-Prince, 5 août 1912.

2745
TROUILLOT, Hénock, "Critique des critiques au sujet d'Etzer Vilaire", *Le Nouveau Monde,* Port-au-Prince, 13 avril 1972.

2746
URYALE, "*Poème à mon âme,* par Etzer Vilaire", *Haïti littéraire et sociale,* Port-au-Prince, 18, 5 octobre 1905, 444-447.

VILAIRE, Gérard

2747
PIERRE-LOUIS, Ulysse, "Un poète nous donne le bonjour", in idem, *Esquisses littéraires et critiques,* Imp. de l'État, Port-au-Prince, 1959, 89-102.

VILAIRE, Jean-Joseph

2748
ANON., "*Aube,* sonnets indiens de Jean-Joseph Vilaire", *L'Essor revue,* Port-au-Prince, avril 1916, 38-39.

2749
BROUARD, Carl, "Jean-Joseph Vilaire", *L'Action nationale,* Port-au-Prince, 4 avril 1932.

2750
CINÉAS, Jean-Baptiste, "*Entre maîtres et esclaves,* de Jean-Joseph Vilaire", *La Phalange,* Port-au-Prince, 14 décembre 1943.

2751
DUVALIER, François, "*Paysages et paysans,* par Jean-Joseph Vilaire", *Haïti-Journal,* Port-au-Prince, 28 février et 7 mars 1931.

2752
GRIMARD, Luc, "Monsieur Jean-Joseph Vilaire, conteur", *La Phalange,* Port-au-Prince, 9 février 1944.

2753
LE CRITIQUE, "*Aube,* sonnets indiens de Monsieur Jean-Joseph Vilaire", *Revue de la Ligue de la jeunesse haïtienne,* Port-au-Prince, 1, 2, 20 mars 1916, 97-100.

2754
ROUMER, Émile, "*Paysages et paysans,* par Jean-Joseph Vilaire", *Haïti-Journal,* Port-au-Prince, 2 mars 1931.

2755
VIEUX, Antonio, "*Aube,* de Jean-Joseph Vilaire", *La Nouvelle Ronde,* Port-au-Prince, 1, 6, 1ᵉʳ novembre 1925, 110-114.

VILFORT, Lionel

2756
JEAN-BAPTISTE, Ernst, "*Manne cordiforme,* de Lionel Vilfort", *Le Nouvelliste,* Port-au-Prince, 23-24 août 1975.

2757
RAYMOND, Gasner, "*Manne cordiforme,* de Lionel Vilfort", *Le Petit Samedi soir,* Port-au-Prince, 108, 2-8 août 1975, 12.

VILLEVALEIX, Charles S.

2758
LALEAU, Léon, "À propos des *Primevères,* de Charles S. Villevaleix", *Le Matin,* Port-au-Prince, 11 mars 1915.

WÈCHE, Mérès

2759
GOUSSE, Edgard "Pour une re-lecture de *L'Onction de St-Fac,* de Mérès Wèche", *Étincelles,* Montréal, P.Q., 6, août-septembre 1983, 24-25.

WERLEIGH, Christian

2760
BRIERRE, Jean F., "Mai en deuil", *Haïti-Journal,* Port-au-Prince, 31 mai et 3 juin 1948.
Article nécrologique.

2761
BRIERRE, Jean F., "*Le Palmiste dans l'ouragan,* de Christian Werleigh", *Le Temps revue,* Port-au-Prince, 12 août 1933, 18-19.

2762
BURR-REYNAUD, Frédéric, "*Le Palmiste dans l'ouragan,* de Christian Werleigh", *Le Nouvelliste,* Port-au-Prince, 10 juillet 1933.

2763
GRIMARD, Luc, "Un poète nous quitte", *La Phalange,* Port-au-Prince, 6 juin 1945.

2764
LATAILLADE, Nerva, "*Le Palmiste dans l'ouragan,* de Christian Werleigh", *Le Temps revue,* Port-au-Prince, 4 mai 1935, 3-4.

2765
MAGLOIRE SAINT-AUDE, Clément, "*Le Palmiste dans l'ouragan,* de Christian Werleigh", *Haïti-Journal,* Port-au-Prince, 19 juillet 1933.
Signé MAGLOIRE-FILS, Clément.

WIENER, Jacqueline

2766
DURAND, Rony, "*Une femme chante,* de Jacqueline Wiener", *Le Nouvelliste,* Port-au-Prince, 16 février 1951.

2767
LALEAU, Léon, "*Une femme chante,* poèmes de Jacqueline Wiener", *Le Nouvelliste,* Port-au-Prince, 10 février 1951.

I. LISTE DES AUTEURS

ADAM, Michel

ADOLPHE, Armand

ALEXANDRE, Antoine

ALEXIS, Jacques-Stéphen

ALPHONSE, Émile

AMBROISE, Ludovic

ANTOINE, Yves

ARCHER, Evry

ARDOUIN, Coriolan

ASSALI, Donald

AUDIN, René

AUGUSTE, Jules

AZOR, Joseph D.

BAGUIDY, Joseph D.

BAUDUY, Robert

BEAUBRUN, Théodore (voir LANGUICHATTE)

BÉLANCE, René

BENOÎT, Clément

BERGEAUD, Émeric

BERNARD, Regnor C.

BONHOMME, Arthur

BOURAND, Étienne

BRIERRE, Jean F.

BROUARD, Carl

BRUN, Amédée

BURR-REYNAUD, Frédéric

CAMILLE, Roussan

CARRÉNARD, Adrien

CARRÉ, Pierre

CASSÉUS, Maurice

CASTERA, Georges

CAVÉ, Syto

CHARLES, Carmin

CHARLES, Christophe

CHARLES, Jean-Claude

CHASSAGNE, Raymond

CHASSAGNE, Roland

CHAUVET, Marie Vieux Charlier

CHENÊT, Gérard

CHENÊT, Jean-Baptiste

CHEVALLIER, André

CHEVRY, Arsène

CHRISOPHONTE, Prosper

CINÉAS, Jean-Baptiste

CIVIL, Jean

CLITANDRE, Pierre

COICOU, Massillon

COLIMON-HALL, Marie-Thérèse

CONDÉ, Frank

COURTOIS, Félix

CYPRIEN, Anatole

DAMBREVILLE, Claude

DAMOUR, Alix

DARLY, Muriel

DAUPHIN, Marcel

DAVERTIGE [DENIS, Villard]

DAY, Martial

DEFAY, Francis

DÉITA [GUIGNARD, Mercédès]

DELMAS, René

DELORME, Demesvar

DEPESTRE, René

DESMARATTES, Lyonel

DESROSIERS, Jules E.

DESROSIERS, Toussaint

DESROY, Annie

DESTIN, Marie-Laurette

DEVIEUX-DEHOUX, Liliane

DOMINGUE, Jules

DOMINIQUE, Jan J.

DORISMOND, Jacques

DORSINVILLE, Roger

DORVAL, Gérald

DUC, Gérard

DUCASSE, Vendenesse

DUPLESSIS, Jean-François Fénelon

DUPLESSIS, Louis

DUPRÉ

DURAND, Louis Henry

DURAND, Oswald

DUVALIER, François

ÉTHÉARD, Liautaud

ÉTIENNE, Gérard

FABRY, Claude

FARDIN, Dieudonné

FAUBERT, Ida Fine

FERRY, Alibée

FIGARO, Georges

FLEURY-BATTIER, Alcibiade

FORBIN, Victor

FOUCHÉ, Franck

FRANKÉTIENNE
[ÉTIENNE, Franck]

GARÇON, Jean D.

GAROUTE, Hamilton

GÉDÉON, Max

GRIMARD, Luc

GUÉRIN, Mona

GUIGNARD, Mercédès (voir
DÉITA).

GUILBAUD, Tertullien

GUY, Georges

HALL, Louis D.

HÉRAUX, Edmond

HIBBERT, Fernand

HIPPOLYTE, Alice

HIPPOLYTE, Dominique

INNOCENT, Antoine

JADOTTE, Hérard

JANVIER, Louis-Joseph

JASTRAM, Gervais

JEAN, Eddy A.

JEAN-BAPTISTE, Ernst

JEAN-PIERRE, Julio

JONASSAINT, Jean

KAUSS, Saint-John

LABOSSIÈRE, Abel

LABUCHIN, Rassoul

LAFONTANT, Micaëlle

LAFOREST, Jean-Richard

LAFOREST, Edmond

LALEAU, Léon

LAMARRE, Joseph

LANGUICHATTE
[BEAUBRUN, Théodore]

LAPIERRE, Alix

LARAQUE, Paul

LARGE, Josaphat

LASSÈGUE, Franck

LATAILLADE, Nerva

LATAILLADE, Robert

LE SAGE, Aimard

LEBON, Antonio

LEGAGNEUR, Serge

LEREBOURS, Michel Philippe

LESCOUFLAIR, Georges

LESCOUFLAIR, Rony

LESPÈS, Anthony

LHÉRISSON, Justin

LIAUTAUD, André

LOCHARD, Paul

MAGLOIRE SAINT-AUDE,
Clément

MAGLOIRE, Nadine

MANGONÈS, Victor

MARCELIN, Émile

MARCELIN, Frédéric

MARCELIN, Pierre

MARTINEAU, Fernand

MATHON, Alix

MATHON, Étienne

MAYARD, Constantin

MÉGIE, Émile Célestin

MERDALOR

MÉTELLUS, Jean

MILSCENT, Jules Solime

MOÏSE, Rodolphe

MORAVIA, Adeline

MORAVIA, Charles

MORISSEAU, Roland

MORISSEAU-LEROY, Félix

MORPEAU, Louis

MULLER, Rudolph

NARCISSE, Pierre R.

NAU, Émile

NAU, Ignace

NAU, Laurore

NEPTUNE, Louis

NOVASTAR, Charles

NUMA, Nérée

NUMA, Saint-Arnaud (Nono)

OLLIVIER, Émile

PAPAILLER, Hubert

PAPILLON, Pierre

PARET, Thimothée

PAUL, Cauvin L.

PAULTRE, Carrié

PEREZ, Jeanne

PERRIER, Rose Marie

PHELPS, Anthony

PHILOCTÈTE, René

PIERRE, Romulus

POMMAYRAC, Alcibiade

POSY, Bonnard

POUJOL-ORIOL, Paulette

PRESSOIR, Charles F.

RÉGULUS, Christian

RICOT, Justin

RICOURT, Volvick

RIGAUD, Milo

ROCHEMONT, Serge

ROMANE, Jean-Baptiste

ROMÉUS, Wilhem

ROSARION, Ulrick

ROUMAIN, Jacques

ROUMER, Émile

ROY, Francis-Joachim

SAINT-AMAND, Edris

SAINT-JEAN, Serge

SAINT-LOUIS, Carlos

SAMPEUR, Virginie

SANSARICQ, Walter

SAVAIN, Pétion

SÉJOUR-MAGLOIRE, Francis

SOUKAR, Michel

STERLIN, Philippe

SYLVAIN, Georges

THÉARD, Gaston

THÉBAUD, Fritz

THOBY, Armand

THOBY-MARCELIN, Philippe

TOULAMANCHE, Karl

TROUILLOT, Hénock

VALLÈS, Max

VAVAL, Duraciné

VERNE, Marc

VIEUX, Damoclès

VIEUX, Isnardin

VILAIRE, Etzer

VILAIRE, Gérard

VILAIRE, Jean-Joseph

VILFORT, Lionel

VILLEVALEIX, Charles S.

WÈCHE, Mérès

WERLEIGH, Christian

WIENER, Jacqueline

Achevé d'imprimer par Carlo Descamps
Dépôt légal n° 0609/09/92 - Collection n° 48 - Édition n° 01
59/4215/6